SHODENSHA
SHINSHO

莞爾の世界戦略構想

祥伝社新書

目次

※石原莞爾の読み方は、多くの日本史教科書で表記されている「いしはら」を採用した。また、引用文は、読みやすさを考慮して、旧漢字・旧かなづかいを現行のものに、カタカナ文をひらがな文に、一部の漢字をひらがなに改め、また、ふりがなをつけた。句読点については一部加除した（著者）。

本文デザイン
盛川和洋

図表作成
篠　宏行

写真出典　※数字は掲載ページ（以下同じ）
『作戦日誌で綴る大東亜戦争』（井本熊男著）／161下中
『服部卓四郎と辻政信』（高山信武著）／160下左
『秘録　永田鉄山』（永田鉄山刊行会編）／19

写真提供
朝日新聞社／7、13、51、151、161上右、161下右、329
アフロ／247
アマナイメージズ／15左
共同通信社／160上、161上中
国立国会図書館／35、161上左、161下左
時事通信フォト／160下右、257左、257右
鶴岡市郷土資料館／73、75上、75下、77、87、153、155、187、319、369、371、391
ＰＰＳ通信社／101、367
毎日新聞社／15中、15右、125、201、237、239、299

プロローグ

柳《りゅう》条《じょう》湖《こ》事件

——石原莞爾登場

1934年、柳条湖事件の現場を視察する秩父宮(右)。手前の白線部分が爆破地点

謀略

今から約八〇年前の、一九三一年（昭和六年）九月一八日の夜、午後一〇時二〇分頃。中国東北地方（満州）の柳条湖付近で、日本側が経営する南満州鉄道（満鉄）線路が爆破された。柳条湖は、南満州の中核都市・奉天《ほうてん》（現在の瀋陽《しんよう》）の近郊に位置する（図表1）。東京駅で浜口雄幸《はまぐちおさち》首相（民政党総裁）が銃撃され重体となった事件から、一〇ヶ月後のことである。

まもなく関東軍から、鉄道爆破は中国軍の犯行によるものとの発表がなされる（関東軍は南満州に駐留する日本軍）。一般国民には、太平洋戦争終戦後まで長くそのように信じられていた。

この事件の三ヶ月前、中村震太郎《なかむらしんたろう》参謀本部作戦課員が、満州東北部の兵要地誌調査中に中国側に殺害される出来事が起こっていた（公表は八月）。日本国内では、二つの事件は連続したものとして報道され、中国側の不法行為への強い非難が高まった。

だが実際には、柳条湖での鉄道爆破は関東軍の部隊によって実行された謀略だった。浜口首相銃撃は、民間の右翼団体構成員による犯行だったが、柳条湖事件は、陸軍の一部幕僚によって計画されたものだったのである。

図表1　柳条湖事件の関係地図

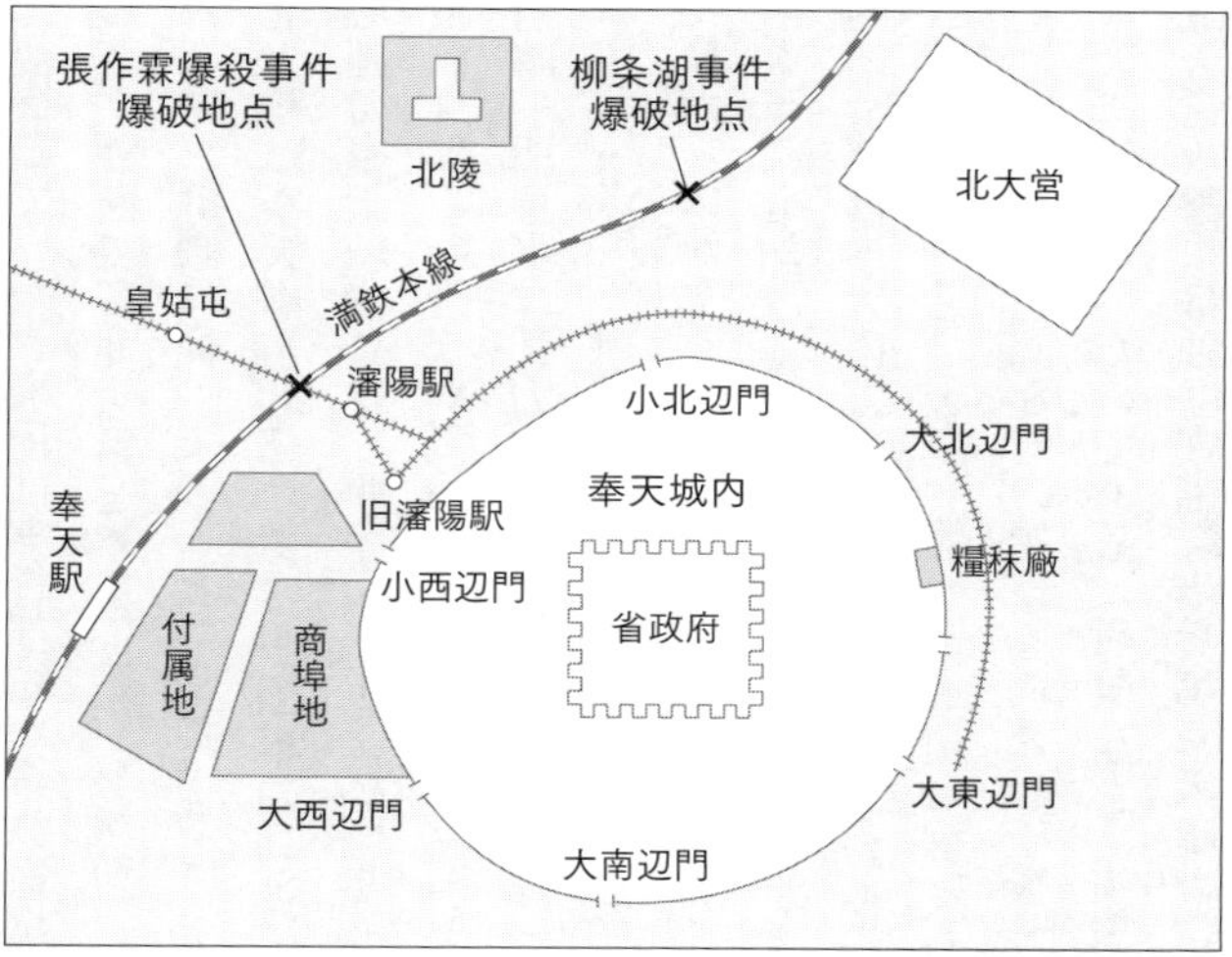

謀略の首謀者は、関東軍の石原莞爾《いしはらかんじ》作戦参謀（四二歳）と板垣征四郎《いたがきせいしろう》高級参謀（参謀長補佐、四六歳）。関東軍内の地位は板垣が上だったが、計画を主導したのは石原だった（図表2）。

爆破の直接の実行は、関東軍独立守備隊の河本末守《こうもとすえもり》中尉ら数名でおこなわれた。爆破そのものは小規模にとどまり、レールの片側のみ約七〇センチを破損したが、直後に奉天行列車が脱線することなく通過している。付近には、中国兵の制服をつけた三人の遺骸《いがい》が放置されていた。中国側の犯行とみせかけるための偽装工作だった。

この時、板垣高級参謀は、奉天特務機

関で待機していた。板垣は実行部隊から鉄道爆破の連絡を受け、中国側からの軍事行動だとして、独断で、北大営《ほくたいえい》と奉天城《ほうてんじょう》の攻撃命令を発した。石原との間で、あらかじめ決められていた計画に従ってのことである。

北大営は奉天市街北部にある中国軍の兵舎で、約七〇〇〇名が駐屯《ちゅうとん》していた。市街地中心部の奉天城内には、張学良《ちょうがくりょう》中華民国東北辺防軍《とうほくへんぼうぐん》司令《しれい》の執務官舎があった。ただ、張学良自身はこの時、病気治療のため北京《ペキン》（当時北平《ほくへい》）に滞在中だった。

当時、関東軍は兵力約一万で、独立守備隊と第二師団（原駐屯地・仙台。以下、原駐屯地を示す）によって構成されていた。その主な任務は、日本が中国から租借《そしゃく》していた関東州（旅順《りょじゅん》・大連《だいれん》を含む）と、南満州鉄道およびその沿線を守備することだった。

関東軍司令部は遼東《りょうとう》半島南端の旅順、独立守備隊司令部は長春《ちょうしゅん》南方の公主嶺《こうしゅれい》、第二師団司令部は奉天南方の遼陽《りょうよう》にあった（17ページの図表3）。

この日（一八日）、本庄繁《ほんじょうしげる》関東軍司令官と石原作戦参謀ら幕僚は、数日前からの長春、公主嶺、奉天、遼陽などの視察を終え、午後一〇時頃旅順に帰着した。だが板垣高級参謀は奉天に残っていたのである（当時、関東軍司令部参謀は石原・板垣を含め五名）。

北大営攻撃には独立守備隊歩兵第二大隊が、奉天城攻撃には第二師団歩兵第二九連隊があたった。両部隊はこの時、奉天に駐留していた。

成功

翌一九日午前六時半頃、北大営は日本側に占領された。奉天城も、午前四時半頃には日本側の手に落ちていた。北大営の中国軍は当初不意を突かれるかたちで多少の反撃をおこなったが、本格的には抵抗することなく撤退した（日本側の戦死二名、負傷二二名。中国側の遺棄《いき》死体約三〇〇）。

奉天城攻撃には、密《ひそ》かに日本から運び込まれ、独立守備隊兵舎内に設置されていた二四糎《センチ》榴弾砲《りゅうだんほう》二門が使われたが、中国軍は、ほとんど反撃することなく城外に退去した。これは張学良が、かねてから日本軍の挑発には慎重に対処し、衝突を避《さ》けるよう在満の自軍に指示していたためだった。

図表2 柳条湖事件時の関東軍首脳

軍司令官　本庄繁中将
　参謀長　三宅光治少将
　　高級参謀　板垣征四郎大佐
　　作戦参謀　石原莞爾中佐

だが、同日（一九日）午前一時半頃、本庄繁関東軍司令官は、石原作戦参謀起草の命令案により、中国側の攻撃に対する「自衛行動」として、満鉄沿線主要都市の攻撃・占領を命じていた。

こうして満州事変の口火が切られたのである。そして、石原も歴史の表舞台に登場することとなる。

第一章

満州事変と石原莞爾(1)

——南満州占領と陸軍中央

1931年9月19日、奉天城の上から攻撃する日本軍

一、主要都市占領と満蒙《まんもう》領有計画

電光石火《でんこうせっか》

一九三一年（昭和六年）九月一八日午後一一時四六分。旅順の関東軍司令部（写真1）に、中国軍によって満鉄線が破壊され交戦中、との電報が奉天特務機関から入った。板垣がすでに攻撃命令を発した後の発電だった。知らせを受けた本庄関東軍司令官は、当初、近辺（奉天）中国兵の武装解除程度の処置を考えていた。

だが、石原ら幕僚たちの、奉天のみならず満鉄沿線付近の中国軍を撃破すべきだ、との強硬な意見具申《いけんぐしん》によって、ついに本格的な軍事行動を決意。一九日午前一時半頃から、石原の命令案により関東軍各部隊に攻撃命令を発した。

また、それとともに、朝鮮軍（朝鮮に駐留する日本軍）にも来援を要請した。これは、

写真1 関東軍首脳部

左から本庄繁軍司令官、三宅光治参謀長、板垣征四郎高級参謀

かねてから公式に立案されていた有事《ゆうじ》の作戦計画にもとづくものだった。朝鮮軍では、以前から石原らと連絡を取り合っていた神田正種《かんだまさたね》参謀が、林銑十郎《はやしせんじゅうろう》朝鮮軍司令官に派兵を進言。林は、神田の意見に同意し、部隊への出動準備、航空隊の出動を命じた。

さらに関東軍は、海軍の第二遣外《けんがい》艦隊(青《チン》島《タオ》)にも、旅順港停泊中軍艦の営口《えいこう》沖への派遣協力を要請した。だが、艦隊司令部は、軍令部からの指示がないとして協力要請を受け入れなかった。

南満《なんまん》での攻撃占領対象は、奉天のみならず、長春・安東《あんとう》・鳳凰城《ほうおうじょう》・営口などにおよんだ。ちなみに、奉天・長春は満鉄本線沿線に、安東・鳳凰城・営口は満鉄支線沿線にあった(図

表3)。

その後、午前三時半頃、本庄軍司令官や石原ら幕僚は、特別列車で旅順から奉天へ出発した。関東軍司令部を奉天に移すためだった。列車は翌一九日正午頃奉天に到着し、東洋拓殖会社ビルに軍司令部が置かれる。

奉天占領のための戦闘では、日本側の戦死二名、負傷二五名。中国側遺棄死体約五〇〇。飛行機六〇機、戦車一二台を鹵獲《ろかく》した。安東・鳳凰城・営口などの占領は、比較的抵抗が少なく実行された。だが、長春付近の南嶺《なんれい》・寛城子《かんじょうし》には約六〇〇〇の中国軍が駐屯しており、日本側の攻撃に抵抗。日本軍は、六六名の戦死、七九名の負傷者を出し、ようやく中国軍を駆逐《くちく》した。

こうした経過をたどりながら、関東軍は一九日中に、満鉄沿線の南満主要都市をほとんど占領したのである。

そして、この日の夕刻午後六時、本庄関東軍司令官は、陸軍中央の金谷範三《かなやはんぞう》参謀総長あてに、南満・北満《ほくまん》を含めた全満州の治安維持を担《にな》うべきとの意見を具申した。全満州への軍事展開を意図していたのである。そして、そのための三個師団の増援を要請し、経費は満州で負担できると付言していた。

図表3　満州事変の関係地図

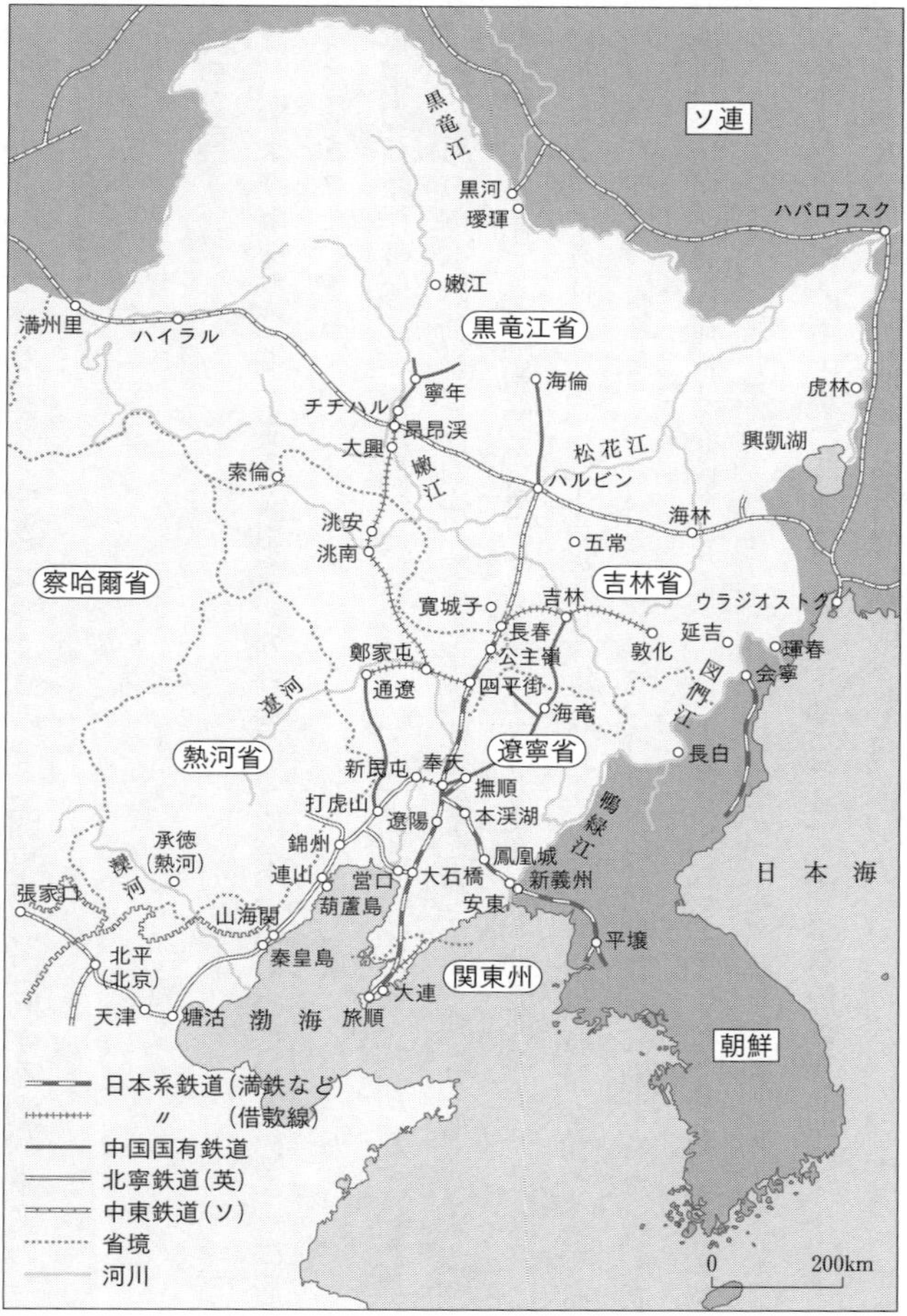

これは、石原作戦参謀のプランにもとづくもので、関東軍の志向する満州事変の今後の方向性を示すものだった。

事前の計画

では、柳条湖事件を発端とする満州事変の計画は、関東軍において、どのように形成され実行に移されたのだろうか。

関東軍の石原作戦参謀、板垣高級参謀らは、かねてから日中間で紛糾《ふんきゅう》していた満蒙《まんもう》問題解決のための軍事行動と、日本軍による全満州占領を考えていた（満蒙とは、満州および東部内蒙古《うちもうこ》をさす）。その実際の計画・立案を主導したのは石原だった。

石原は、関東軍赴任前から、二十世紀後半期に日米間で世界最終戦争がおこなわれることになるとの独自の信念をもっていた。そして、日米世界最終戦争に備えるため、満蒙の領有と中国大陸の資源確保を企図《きと》しており、それを実行に移したのである（石原の構想の詳細については次章で検討する）。

いっぽう、東京の陸軍中央（陸軍省・参謀本部）では、中堅幕僚の横断的グループ「一《いっ》夕会《せきかい》」が一九二九年（昭和四年）五月に結成される。

一夕会は、会員数四〇名前後で、永田鉄山《ながたてつざん》（写真2）、小畑敏四郎《おばたとしろう》、岡村寧次《おかむらやすじ》、東条英機《とうじょうひでき》、武藤章《むとうあきら》、田中新一《たなかしんいち》など、のちに陸軍を動かすようになる幕僚たちが加わっていた。板垣、石原も一夕会メンバーだった。

写真2　永田鉄山

昭和天皇に軍状奏上する歩兵第3連隊長時の永田鉄山（中央）、右は秩父宮

一夕会の理論的中心人物は永田鉄山とみられていた。永田は、早くから次期世界大戦は不可避であり、日本もそれに何らかのかたちで巻き込まれると判断していた。そしてこう考えていた。

国家総力戦になると想定される次期大戦に対処するためには、国家総動員の準備と計画が必須である。それには国家総力戦を支える経済力の強化とともに、資源の自給自足が不可欠だ。だが日本には自給自足のための資源が不足しており、不足資源は近隣の中国に求めざるをえない。また必要な軍需資源は中国（とりわけ満州・華北《かほく》・華中《かちゅう》）のそれを含めればほぼ自給しうる。そして現に日本の勢力圏となっている満蒙を完全に掌握することは、中国資源確保への橋頭堡《きょうとうほ》となる重要な意味をもっている、と。

一夕会は、このような永田の構想に強い影響を受けていた。その中核メンバーでは、満蒙の完全掌握のため、満蒙領有が密かに検討されていた。来《きた》るべき国家総力戦に向け、不足する資源を中国から確保するため、その足がかりとして満蒙の政治的支配権を獲得しようとするものだった。

そのために一夕会は、陸軍人事の刷新《さっしん》、満蒙問題の武力解決などを取り決め、それによって国家総動員に向けての軍政改革などを実現しようとしていた。

陸軍人事の刷新とは、当時宇垣《うがき》派が実権を掌握していた陸軍を改革するため、一夕会が事実上陸軍中央の人事を掌握し、陸軍を動かすことを意味した。そのため、荒木貞夫《あらきさだお》・真崎甚三郎《まさきじんざぶろう》・林銑十郎ら反宇垣派将官を擁立《ようりつ》しようとしていた。なお宇垣派とは、一九二〇年代政党政治期に長く陸軍大臣を務《つと》めた宇垣一成《かずしげ》を中心とするグループで、この頃の陸軍主流派を構成していた。事変当時の南次郎《みなみじろう》陸相・金谷参謀総長も宇垣派だった。

このような方針から一夕会は、まず陸軍中央の実務ポストを掌握する工作に着手する。その結果、課長以下の実務ポストの人事を掌握する陸軍省補任課長に一夕会員を送り込むことに成功。満州事変直前の一九三一年（昭和六年）八月には、多くの会員が重要実務ポスト（各課の課長もしくは班長）に就《つ》いていた。こうして、石原らによる満州での武力行使を、陸軍中央でサポートする態勢が、すでに作られていたのである。

石原の「満蒙問題私見」

さて、一九二八年（昭和三年）一〇月に関東軍に赴任した石原は、翌年五月、旧知の板垣の関東軍着任を待って、具体的行動に動き始める。その端緒《たんしょ》となったのが、板垣着任直後の関東軍「情報会議」である。

「昭和四年五月……関東軍司令部で各地の特務機関長らを集め、いわゆる情報会議が行われた。……河本大佐はその直前転出し、板垣征四郎大佐が着任したばかりであった。……

この会議はすこぶる重大意義を持つに至った。……今後、何か一度事《こと》が起こったなら、結局全面的軍事行動となる恐れが充分にあるから、これに対する徹底せる研究が必要だとの結論に達したのであった。」（石原莞爾「戦争史大観の由来記」『戦争史大観』。……は中略、傍点は引用者、以下同じ）

一九二九年（昭和四年）六月、石原は、「国運《こくうん》転回の根本《こんぽん》国策たる満蒙問題解決案」を立案した。そこでは、満蒙問題の解決は「日本が同地方を領有する」ことによって完全に達成されると記されている。

「満蒙問題の解決は日本の活《い》くる唯一の途《みち》なり。国内の不安を除くためには対外進出によるを要す。……満蒙問題を解決し得《え》ば、支那《シナ》本部の排日また同時に終熄《しゅうそく》すべし。

……歴史的関係等により観察するも、満蒙は漢《かん》民族よりもむしろ日本民族に属すべきものなり。……満蒙問題の解決は、日本が同地方を領有することによりて始めて完全達成せらる。」（角田順編『石原莞爾資料 国防論策篇』。以下特に断りのない限り、石原の論考は同資料による。また、石原の著作・論考には著者名を省く）

一般に、満州事変は、世界恐慌下（一九三〇年代初頭）の困難を打開するため、石原ら関東軍によって計画・実行されたものとの見方が多い。だが、実は石原は、すでに世界恐慌以前に満蒙領有計画を立案していたのである。

石原は、同年七月の関東軍北満参謀旅行の際に、この「満蒙問題解決案」を、具体的な「関東軍満蒙領有計画」とともに、参謀たちに配布・説明している。

さらに石原は、一九三一年（昭和六年）五月には、「満蒙問題私見」を作成する。そこでは、満蒙問題の解決策は「満蒙を我《わ》が領土とする」ことにある。それには、「謀略により機会を作製し軍部主動となり国家を強引す」べきだ、とされている。そしてこの段階で、満蒙領有が、恐慌による「不況を打開する」手段にもなるとの位置づけが付加された。世界恐慌の波及が、計画実行の絶好のチャンスとされたのである。

「現下の不況を打開し東洋の選手権を獲得するためには……満蒙問題の解決は刻下《こつか》第一の急務と云《い》わざるべからず。……

〔北満〕呼倫貝爾《ホロンバイル》、興安嶺《こうあんれい》の地帯は、戦略上特に重要なる価値を有《ゆう》し、我《わ》が国《くに》にして完全に北満地方をその勢力下に置くにおいては、露国の東進はきわめて困難となり、満蒙の力のみをもってこれを拒止《きよし》すること困難ならず。……

満蒙の農産は、我が国民の糧食問題を解決するに足《た》る。鞍山《あんざん》の鉄、撫順《ぶじゅん》の石炭等は、現下における我重工業の基礎を確立するに足る。満蒙における各種企業は、我が国現在の有識《ゆうしき》失業者を救い、不況を打開するを得べし。……

満蒙問題の解決策は満蒙を我が領土とする以外絶対に途なきことを肝銘《かんめい》するを要す。……国家の状況これを望み難《がた》き場合にも……謀略により機会を作製し軍部主動となり国家を強引すること必ずしも困難にあらず。」（「満蒙問題私見」。〔〕内は引用者、以下同じ）

ここで石原は、満蒙の経済的価値（農工業資源など）のみならず、北満の対ソ戦略上の価値についても述べているが、その点については、次章で改めて取り上げる。石原・板垣らは、これらのプランにもとづき、同年六月はじめ頃には、奉天近郊での謀略から戦闘行為を開始すべく計画準備を本格化し、九月下旬決行を申し合わせた。

石原の日記（昭和六年）には、

「五月三十一日（日）

朝、花谷《はなや》［正《ただし》・奉天特務機関員］、今田《いまだ》［新太郎《しんたろう》・張学良軍事顧問補佐官］両氏来《きた》り。板垣大佐宅にて謀略に関する打合《うちあわ》せ。……

『軍司令官は満鉄の保護のためには兵力を使用することを得《え》』。

『軍主動の解決のためには、満鉄攻撃の謀略は軍部以外の者にて行うべきもの也《なり》』。

……

六月八日……

午後、中野琥逸《なかのこいつ》［弁護士］氏来り。板垣大佐も来りて快談す。

要は奉天謀略に主力を尽《つく》すことに意見一致。……

六月十九日……

『奉天付近にて衝突の場合［の］軍の行動』を起案《きあん》」（「日記」）

とある。

当初、「満鉄攻撃の謀略」は、軍人以外の者によっておこなうことが考えられていたようである。だが、最終的には関東軍の小部隊によることとなった。花谷正、今田新太郎が計画の当初から加わっているのがわかる。

こうして石原・板垣らは九月下旬、二七、二八日頃の謀略決行を計画していた。

誰が知っていたか

その後、七月に入って、中村震太郎参謀本部作戦課員らが、満州北西部の興安嶺方面での軍事地誌調査中に行方不明となった。関東軍による情報収集がおこなわれたが、その結果、すでに現地の中国側兵士に六月下旬に殺害されていたことが明らかとなった（いわゆる中村大尉事件）。

この中村大尉らの行方不明について、関東軍は実力捜索をおこなうべく歩砲《ほほう》連合部隊の装甲列車を準備した。だが実力捜索の実施は、軍中央に阻止された。この時、石原は永田鉄山軍事課長に抗議の書簡を送り（八月一二日付《づけ》）、こう憤懣《ふんまん》をぶちまけている。

今回の事件は、国民の軍部への信望を高める機会であり、「軍部が国民の信望を深くすることが、軍部主動となり満蒙問題を解決する第一歩と信ず」。だが軍中央の出先《でさき》に対する冷淡な態度のために、その絶好の機会を逃《のが》した。いかに中央が有能とはいえ、第一線の細部の事情まではわかりえない。したがって、今後は第一線の意見を尊重しその活動に任《まか》せてもらいたい。もし我々を信頼できないのなら更迭《こうてつ》すべきだ、と（「永田大佐宛書簡」）。

これに対する永田の返信類は残されていない。ただ、石原は同書簡で、この件を「満蒙占領の口実《こうじつ》」とするつもりはないとしており、満蒙での全面的軍事行動に移る意思はなかったようである。すでに九月下旬の謀略決行が準備されていたからであろう。


「いかに無謀なる関東軍司令部といえども……中村事件をもって直接に満蒙占領の口実となさんとするものにあらず。その辺はご安心を乞《こ》う。」（同右）

ところが、九月初旬、外務省に、関東軍少壮《しょうそう》士官が満州で事《こと》を起こす計画中である旨《むね》の情報がもたらされた。外務省は陸軍に真偽の問い合わせをおこなった。

また、九月一一日には、昭和天皇から南次郎陸相に軍紀《ぐんき》に関し下問《かもん》がなされた。陸軍の動きを危惧《きぐ》する元老西園寺公望《げんろうさいおんじきんもち》（宮中側近の最大の実力者。天皇への首相候補者の推薦権をもつ）からの助言によるものだった。

九月一四日、南陸相、金谷範三参謀総長ら陸軍中央首脳（図表4）は、天皇の意向も考慮して、建川美次《たてかわよしつぐ》参謀本部作戦部長の満州派遣を決めた。関東軍の動きを抑《おさ》えるためだった。

翌一五日、奉天総領事から幣原喜重郎《しではらきじゅうろう》外相に、関東軍が近く軍事行動を起こすとの緊急の情報が入った。すぐ幣原は南陸相に強く抗議し、南ら陸軍首脳は、改めて建川に武力行使を差し控えさせるよう指示。建川はその日に北九州・朝鮮経由で満州に向かった。

このような軍中央の動向について、東京から連絡を受けた関東軍の石原・板垣らは、当初の予定を変更して、急遽《きゅうきょ》決行日時を一八日夜に繰《く》り上げたのである。

ただ、この謀略計画に参画していたのは、関東軍幕僚では立案者の石原・板垣のみで、ほかに花谷正奉天特務機関員、今田新太郎参謀本部付《づき》張学良軍事顧問補佐官、三谷清《みたにきよし》奉天憲兵分隊長、実行部隊を率《ひき》いる川島正《かわしまただし》独立守備隊第二大隊第三中隊長ら少数だった。

独断派兵

そして前述のように、関東軍は一九日中に、満鉄沿線の南満主要都市をほとんど占領した。この頃、森島守人《もりしまもりと》奉天領事は、関東軍を事実上動かしているのは板垣・石原・花谷・片倉《かたくら》［衷《ただし》］の四人だとみている（森島守人『陰謀・暗殺・軍刀』）。しかし、石原らの思惑《おもわく》と

図表4 満州事変開始時の陸軍中央

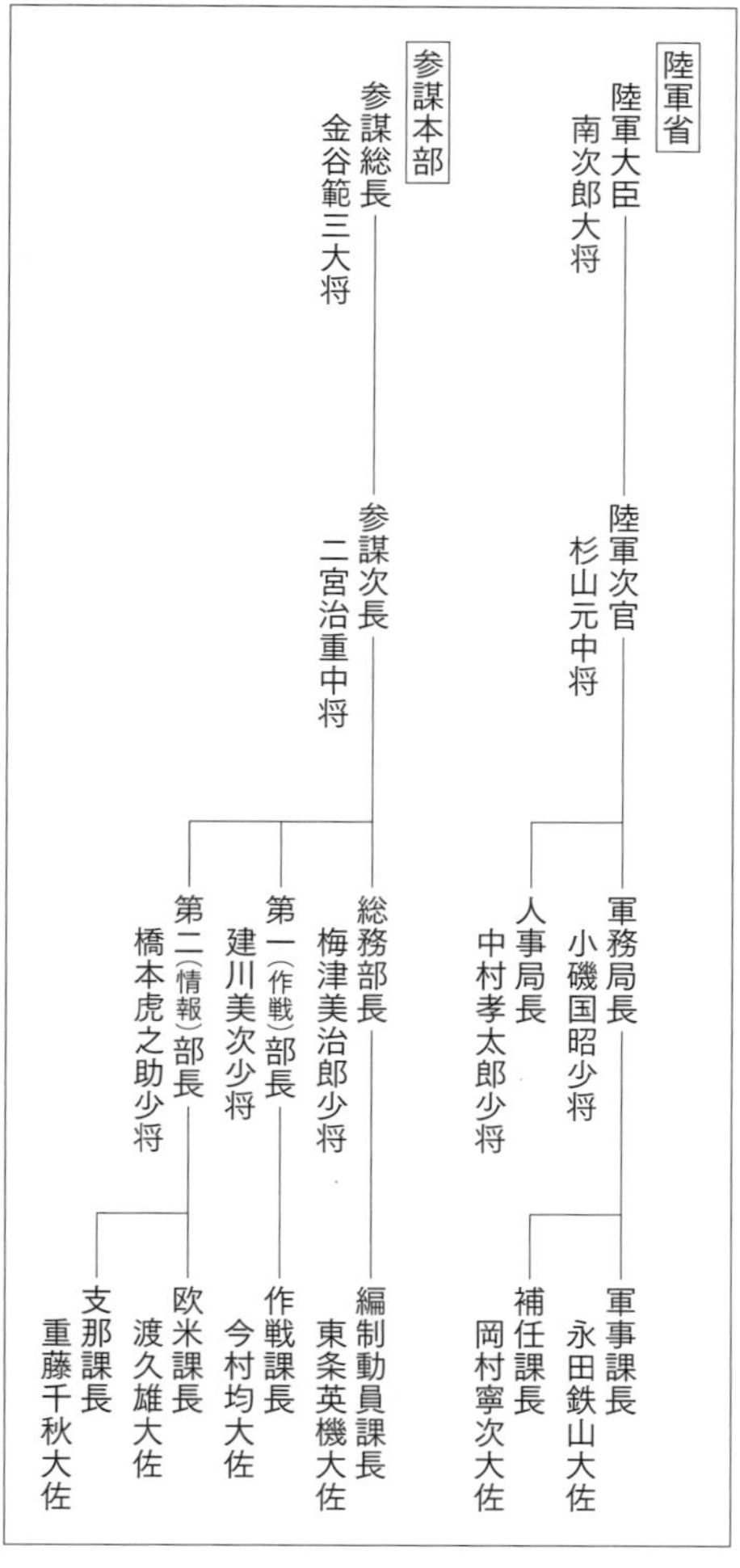

は異なり、事態はスムーズには進行しなかった。

関東軍から来援要請を受けた林銑十郎朝鮮軍司令官は、陸軍中央に朝鮮軍の混成第三九旅団（平壌《へいじょう》駐屯）を奉天方面に出動させるよう準備中との報告をおこなった。すると参謀本部は、朝鮮軍に部隊の行動開始を見合わせるよう指示したのだ。そのうえで、陸軍中央は、朝鮮軍部隊の満州への越境派兵について、閣議の了承をえようとした。

一般に、国外派兵の決定には、陸相・参謀総長のみならず内閣の承認が必要とされており、そのうえで天皇の裁可《さいか》と奉勅《ほうちょく》命令の下達《かたつ》を必須としていたからである。また閣議において、そのための経費支出が認められなければならなかった。当時、朝鮮半島は日本の領土だったが、奉天など南満州は中国領であり、南満州への出兵は国外派兵を意味した。

関東軍の石原・板垣らは、当初から全満州の軍事占領を企図していた。だが、張学良が指揮する東北辺防軍の正規軍約二七万に対して関東軍の兵力は一万余りにすぎず、全満州占領には兵力増援がどうしても必要だった。

いっぽう、関東軍の本庄軍司令官は、九月一九日夕方、参謀総長への三個師団増援などの意見具申と同時に、隷下《れいか》の部隊に概略次のような命令を発した。石原参謀らの起案にもとづくものだった。

一、朝鮮軍の満州派遣とともに、北満ハルビンや吉林《きつりん》への派兵準備のため、長春に兵力を集結する。

二、西方への遼河渡河点《りょうがとかてん》を確保するため、満鉄本線西部の新民屯《しんみんとん》、鄭家屯《ていかとん》付近を占領する。

三、南満北西部の洮南《とうなん》付近を占領し、満鉄培養線《ばいようせん》の四平街《しへいがい》・洮南線を守備する。

吉林、新民屯、鄭家屯、洮南はすべて満鉄線沿線ではないが、日本側利権鉄道（借款線《しゃっかんせん》など満鉄培養線）沿線の重要地点だった。

これらの占領理由は、ハルビンなど北満の中枢を制して、事態の紛糾を未然に防止すること。満鉄線の掩護《えんご》や既占領地域の治安維持のため、遼河の主要渡河点を確保すること、などとされた。だが、石原・板垣は、当初から全満州の軍事占領を企図しており、まず、そのための日本側利権鉄道沿線の拠点確保をめざしていたのである。

しかし、朝鮮軍派遣が軍中央によって差し止められ、翌朝、長春への兵力集結は実行されたが、新民屯や鄭家屯などの遼河渡河点および洮南の占領は中止となった。そこで、石原・板垣らは、二〇日、大迫道貞《おおさこみちさだ》吉林特務機関長らの謀略によって吉林に不安状態を作り出し、日本人居留民会長より関東軍に居留民保護のための出兵懇願を出させた。

だが実際には、石射猪太郎《いしいいたろう》吉林総領事と熙洽《きこう》吉林省政府首席代理（吉林軍参謀長）との協力により、現地の治安は保たれており、石射は居留民会長の直接の出兵要請に応じていなかった。

にもかかわらず、石原ら関東軍参謀は、居留民保護のため緊急に吉林派兵の必要があるとし、その旨を本庄軍司令官に申し入れた。意図的に満鉄沿線を手薄《てうす》にして、朝鮮軍の越境を誘うためである。この方策は、関東軍が吉林方面に出動すれば、手薄になる奉天近辺の警固のためとして朝鮮軍は動きやすいとの、神田朝鮮軍参謀からの意見によるものだった。

だが、本庄はこれに同意を与えなかった。満鉄沿線外の吉林派兵には、軍中央の許可が必要だと考えていたからである。しかし、石原・板垣らの真夜中数時間におよぶ執拗《しつよう》な説得を受け、午前三時、本庄はついに独断派兵を了承。第二師団に吉林への進出を命じた。この段階で本庄も、以後石原・板垣らとともに進むことを決断したといえよう。

二一日午前九時五〇分、装甲列車を先頭に第二師団主力は長春を出発。中国側からの特段の抵抗もなく、同日夕刻には吉林に入った。

吉林への独断派兵は、軍中央によって事後承認され、政府も容認した。その際、後述の朝鮮軍の独断越境ほどは問題とならなかった。吉林は、関東軍が駐留権をもつ満鉄付属地の外にあり、完全な外国領土である。その意味では、そこへの独断派兵は、朝鮮軍の独断越境と同様の性格をもつものだった。ただ、長春・吉林線は、中国国有鉄道ではあるが、満鉄の借款による日本側利権鉄道であり、出兵手続き上は一種のグレーゾーンにあった。

その後の朝鮮軍の越境や、張作霖《ちょうさくりん》爆殺事件直前の錦州《きんしゅう》派兵問題（一九二八年）の際には、天皇の許可にもとづく奉勅命令が必要とされた。だが、吉林出兵の際には、軍中央でも、内閣でも、奉勅命令が問題とされた形跡がない。日本側利権鉄道沿線は、この点では、満鉄沿線の延長線上にあるものと考えられていたのであろう。

なお、錦州は、中国国有鉄道の北京・奉天線（京奉線《けいほうせん》）上にあったが、北京・新民屯間にはイギリス資本が入っていた（ただし、新民屯・奉天間は満鉄の借款線）。

したがって、北京・新民屯間にある錦州は日本側利権鉄道沿線外で、そこへの出兵は奉勅命令が必要とされていたのである。ちなみに、新民屯は日本側利権鉄道沿線に位置し、まもなく奉勅命令なしでの出兵がなされることになる。

朝鮮軍の越境

さて、この関東軍の吉林占領に応じて、林朝鮮軍司令官は独断で混成第三九旅団に越境を命じ、二一日午後一時、部隊は国境を越え満州に入った。

満鉄培養線への兵力移動である吉林派兵と異なり、こちらは明白な国外派兵だった。天皇の許可なく軍司令官が部隊を国外に動かすことは、重大な軍令違反であり、陸軍刑法では死刑に相当するものだった。

この朝鮮軍の独断越境問題をめぐって、陸軍中央と内閣の最初の深刻な対立が起きる。陸軍中央は、朝鮮軍の独断越境は、邦人の生命財産、満鉄など日本側特殊権益の保護のため、緊急のやむをえない処置だとして、内閣に事後承認を求めた。だが、当時の若槻《わかつき》礼次郎《れいじろう》（写真3）民政党内閣は、すでに事態不拡大の方針を決定しており、また事前に内閣の許可を受けていない国外出兵は承認できないとの厳しい姿勢だった。

内閣の承認拒否の姿勢に対して、陸軍中央は、事後承認がえられなければ陸相・参謀総長がともに辞職し、後任の陸相を出さない方向で意見一致した。それによって内閣総辞職となってもやむをえないとのスタンスだった。

二、新政権樹立方針

政府の方針転換

このような陸軍中央の動きを知った若槻内閣は、二二日の閣議で、朝鮮軍の満州出兵を事実上容認し、そのための経費の支出を認めた（同時に吉林派兵も承認）。

写真3 若槻礼次郎

勅任官大礼服を着用

内閣のこの方向転換は、陸相の辞任による内閣総辞職を回避するためだった。陸軍中央は一致して朝鮮軍派遣の承認を求めており、南陸相が辞任した場合、後任の陸相をえることは困難だと予想されたからである。

だが、若槻内閣は、この朝鮮軍派遣承認によって、南陸相・金谷参謀総長との関係を安定化させることに成功する。

もともと南・金谷は、いわゆる宇垣派で、内閣の決定を重視する意向だった。若槻内閣は朝鮮軍派遣と経費支出を一応認めたが、それ以上の関東軍の動きを抑制し、撤兵を実現しようとした。

南陸相、金谷参謀総長は、この内閣の意向を受け、省部（陸軍省・参謀本部）の関係部局長および関東軍に、満鉄付属地外の占領地点から部隊を付属地内に引き揚げさせる指示を出した。

いっぽう、柳条湖事件後、陸軍省の永田鉄山軍事課長、岡村寧次補任課長、参謀本部の東条英機編制動員課長、渡久雄《わたりひさお》欧米課長ら陸軍中央中堅幕僚の一夕会メンバーは、石原らと連携し「関東軍の活動を有利に展開させる」（舩木繁『岡村寧次大将』）方向で動き始めていた。

したがって、南陸相や金谷参謀総長の撤兵指示は、彼ら課長級以下の実務担当者のレベルで事実上サボタージュされ、現地でもうやむやのままに実行されなかった。

「参謀総長は統帥権干犯《とうすいけんかんぱん》だ」

さて、満州では、九月二一日の朝鮮軍独断越境後、二二日には、吉林東方の敦化《とんか》にも関東軍部隊が派遣され、鄭家屯・新民屯にも進出。二五日、洮南も占領した。

さらに関東軍は、北満ハルビンにも出兵しようとした。九月二一日、ハルビンの日本領事館、朝鮮銀行などに爆弾が投げられ、市街は騒然とした状態になった。これは、百武晴吉《ひやくたけはるよし》ハルビン特務機関長や甘粕正彦《あまかすまさひこ》元憲兵大尉らによる謀略によるものだった（甘粕は関東大震災時の大杉栄《おおすぎさかえ》殺害に関与、当時大川周明《おおかわしゅうめい》が理事長を務める満鉄東亜経済調査局の奉天主任）。大橋忠一《おおはしちゅういち》ハルビン総領事はこれに同調し、居留民保護のため関東軍の出兵を求めた。

二二日、本庄関東軍司令官は、軍中央にハルビン出兵の準備に入ったことを通知した。しかし、陸軍中央は、長春北部の寛城子《かんじようし》以北には軍を進めてはならないと、ハルビン出兵を阻止した。これは内閣の事件不拡大方針を受けた南陸相や金谷参謀総長の判断によるものだった。また、今村均《いまむらひとし》作戦課長や二宮治重《にのみやはるしげ》参謀次長、小磯国昭《こいそくにあき》軍務局長らも、ソ連の介入を警戒し北満出兵には慎重な考えをもっていた。ハルビンは満州におけるソ連の最重要拠点で、ハルビン派兵はソ連との緊張が予想されたからである。

この点について石原ら関東軍は、ソ連はその国内事情により、対日戦を覚悟してまで実力行使には出ないだろうと判断していた。

同日、若槻首相は、ハルビン・間島《かんとう》は、居留民の現地保護をおこなわず、危急の場合は居留民を引き揚げさせる方針を決定・奏上した。

これを受け、二四日には、金谷参謀総長が関東軍に、ハルビン出兵は事態急変の場合でもおこなわないよう指示した。また、二宮参謀次長からも、政府は緊急の場合、居留民引き揚げで対処する方針であり、その措置に任せることとなったとの補足電が出された。

やむなく関東軍はハルビン進出を一時断念し、当面朝鮮軍の増援を受けた南満占領体制の安定化に力を注《そそ》ぐことになる。奉天では、すでに事実上の戒厳令《かいげんれい》が布《し》かれ、奉天特務機関長の土肥原賢二《どひはらけんじ》が臨時市長となっていた。こうして、ハルビン出兵は阻止されたのである。

また同二四日、二宮参謀次長から、鄭家屯・新民屯・敦化などから撤退し、軍の主力を満鉄線上に収容すべき、との関東軍への指示がなされた。だが、関東軍はこの指示に従わず、部隊配置の変更をおこなわなかった。この時点での態勢を維持しようとしたのである。

さらに、橋本虎之助《はしもととらのすけ》参謀本部情報部長、遠藤三郎《えんどうさぶろう》同作戦部作戦課員、今井武夫《いまいたけお》情報部支那課員らが、満州に派遣された。任務は、関東軍との連絡調整とされていたが、実際は関東軍の行動を抑制するためだった。

だが、石原ら関東軍参謀は彼らを警戒し、まったく問題にせず、ほとんど無視していた。遠藤三郎の日記によれば、石原は、橋本虎之助を「猫之介《ねこのすけ》」と揶揄《やゆ》し、撤兵指示は「参謀総長の統帥権干犯」だ、として非難したとのことである。この後も石原は、参謀本部からの命令的指示について、しばしば「統帥権干犯」という言葉を残している。

石原のこの発言の意味はわかりにくいかもしれない。一般的に、参謀本部は最高統帥機関とされている(図表5)。しかし、あまり知られていないが、公式には関東軍司令官は天皇に直属しており、参謀総長といえども、彼らを指揮命令する権限はもっていなかった。したがって、陸軍中央による関東軍のコントロールは、「指示」を与え「準拠」を示すことにとどまるものだった。

だから、石原は参謀本部からの命令的な指示を「統帥権干犯」だと批判したのである。ただ、一般的には参謀本部からの指示は事実上の命令として受け取られ受容されていた。石原は、自《みずか》らの満蒙政策を押し通そうとして、公式的な見解を持ち出し、参謀本部首脳の介入を排除しようとしたのである。

なお、橋本に同行していた今井は、石原が関東軍内でいちばん中枢を握っていると判断していた（今井武夫『昭和の謀略』）。

「今こそ、好機」

ところで、関東軍は、九月二二日、中国主権下での独立新政権樹立を含む「満蒙問題解決策案」を策定し、それに向けすでに動き始めていた。

当初、石原・板垣らは「満蒙領有」を計画していた。だが、来満した建川参謀本部作戦部長との会談で、石原らの満蒙領有論と、建川の中国主権下での独立新政権論とが対立した。会談は、一九日深夜から二〇日にかけておこなわれた。

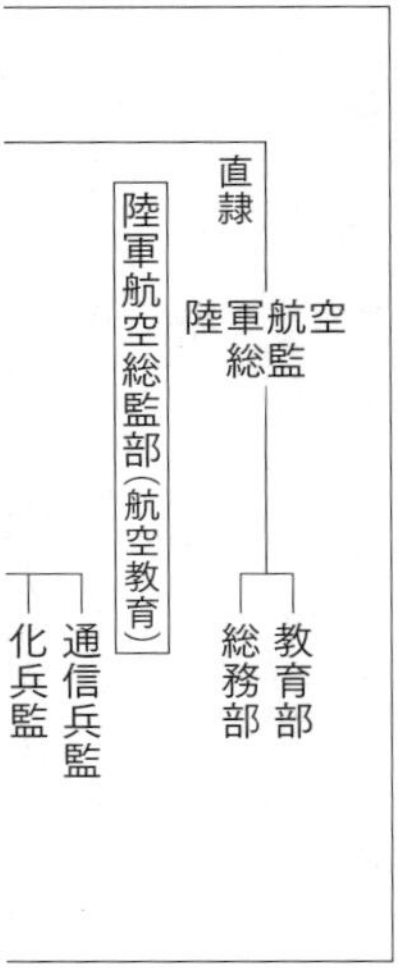

その際、石原は、
「現下の情勢、なかんずくソ連の軍事力、英支の軍事態勢、米国の軍事力とくに海軍力は、いずれも実力干

図表5 陸軍の組織(1941年5月)

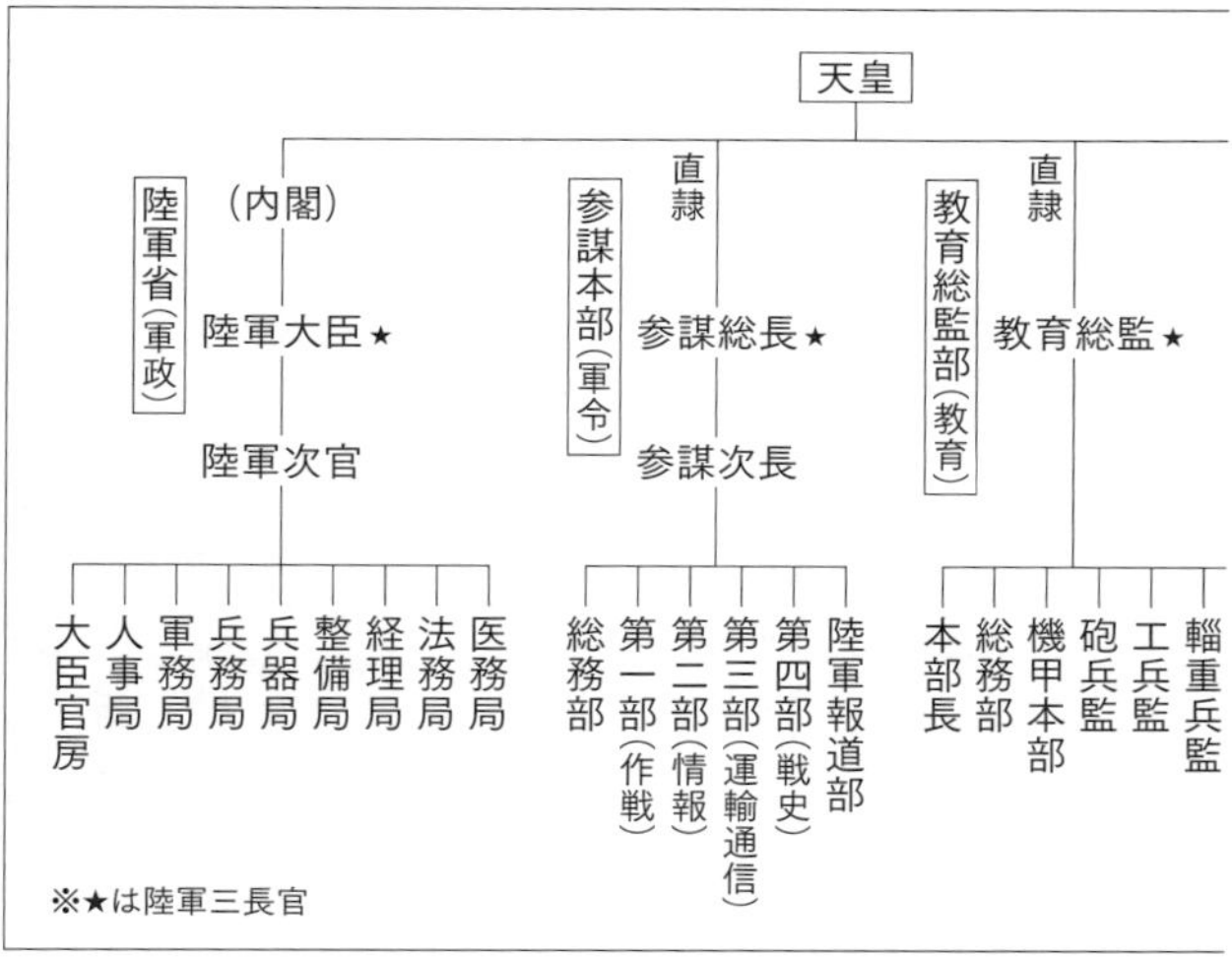

渉の能力に欠け、国際連盟の実力干渉も困難であり、日本の国防、満州の国防、はたまた東亜の保衛上からも天与《てんよ》の好機であり、日本の断固たる決意を要すべし」(片倉衷『回想の満州国』)

と、全満州の占領・領有を主張した。

しかし建川は、中国主権を前提とした親日的自治的新政権樹立の立場を譲《ゆず》らなかった。また、対ソ関係を考慮し、長春以北には武力進出しないよう求めた。

結局、二二日、関東軍は一応、独立新政権樹立を内容とする「満蒙問題解決策案」を策定、軍中央にも伝えた。この

「満蒙問題解決策案」は、遼寧省《りようねいしよう》、吉林省、黒竜江省《こくりゆうこうしよう》の東三省《とうさんしよう》（全満州）のみならず熱河省《ねつかしよう》も含めた領域を対象に、独立新政権を樹立することを内容としていた。

この新政権は宣統帝溥儀《せんとうていふぎ》を頭首《とうしゆ》とするが、「支那政権」と表現され、中国主権を前提とするものだった。しかし、国防外交・交通通信などは日本が掌握し、その経費は新政権が負担することとなっていた。

新政権の構成は、熙洽《きこう》（吉林）、張海鵬《ちようかいほう》（洮索《とうさく》）、湯玉麟《とうぎよくりん》（熱河）、張景恵《ちようけいけい》（ハルビン）などによることが想定された。このうち主要メンバーが、のちの満州国政府にも受け継がれる。

同日、関東軍は天津《てんしん》の香椎浩平《かしいこうへい》支那駐屯軍司令官に、宣統帝溥儀らを保護下に置くよう通告。板垣は奉天の張景恵邸を訪問し、彼をハルビンに帰任させた。また吉林の熙洽にも関係者に連絡に向かわせ、二五日には、洮索の張海鵬にも同様の処置をとった。

九月二八日には熙洽・張景恵が、新政権樹立に向けて独立宣言を発し、一〇月一日に張海鵬も独立を宣言した。

新国家樹立へ

このような関東軍の動きに対して、九月二六日、若槻内閣は、新政権樹立には一切かかわってはならないとの方針を申し合わせ、南陸相も了承した。これを受け、南陸相・金谷参謀総長は、部内および関東軍に新政権樹立には関与しないよう指示した。

だが、永田・岡村・東条・渡ら一夕会メンバーは、南・金谷らの指示に抗して、満蒙独立政権樹立の方向で、陸軍省・参謀本部の実務担当者レベルの意見をまとめ、それを省部の方針案とすることに成功する。

南陸相も彼らの突き上げを受け、一〇月はじめ、ついに姿勢を転換。閣議で撤兵反対の意見を述べ、満蒙新政権への関与も容認するよう主張した。南陸相に追随している金谷参謀総長も同様の姿勢となった。

この南陸相の姿勢転換にともなって、若槻内閣も方針を変化させる。南陸相の辞職を回避するためだった。一〇月中旬、若槻内閣はそれまでの方向を転換し、即時撤兵方針を修正し、南満軍事占領と新政権樹立を事実上容認する姿勢となった。若槻らは、南陸相の辞職を回避し、南陸相・金谷参謀総長との連携を回復することによって、なおこれ以上の関東軍の暴走を食い止めようとしたのである。

この政府の独立新政権容認にともない、南満各地に治安維持委員会が組織された。奉天市政も軍政から民政へと移管され、一〇月一五日、土肥原に代わり趙欣伯《ちょうきんはく》が新市長となった。

「日本国籍を離脱して」

ところで、関東軍には九月二六日、南陸相から、新政権樹立の運動に関与することは禁止するとの訓電が到着した。だが石原・板垣らはこれを無視して、新政権樹立の工作を進めた。

しかし、板垣高級参謀は、それ以前の九月二〇日、永田軍事課長に、「千載一遇《せんざいいちぐう》の好機」に乗じ、満蒙問題解決のため「満蒙の天地に新国家を建設」すべきだと打電していた。この時点で、石原・板垣らは満蒙領有を断念し、独立国家建設に方向転換したものと思われる。

したがって、建川離満《りまん》（二一日）後、まもなく、関東軍は改めて独立国家樹立の方向に進んでいくことになる。これは、満蒙での中国の主権を否定するものだった。

一〇月二日、石原・板垣・土肥原・片倉らは、満蒙を「独立国」として、これを「我が保護」のもとに置くとの「満蒙問題解決案」を作成。この独立国家方針が政府に受け入れられない場合は、「一時日本の国籍を離脱して目的達成に突進する」ことを申し合わせた。ただし、この国籍離脱の文言は本庄によって削除された。もちろん、独立国家方針の「満蒙問題解決案」は、軍中央には知らされなかった。

ただ、石原個人は、なお満蒙領有案を捨ててはいなかった。一〇月一日、東北四省を日本の武力支配のもとに置くとする「満蒙統治方案」を起草している。そこでは満蒙を植民地政府である満蒙総督府によって統治するものとされている。石原が最終的に満蒙領有案を断念するのは、年末から翌年初頭にかけてであったようである。

なお、石原保管の九月二二日策定「満蒙問題解決策案」末尾には、次のような石原自身によるメモが付記されている。

「本意見は、九月十九日の満蒙占領意見、中央の顧《かえり》みるところとならず、かつ建川少将すら全然不同意にて、到底《とうてい》その行われざるを知り、万《ばん》こくの涙をのんで満蒙独立国家案に後退し、最後の陣地となしたるものなるも、好機再《ふたた》び来りて遂《つい》に満蒙領土論の実現する日あるべきを期するものなり。」(「満蒙問題解決策案」)

石原自身にとっては、「満蒙問題解決策案」と「満蒙問題解決案」との差異は、曖昧《あいまい》なものと考えられていたのかもしれない。

また、関東軍の国籍離脱方針について、石原・板垣らがどこまで本気だったかは疑問である。のちに、その情報をえた中央からの問い合わせに対しては、国籍離脱方針の存在を否定し、逆に「無根の噂《うわさ》」だとして激怒してみせている。

その後、石原・板垣らは一〇月四日、張学良政権否認・新政権歓迎の関東軍声明を発表。他方、新政権樹立の工作を続けながら、並行して独立国家建設の準備を進めた。

一〇月一〇日、関東軍国際法顧問松木侠《まつきたもつ》は、石原らから新国家建設案作成の指示を受け、同二一日、「満蒙共和国統治大綱案」を起草した。その後石原らとの議論を重ね、一一月七日には、のちの満州国建国の骨格となる「満蒙自由国設立案大綱」を作り上げることになる。

その間、一〇月五日、本庄関東軍司令官と内田康哉《うちだこうさい》満鉄総裁との会談がおこなわれた。

それまで、内田総裁はじめ江口定条《えぐちさだえ》副総裁ら満鉄首脳部は関東軍に協力的でなかった。主務官庁の拓務省《たくむしょう》から事変に関与することを禁ずる指示を受けていたことも影響していた。したがって、会社に辞表を出し、軍の職員となって関東軍に協力する満鉄社員も、少なくなかった。

しかしこの会談で、関東軍側からの内田への協力要請の強力な説得がおこなわれ、内田は満鉄の基本方針を転換し、関東軍に協力する姿勢となった。

内田は、辞表を出し軍に協力している満鉄社員を復職させ、さらに出張旅費を支給すること、関東軍への予算増加が遅れた場合には満鉄が一時立て替えること、などを約束した。そして、公式に満鉄の関東軍への全面協力方針を明らかにしたのである。

錦州爆撃

他方、一〇月八日、石原らは錦州爆撃を実行した。その頃、張学良は奉天の西方にある錦州に臨時政府を設け、態勢を整《ととの》えつつあった。ここを関東軍の航空機一一機が爆撃し、爆弾七五個を投下した。指令機には石原が同乗していた。この爆撃で、張学良政府関係施設のみならず、アメリカ領事館の一部が破壊され、一般市民も死傷した。

錦州は、イギリス権益の北寧《ほくねい》鉄道沿線にあり、満鉄や日本側利権鉄道の沿線外で、そこへの爆撃は国際的に大きな問題となった（図表6）。

これまで日本政府はやむなく、満州での軍事行動を、自衛のための一時的な行動と対外的に説明してきていた。だが錦州爆撃は、自衛の範囲をはるかに超え、対外的に説明のつかないものだった。

錦州爆撃は、陸軍中央への連絡なしで実施され、橋本ら連絡班にも知らされていなかった。連絡班の遠藤三郎が石原らの行為を非難すると、石原は、「君らになにを言う必要があるか。われわれは統帥権の大道《たいどう》に従ってやっている」と反論したとのことである（今井武夫「柳条溝事件をめぐって関東軍の内情を探る」中村菊男編『昭和陸軍秘史』）。

天皇に直属する関東軍の意思で実施したものであり、陸軍中央からの指示命令は受けないとの趣旨の発言である。

国際社会は、この錦州爆撃を重大視した。中国側は日本の満州での軍事行動を、すでに国際連盟に提訴していた（九月二一日）。だが連盟は、常任理事国である日本の立場を考慮し、積極的な介入を控え、日中両国への撤兵勧告にとどめていた。

しかし、錦州爆撃は連盟理事会において大きな問題となった。爆撃直後の一〇月一五日の理事会でアメリカ代表をオブザーバー参加させることを決定した。また二四日の理事会では、日本軍への期限つき撤兵が提議され、日本以外のすべての理事国が賛成した（全会一致事項のため採択はされず)。

この頃の書簡に、石原は次のように記している。

「連盟の態度悪化は日本のため尤《もっと》も良い結果をもたらしました。……どうせ満州問題の根本解決は世界を敵とする覚悟を要するのだから、連盟案は毫《ごう》も恐るるに足りません。」(「妻銻《てい》への手紙」酒田市立図書館所蔵)

この錦州爆撃は、内閣や陸軍中央の不拡大方針に対抗して、計画的におこなわれたものだった。ただ、東京裁判での石原の宣誓口述書では、偵察飛行中に応射を受けたため、自衛上やむなく爆弾を投下したものだと弁明している。

一〇月二〇日、関東軍の国籍離脱意向の情報が、陸

図表6　錦州爆撃の関係地図

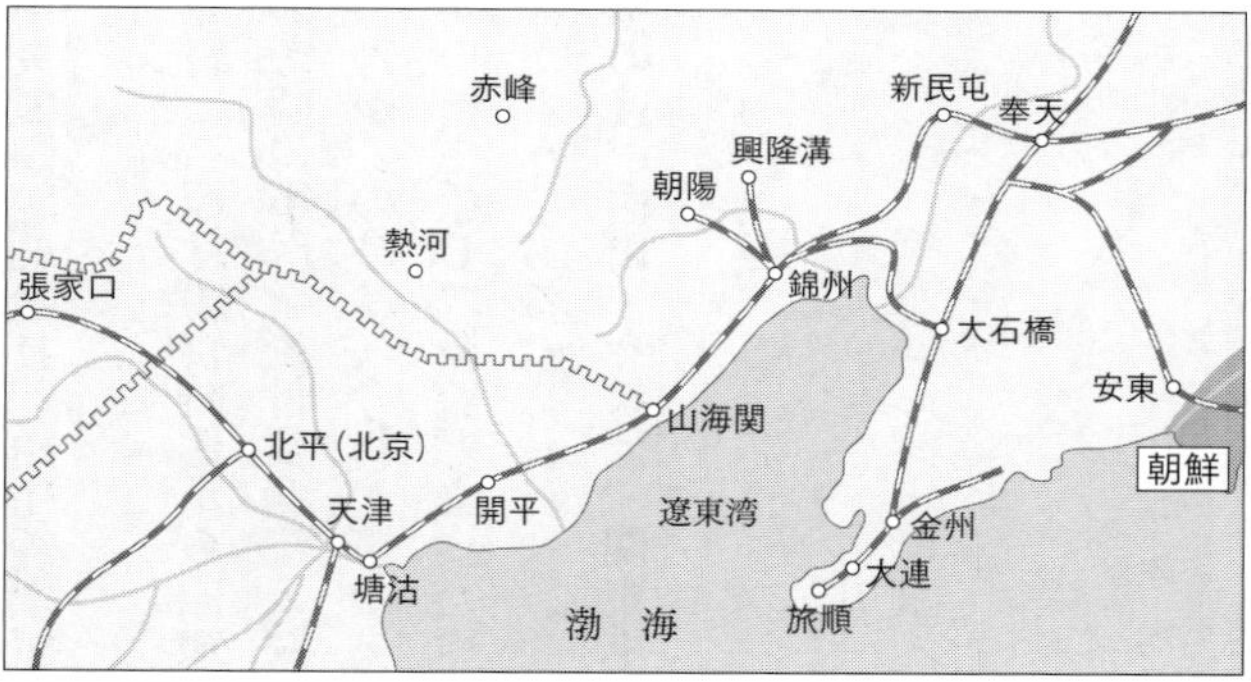

軍中央で問題となり、白川義則軍事参議官《しらかわよしのりぐんじさんぎかん》（元陸相）と今村均作戦課長が、満州に派遣された。

今村と石原は尉官時代から旧知の間柄《あいだがら》だった。今村は関東軍赴任前、石原が中耳炎《ちゅうじえん》となった際に軍医学校付属病院入院に尽力したり、石原の関東軍赴任決定にも一役《ひとやく》買っていた。だがこの時は、今村が軍中央の自治的新政権方針を、石原が関東軍の独立国家建設をたがいに主張し、激論となった。また今村は、宴席での石原のぞんざいで不遜《ふそん》な態度に激怒したようである。

その後、白川・今村は、関東軍に国籍離脱意向がないことを確認して帰国した。

第二章

満州事変と石原莞爾(2)

——北満州進出と陸軍中央

満州国執政就任式の溥儀(着席)、右は張海鵬、左から本庄関東軍司令官、内田満鉄総裁

一、関東軍と陸軍首脳部との対立

暴走への歯止め

柳条湖事件以降、関東軍は、石原主導で、一夕会ら中堅幕僚グループの協力によって、南満主要都市の軍事占領と満蒙独立新政権の樹立を、陸軍中央に認めさせた。

こうして石原・板垣らは一夕会メンバーとともに、陸軍中央を引きずり、内閣を引きずり、国論を引きずってきたのである。だが、若槻内閣や南陸相、金谷参謀総長が、関東軍や永田ら一夕会系中堅幕僚層に引きずられたのはここまでだった。

一九三一年（昭和六年）一一月、石原ら関東軍は北部満州（北満）の黒竜江省都チチハルへの進撃を企図した。しかし、ソ連との衝突を危惧する軍中央首脳部は、これを阻止すべく、臨時参謀総長委任命令（後述）を発動する。

若槻内閣も、国際的な考慮から、関東軍の動きを止めるよう南陸相や金谷参謀総長に強く求めた。北満は旧ロシアの勢力圏で、ソ連の権益が存続していた。この間、関東軍側では石原が重要な動きをしているので、その経緯を少し詳しくみてみよう。

臨時参謀総長委任命令

石原・板垣・土肥原ら関東軍首脳部は、かねてから北満の黒竜江省政権の覆滅《ふくめつ》をはかり、張海鵬による新政権樹立に着手することを申し合わせていた。張海鵬は、南満北西部の洮索《とうさく》を拠点とする有力者で、すでに関東軍に懐柔《かいじゅう》され張学良と絶縁し、一〇月一日に独立宣言を発していた。

まもなく張海鵬軍は、関東軍の後援を受け黒竜江省に侵入。省都チチハル南方を東西に流れる嫩江《のんこう》に達した。これに対して、黒竜江省軍主力を指揮する黒河《こくが》警備司令馬占山《ばせんざん》は、一〇月一五日、嫩江にかかる鉄橋を破壊し、張海鵬軍の北上を阻止した(図表7)。

破壊された鉄橋には、満鉄借款による日本側利権鉄道(中国国有)である洮南・昂昂渓《こうこうけい》線《せん》(洮昂《とうこう》鉄道)が通っており、一一月一日、関東軍は、満鉄による鉄道修理の掩護を名目に、部隊を北満に属する嫩江の当該鉄橋南岸まで派遣した。

この時、馬占山との鉄道修理の交渉にあたった林義秀《はやしよしひで》チチハル特務機関長は、石原から、

「お前は日本軍を黒竜江省に引っ張り込んでくれれば夫《それ》でいいのだ。うまくやってくれ。」（林義秀「建国当初に於ける黒竜江省の回顧」『現代史資料⑾』）

と耳打ちされたとのことである。

関東軍は、嫩江橋梁《きょうりょう》の修理を口実にして、これを機に本格的に北満への進出をはかろうとしたのである。

これに対して陸軍中央は、関東軍部隊による鉄橋修理掩護は承認したが、それ以上の関東軍の北進は認めなかった。金谷参謀総長は関東軍に、「嫩江を越えて遠く部隊を北進せしむる」ことは、「断じて許さざるもの」である、との指示を与えた。同時に、杉山元《すぎやまはじめ》陸軍次官からも関東軍に、修理を終え次第すみやかに部隊を引き揚げよとの指示が出された。

すでに一〇月末には、二宮参謀次長から関東軍に、北満に対する積極的作戦行動は実施

すべきでないとの指示や、小磯軍務局長から、北満への武力使用は避けるようにとの指示が打電されていた。

陸軍中央首脳部は、南・金谷のみならず、杉山・小磯・二宮を含め、関東軍の本格的な北満進出には反対だったのである。北満への進出によるソ連との衝突を危惧していたからだ。

だが、関東軍は、ソ連が直接兵力を北満に進めることはありえないと判断していた。一一月四日、関東軍部隊は嫩江鉄橋を越えて北岸の大興《たいこう》駅に向かい、馬占山軍と衝突した。石原も航空機で現地入りし、現地指揮官とともに作戦指導にあたった。

図表7 嫩江鉄橋爆破の関係地図

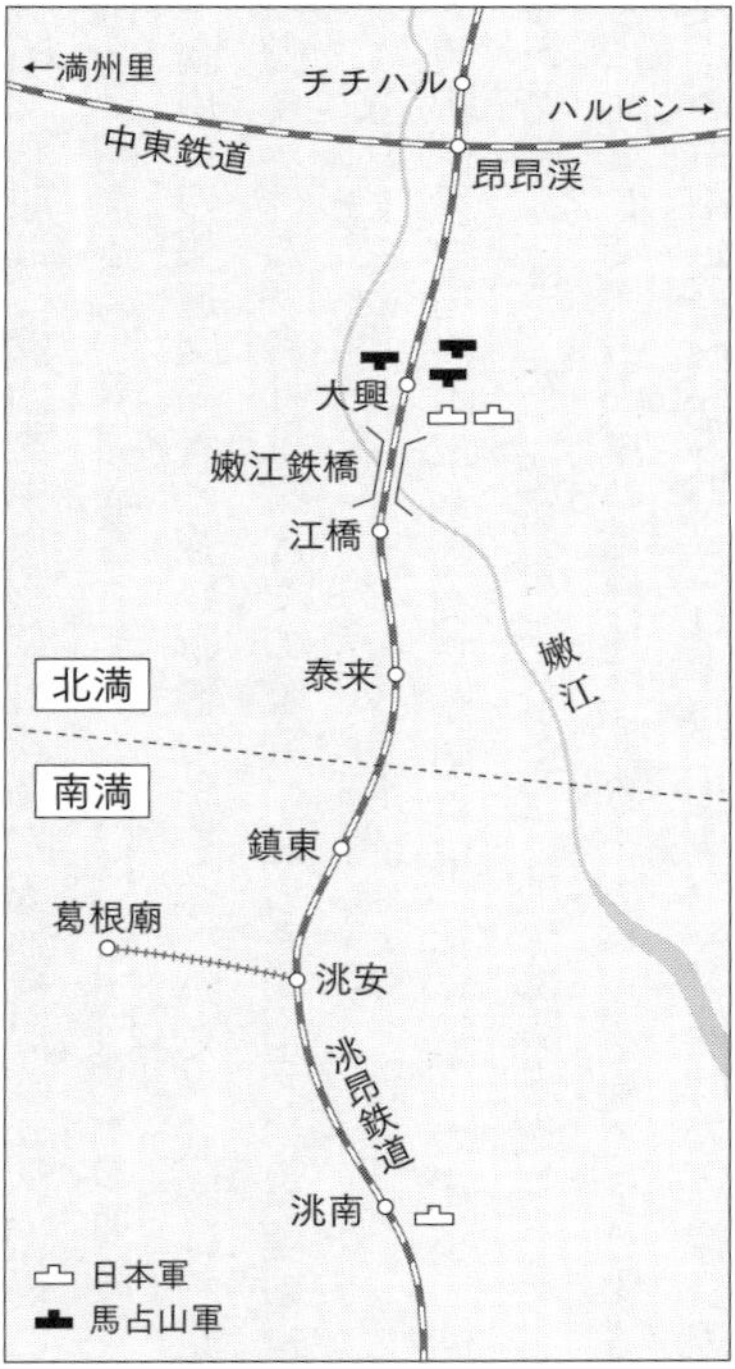

その直前の一〇月二

九日頃、石原は、武内文彬《たけうちあやよし》東京朝日新聞奉天通信局駐在特派員に、関東軍の戦闘状況を日本国内に報道することを要請した。武内は、当時満州の通信を事実上統括する立場にあり、満州での報道関係者に強い影響力をもっていた。武内は石原の依頼に同意し、報道各社に働きかけた。各社は嫩江での戦闘に記者を派遣し、戦闘の模様を大々的に報道した。こうして国内では関東軍への支援気分が高まった。

大興駅付近で馬占山軍と衝突した関東軍（歩兵第一六連隊）は、兵力数で馬占山軍に圧倒され苦戦に陥《おちい》った。関東軍はただちに増援部隊を送り、一一月六日、大興駅を占領。さらに北進して馬占山軍の本拠地であるチチハルを衝《つ》こうとする姿勢を示した。

東京の軍中央首脳部は、これを阻止すべく、臨時参謀総長委任命令（臨参委命《りんさんいめい》）を発動。関東軍の動きを、コントロールしようとした。

臨参委命とは、本来は天皇の統率下にある軍司令官を、勅許《ちょっきょ》によって参謀総長が直接指揮命令できる権限であり、関東軍ら出先機関への統制力を強化するための処置だった。

先にふれたように、関東軍など出先の軍司令官は、天皇に直属しており、陸相のみならず、参謀総長といえども彼らを指揮命令する権限はもっていなかった。したがって、陸軍中央による関東軍のコントロールは、公式には、「指示」を与え「準拠」を示すことにとどまるものだった。臨参委命は、天皇からの権限委譲によって、これを指揮命令関係に変えるものだったのである。

一一月五日、北満に対する積極的行動は実施せず、大興駅付近の占領にとどむべし、との臨参委命第一号が、関東軍に発せられた。現地での大興駅占領前日のことである。臨参委命の発動は日露戦争時以来のことだった。

これに対して関東軍は、チチハルの黒竜江軍主力に一撃を加えるべきだ、との意見具申をおこなう。だが陸軍中央は、六日、臨参委命第二号において、先の、嫩江を越えて遠く部隊を北進させることは断じて許さない、との参謀総長の指示に従うよう、関東軍に命令した。

七日、大興から奉天の関東軍司令部に帰った石原は、

「そんなのは、中央の爺《じじい》どもの私物命令だ。ほおっておけ。……そんなことは気にする必要はない。」（山口重次『満洲建国』）

と、臨参委命を無視する態度だった。

一一月二〇日、二宮参謀次長が渡久雄欧米課長らをともなって、奉天を訪れた。関東軍を陸軍中央の指示・命令に従わせるためである。二宮が、石原らに臨時参謀総長委任命令を示すと、石原は勅命《ちよくめい》なら原本を示せと強く抵抗したとのことである（同右）。

陸軍中央と関東軍

ただ、陸軍中央も、嫩江鉄橋を含む洮南・昂昂渓線への、チチハル馬占山軍の圧力は脅威《きようい》だと考えていた。昂昂渓はチチハルのすぐ南に位置していたからである。そこで、一一月一四日、関東軍に馬占山軍にチチハル以北に撤退するよう要求し、洮南・昂昂渓線への馬占山軍による妨害を排除すべき旨を指示した。

しかし、馬占山はこの撤退要求を拒否。また、一三日頃から嫩江付近の馬占山軍と関東軍部隊との間で小競《こぜ》り合《あ》いが生じていた。

このような状況のなかで、陸軍中央も両軍の衝突は不可避と判断し、一六日、関東軍に臨参委命第四号を発令した。その内容は、馬占山軍との戦闘経過のなかで、一時チチハル以北に進出することがあってもやむをえない。しかし、チチハルに侵攻した場合でも、継続して同地を占領することは許さず、なるべくすみやかに主力を撤退させよ、とするものだった。

だが若槻内閣は、関東軍の動きを制御するよう南陸相や金谷参謀総長に強硬に要求した。チチハルの占領は絶対に容認できないとの姿勢だった。

もともと臨参委命第四号では、チチハルに侵攻した場合でも、すみやかに主力を撤退させるよう指示していた。だが、内閣の意向は、ただちに遅滞なく撤退すべきだ、というものだった。

一九日、関東軍主力の第二師団は、馬占山軍との激しい戦闘を制してチチハルに入った。二〇日、関東軍に派遣されていた二宮参謀次長より、撤退には二週間程度が必要との意見具申があった。しかし二四日、金谷参謀総長は内閣の意向を考慮し、ただちに撤退行動に移るよう指示した。

二五日、臨参委命第五号が発令され、遅滞なく参謀総長の指示を実施するよう命じた。

この時同時に陸軍中央は、関東軍がその命令に従わない場合には、軍司令官以下主要幕僚の「人事進退にも重大な影響」がある、すなわちその更迭も辞《じ》さないとの意思を示した。ついに人事権の行使という最終手段に訴《うった》えようとしたのである。

このような陸軍中央の決意によって、関東軍はやむをえず小規模な守備部隊を残して主力はチチハルより撤退した。関東軍司令部内では、石原は辞表提出を主張したが、本庄軍司令官や三宅光治《みやけみつはる》参謀長主導で、臨参委命の履行に決したのである。

このように、石原ら関東軍の北満侵攻の企図は、南陸相・金谷参謀総長ら陸軍中央によって阻止された。

その後、馬占山軍が省都チチハルを放棄すると、二八日、ハルビン在住の有力者張景恵は、関東軍の後援のもと、黒竜江省に新政権を樹立することを宣言した。ここに、遼寧省、吉林省、黒竜江省の東三省（満州全域）に、それぞれ新政権が立てられることとなったのである。

北満・錦州への侵攻を阻止

ところが、一一月二六日、土肥原奉天特務機関長の謀略によって、天津で日本軍と中国軍の衝突が起こる。関東軍主力はその支援のためとして、奉天に帰還せず直接、長城《ちようじよう》（万里の長城）の山海関《さんかいかん》への通路にあたる遼寧省西部の錦州方面に向かった。これは錦州攻略を意図するものだった。

「片倉参謀は本電［天津からの電報］を受領するや、直《ただ》ちに石原参謀と謀《はか》り、石原参謀は片倉とともに参謀長の許《もと》に至り、この際《さい》断然錦州攻撃を敢行し、山海関に前進して天津軍［支那駐屯軍］の救援を策《さく》する件を具申せり。」（片倉衷「満州事変機密政略日誌」『現代史資料(7)』）

これを知った若槻首相や幣原外相は、南陸相や金谷参謀総長に直接働きかけ、その阻止を要請した。アメリカ・イギリスや国際連盟など国際社会の関心が集中している錦州への侵攻は、国際関係を決定的に悪化させるとの判断からだった。

二七日、陸軍中央は、関東軍のこのような動きに対して臨参委命第六号を発し、奉天・錦州間を流れる遼河より西への進出を禁じた。同日、続いて、錦州方面への侵攻を禁止するとの、臨参委命第七号を関東軍に通達。同第八号で、すでに遼河以西に進出した部隊は遼河以東に撤退させるよう命じた。

若槻らの意向のみならず、錦州がイギリス資本の関係している北寧鉄道（京奉線）沿線にあることなど、国際関係を考慮してのことだった。

この間、建川作戦部長も、

「軍［関東軍］が中央部の意図を蹂躙《じゅうりん》し、その裏をかくがごとき行為に出《い》ずるは、中央部として絶対に是認《ぜにん》すること能《あた》わざるところなり」（参謀本部作戦課「関東軍の遼西に対する行動に関し」『現代史資料(7)』）

と、厳しい口調の非難を関東軍に発電した。さらに建川は、関東軍司令官が臨参委命に服従しない場合は、「中央においても大《だい》なる決断的処置を考慮中なり」として、関東軍首脳部の更迭断行を示唆《しさ》している。

このような陸軍中央の強硬な姿勢に、ついに関東軍は屈服し、二七日午後八時、やむなく部隊に奉天への帰還を命令。撤退が開始された。

「石原参謀はこの際は全般の状況上一挙撤退するを得策とし、片倉はこれを参謀長に具申せり。」（片倉「満州事変機密政略日誌」）

こうして、石原・板垣ら関東軍の北満侵攻と錦州攻略の企図は、南陸相・金谷参謀総長ら陸軍中央首脳部によって阻止された。若槻内閣は、南・金谷との連携によって、関東軍の北満・錦州への展開を防止することができたのである。

委任統治案

このような経過のなかで、これまでとは違ったレベルでの、軍中央首脳部と一夕会系中堅幕僚層の意見の相違が表面化する。

陸軍中央のなかで、南陸相や金谷参謀総長のみならず、杉山陸軍次官や二宮参謀次長、小磯軍務局長、建川作戦部長（すべて宇垣派）なども、対ソ・対英考慮から、チチハル占領や錦州占領には反対だった。彼ら陸軍首脳部は、一致して関東軍司令官以下主要幕僚の更迭も辞さずとの強い姿勢を示した。

この陸軍中央首脳部の断固たる姿勢に、石原ら関東軍は、やむなくチチハル占領、錦州攻略を断念した。だが、一夕会系中央幕僚層は基本的に関東軍の動きを支持しており、当初から北満を含めた全満州の事実上の支配を考えていた。また、張学良政権の覆滅は当然のことで、したがって錦州攻撃も容認されるべきとの姿勢だった。

南満軍事占領と新政権樹立までは、永田ら一夕会系中央幕僚たちは、建川・小磯ら宇垣派の一部を巻き込んで、ついには南・金谷も動かし事態を推《お》し進めてきた。だが、一夕会系中央幕僚も、北満チチハル占領や錦州攻略の問題では、陸軍首脳部を動かせなかったのである。この時点で、関東軍や一夕会系中央幕僚は、動きがとれない状態となった。

また、石原ら関東軍は、すでにみたように、満蒙新政権樹立の工作を続けながら、並行して独立国家建設の準備を進めていた。永田ら陸軍中央の一夕会メンバーも、関東軍の独立国家建設方針を容認していた。

だが、南・金谷ら陸軍中央首脳部は独立国家建設方針を認めず、この面でも関東軍や一夕会系中央幕僚は、それ以上事態を進めることが困難な状況となっていく。

そのような状況下で石原は、一二月二日、「国際連盟に向《むか》い……満蒙を日本の委任統治とすべきことを提案すべきである」、との発言を残している(「満蒙問題の行方」)。満蒙領有論や独立国家建設論から、連盟下の委任統治論に後退したのである。

しかも石原は、一〇月二六日、病気静養のためとして、三週間の休暇願いを出している。実際この頃、持病の泌尿器《ひにようき》系疾患《けいしつかん》がかなり悪化していたようで、執務室で軍服のまま横臥《おうが》し、作戦参謀の職務を遂行していたようである。しかし、この休暇願いは認められなかった。

二、若槻《わかつき》民政党内閣の崩壊と荒木《あらき》陸相の就任

永田鉄山の暗躍

このまま事態が推移すれば、次の定期異動（四月）で、永田・石原をはじめ一夕会主要メンバーは、枢要ポストからいっせいに外《はず》される可能性があった。それは、彼らの企図の失敗を意味した。

しかし、一二月一一日、若槻内閣が突然総辞職し、事態は急速に変化する。一〇月末、安達謙蔵《あだちけんぞう》内相は、政友会との協力内閣案を若槻首相に提案し、いわゆる協力内閣運動が動き始めた。

安達は、民政党で若槻首相に次ぐ位置にあり、かつ陸軍の一部によるクーデター計画の動きなどの情報を職務上、警視庁からえていた。安達が軍との関係をどのように考えていたかについては議論がある。ただ、当時犬養毅《いぬかいつよし》政友会総裁は「陸軍の根本組織から変えてかからなければならないが、そうなると政友会一手《いって》ではできない。どうしても連立していかなければ駄目《だめ》だと思う」、との発言を残している。

当初、若槻は安達の意見に賛同していたようであるが、井上準之助《いのうえじゅんのすけ》蔵相や幣原外相ら閣僚の強い反対を受けて、協力内閣案には否定的となった。安達はそれを了承せず、閣議出席を拒否し若槻内閣を総辞職に追い込んだ。当時、首相には閣僚の罷免権《ひめんけん》はなく、閣僚が閣議出席を拒否すれば、政権運営が不能となり総辞職するしかなかったのである。

若槻内閣・南陸相下で、動きを封じられていた関東軍や永田ら一夕会にとっては、絶妙のタイミングだった。この時の安達の不可解な動きの背景には、一夕会からの何らかの働きかけがあった可能性が考えられている。実際に、安達派の有力者中野正剛《なかのせいごう》は一夕会メンバーと交流があった。

一九三一年(昭和六年)一二月一三日、元老西園寺らの奏薦《そうせん》によって犬養毅政友会内閣が成立。一夕会が擁立しようとした将官の一人、荒木貞夫教育総監部本部長が、陸軍大臣となった。この時永田は、政友会の有力者小川平吉《おがわへいきち》に、次のような書簡を出している。

陸相候補として、南や金谷は、宇垣派の阿部信行《あべのぶゆき》前陸軍次官を推《お》すかもしれないが、阿部では今の陸軍は収まらず、絶対に適任ではない。荒木貞夫教育総監部本部長や林銑十郎朝鮮軍司令官なら陸軍内部でも衆望があり適任だ、と。

宇垣派の阿部を退《しりぞ》け、荒木か林を陸相に、との趣旨である。永田ら一夕会は、宇垣派の陸軍支配を打破し、荒木らを擁立することによって、陸軍を一夕会の意図する方向に動かそうとしていたのである。

小川は犬養への書簡で、この永田の意見を、陸軍要路のきわめて公平なる某大佐からのものとして伝え、自らも荒木を最適任としている。

政友会へは一夕会関係で永田・小川ルートだけではなく、軍務局の鈴木貞一《すずきていいち》から党内有力者の森恪《もりつとむ》にも働きかけている。永田ら一夕会は、政友会への政治工作によって反宇垣派の荒木陸相実現をはかったのである。

荒木の陸相就任は、重要な政治的意味をもっていた。荒木は陸相に就任するや、皇族の閑院宮載仁親王《かんいんのみやことひと》を参謀総長にすえるとともに、翌年一月には、盟友の真崎甚三郎台湾軍司令官を参謀次長に置き、以後真崎が参謀本部の実権を握る。真崎もまた、一夕会が支持していた反宇垣派将官の一人だった。

荒木・真崎は、二月には、一夕会メンバーの小畑敏四郎を作戦課長に就かせ、陸軍省軍務局長には山岡重厚《やまおかしげあつ》を任命。四月、永田鉄山が情報部長、山下奉文《やましたともゆき》が陸軍省軍事課長に就任。小畑が在任わずか二ヶ月で運輸通信部長に転じ、後任の作戦課長には鈴木率道《すずきよりみち》が就く。彼らはすべて一夕会員だった。

そして、宇垣派の杉山・二宮・建川・小磯らは中央から追われ、宇垣派はすべて陸軍中央要職から排除された。陸軍における権力転換がおこなわれたのである。これ以後、永田ら一夕会が陸軍中央の実権を掌握し、陸軍を動かしていくこととなる。

これが陸軍の性格に大きな変化をもたらすことになる。そして、そのことが、これ以後の日本政治の展開に決定的な意味をもつことになるのである。

満州国独立宣言

いっぽう、荒木陸相就任後の一月六日、陸軍中央で、「満蒙」(北満を含む)は、逐次《ちくじ》日本の「保護的国家」に誘導するとの「時局処理要綱案」が決定された。中国主権下での新政権樹立から独立国家建設へ、陸軍の満蒙政策の大きな変化であった。

また、関東軍の全満州占領方針も陸軍中央によって承認され、チチハル、ハルビンの占領をはじめ関東軍による北満支配が実施される。そして錦州攻略も実行された。この頃石原は、本庄に「錦州より先に東京が陥落しましたな」と笑いかけたとのことである。

一月八日、天皇から関東軍に対し、「朕《ちん》深く其《その》忠烈を嘉《よみ》す」との勅語《ちよくご》が与えられた。そしてまもなく(三月一二日)、犬養内閣は、満蒙は「逐次一《いち》国家たるの実質を具有《ぐゆう》する様《よう》これを誘導す」との、「満蒙問題処理方針要綱」を閣議決定した。

独立国家建設方針が内閣の正式承認をえたのである。その直前の三月一日、すでに満州国建国宣言は、関東軍主導のもと前黒竜江省長《しょうちょう》張景恵を委員長とする東北行政委員会によってなされていた。満州国は共和国のかたちをとり、溥儀が執政《しっせい》となり、首都は新京《しんきょう》(旧長春)とされた。

満州国建国に向けて、二月五日から二五日まで、一〇回にわたって新国家建設幕僚会議が開かれ、新国家の基本的骨格が決められていた。会議には、石原・板垣・片倉ら関東軍参謀と、松木俠国際法顧問(満鉄調査課員)、駒井徳三《こまいとくぞう》財政顧問(元満鉄社員)などが出席・協議している。

こうして、石原ら関東軍が意図した全満州の占領と独立国家建設は、陸軍中央の、さらには政府の容認するところとなったのである。またこれ以後、一夕会系幕僚が事実上陸軍中央を動かすことになっていく。

なお、一月一八日、日本人僧侶が中国人に襲撃されて死傷するという上海《シャンハイ》事件が起こる。これは、田中隆吉《たなかりゅうきち》上海公使館付《づき》陸軍武官補佐官の謀略によるものだった。田中は、板垣から満州に注がれている列強の関心をそらしてほしいとの依頼を受けていた。この事件を機に、日本人居留民が政府に派兵を要請し、第一次上海事変となった（停戦は三月三日）。

第一次上海事変の間に、満州では、関東軍によるハルビン攻略、錦州攻略が実行され、また満州国独立宣言が発せられた。

満州国協和会の成立

一九三二年（昭和七年）二月、満州青年連盟の山口重次《やまぐちじゅうじ》と小澤開作《おざわかいさく》（指揮者小澤征爾《せいじ》の父）が、満州国での政党「満州国協和党」の樹立を企《くわだ》て、旧知の石原に相談した。満州青年連盟は在満日本人有志の組織で、山口は満鉄鉄道部員、小沢は関東軍嘱託《しょくたく》（元歯科医）だった。

石原はこれに賛同した。ただ、多党制だと民族政党が乱立し、民族抗争による混乱に陥る可能性があるので、「一国一党」の原則をとるべきと助言している。

その後、「協和党」について、本庄軍司令官や執政溥儀から、「党」の名称に異義が出され、「協和会」に改称された。そして、溥儀が名誉総裁に、本庄が名誉顧問に、満州国の各部大臣が理事となった。運営費は当初関東軍から月一万円が支出され、その後満州国政府から七〇万円の助成金が下付されることとなる。こうして、七月下旬、満州国協和会が設立された。

その翌月の一九三二年八月、石原は、東京の陸軍兵器本廠《へいきほんしょう》付となり満州を離れる。一九二八年（昭和三年）一〇月から、約四年間の満州勤務だった。石原の離満の約三ヶ月前、五・一五事件が起こった。犬養首相（政友会総裁）が暗殺され、これを契機に政党政治は崩壊する。

また翌年（一九三三年）五月三一日、日中間で塘沽《タンクー》停戦協定が結ばれた。一般的には、ここまでが満州事変期とされる。

ちなみに、神田正種朝鮮軍参謀は、満州事変は「石原の周到なる、かつ単に作戦のみならず他のあらゆる部面に及ぶ計画と、異常の実行力」によるところが大きいと回想している（神田正種「鴨緑江」『現代史資料(7)』）。

なお、離満前、石原は後任の遠藤三郎作戦主任参謀に、石井四郎軍医正《いしいしろうぐんいせい》に極秘裏に細菌戦の研究を命じているので面倒をみるように申し送っている（遠藤三郎『日中十五年戦争と私』）。石井らの生物化学兵器研究は、のちに「関東軍防疫給水部《ぼうえききゅうすいぶ》」（通称「七三一部隊」）として編制される。

1922年、ベルリン駐在時の石原莞爾

第三章

昭和初期の戦略構想(1)

――世界最終戦争論と満蒙領有

一、日米による世界最終戦争

陸大を次席で卒業

では石原は、どのような考えにもとづいて満州事変を起こしたのだろうか。この章では、満州事変期の石原莞爾の構想をみていこう。

石原は、一八八九年（明治二二年）、山形県鶴岡《つるおか》に生まれた。父親（写真4）は旧庄内《しょうない》藩士で、石原出生当時は鶴岡警察署の警察官だった。その後石原は、仙台幼年学校、陸軍士官学校（第二一期）をへて、山形歩兵第三二連隊に配属となり、まもなく、若松《わかまつ》歩兵第六五連隊付《づき》となった。

陸軍大学（陸大）卒業後（写真5）、中国漢口《かんこう》勤務（中支那派遣隊司令部付）をへて、一九二三年（大正一二年）から一九二五年（大正一四年）まで約二年半ドイツに駐在した。石原

写真4 石原の家族

両親、弟妹とともに写る石原(左)、山形県鶴岡にて

写真5 陸軍大学卒業時の石原

前列中央が石原。卒業時に、陸大構内のメッケル像の前で

が駐在した頃のドイツは、戦後の混乱からワイマールの安定期に向かう時期だった。石原の陸大卒業時の成績は第二位（いわゆる「恩賜《おんし》の軍刀」組）で、首席はのちに皇道派《こうどうは》有力メンバーとなる鈴木率道だった。また漢口勤務で、板垣征四郎（満州事変時の関東軍高級参謀）と相知《あいし》ることになる。

なお、石原は、陸大入学前後に、乗馬中の事故で膀胱《ぼうこう》を傷つけ、以後泌尿器系の持病に悩まされるようになる。また、漢口勤務時にはマラリアに罹患《りかん》している。もともと石原はリューマチをもっており、これらの事情で、その後も、常に健康上の不安をかかえることになる（写真6）。

ドイツ駐在から帰国後、陸大兵学教官を務める。その時の講義案が石原の構想の一つの礎石《そせき》となる。

一九二八年（昭和三年）一〇月、関東軍作戦参謀として満州に赴任。そして満州事変を迎えるのである。その間、中堅幕僚グループの「一夕会」や、その母体となった「木曜《もくよう》会《かい》」にも関係している。

その後、日中戦争開始（一九三七年）前後の時期、石原は参謀本部作戦課長、戦争指導課長、作戦部長として、きわめて重要な役割をはたすこととなる。その頃の石原の戦略構想は、満州事変前後の構想がベースとなっている。
したがって、のちの石原を理解するためにも、ここで、陸大教官時代から関東軍参謀時の論考を中心に、昭和初期の石原の構想を検討しておきたい。

世界最終戦争

石原は、ドイツ留学中および陸大兵学教官在任中、軍事史研究に精力を傾《かたむ》けた。その結果、将来、日本とアメリカによる「人類最後の大戦争」(いわゆる世界最終戦争)すなわち「日米決戦戦争」が起こり、世界が統一されるとの考えに至った。

その戦争は、真の意味での「世界大戦」であり、この世界最終戦争の結果、「世界人類の文明」は最終的に統一され、「絶対平和」がもたらされる。そして人類共通

写真6 祈る石原

やせていた漢口勤務時代

の理想である「黄金世界」建設への一歩が踏み出される。そう石原は考えていた。

「未だかつてあらざりし驚くべき大戦争（「最後的大決戦的戦争」）によりて、世界人類の文明は最後の統一を得て、初めて人類共通の理想たる黄金世界建設の第一歩を踏むに至らん。」（「現在及将来に於ける日本の国防」）

「最近の欧州戦争は、欧州諸民族最後の決勝戦なり。『世界大戦』と称《しょう》するに当たらず。……来《きた》るべき戦争は日米を中心とするものにして真の世界大戦、……人類最後の大戦争なり」（「戦争史大観」）

彼によれば、その世界最終戦争は、次の三つの条件が整った時に起こる。

第一に、アメリカが「西洋文明」の中心としての位置を占《し》め、完全に「西洋文明の選手権」つまり西洋の覇権を獲得する。

第二に、日本が「東洋文明」の中心となり、「東洋文明の選手権」を獲得する。

第三に、この戦争に必要な武器が制作される。具体的には、航空機が「無着陸で世界を一周」できるようになり、「全世界を自在に飛行」しうるに至る。

「世界大戦〔世界最終戦争〕勃発《ぼっぱつ》の時期は左の三要件の充足せられる時とす。
一、米国が完全に西洋文明の選手権を獲得すること。
二、日本が完全に東洋文明の選手権を獲得すること。
三、両者の戦争具《せんそうぐ》たる飛行機が無着陸にて世界を一周し得ること。」（「欧州戦史講話の結論」）

第三の条件は、日米が太平洋をはさんで両国の主要都市を破壊・殲滅《せんめつ》し、世界最終戦争の勝敗を決する軍用航空機の出現を意味する。それは日本からみれば、アメリカの主要都市まで無着陸で往復し、そこを攻撃・殲滅できる航空機が開発・生産されることである。それには当然、都市攻撃のための大量破壊兵器の開発をともなう。

したがって、この戦争は「飛行機をもってする殲滅戦争」となり、在来の陸軍と海軍の役割の比重は大幅に低下する。そして、それは「日米決戦戦争」ともいうべきもので、真の「世界大戦」「世界戦争」となる。その意味で先の「欧州大戦」（いわゆる第一次世界大戦）は世界大戦、世界戦争とはいえない、とされる。

「将来戦においては……飛行機の発達により……一挙に決戦を求むる殲滅戦略［殲滅戦争］おこなわれ、在来の海軍はほとんどその影を没《ぼっ》し、陸軍また現在の要塞《ようさい》の如《ごと》きものとなり終わるべし。」（「現在及将来に於ける日本の国防」）

「十年前の戦争を世界大戦と称する如きは吾人《ごじん》の採《と》らざるところなり。」（同右）

ちなみに石原は、のちの日米開戦直前、大量破壊兵器として、「原子核破壊」による「最終戦用決戦兵器」（核兵器）の出現可能性についても言及している（「戦争史大観の説明」『戦争史大観』一九四一年二月）。

世界最終戦争の時期

では、右記三つの条件が整い、世界最終戦争が起こるのはいつ頃と石原は想定していたのだろうか。

それは一九三〇年前後から起算して「数十年後」、すなわち二十世紀最後の四半期頃とされている。世界最終戦争までは、なお半世紀前後を要すると考えられていたのである。

ちなみに、実際には航空機による無着陸世界一周は、一九四九年に実現する。だが、石原が想定していたような、全世界を無着陸で自在に飛行できるようになるには、さらに歳月を要した。

ところで、世界最終戦争がアメリカと日本の間で戦われるものと考えられているのはどうしてだろうか。

従来からの世界強国として、アメリカ、イギリス、フランス、日本のほか、ドイツ、ソ連が存在した。しかし、当時ドイツはヴェルサイユ条約によって軍備を厳しく制限されており、ソ連も革命後の混乱状態によって軍事的劣位《れつい》の状況が続くと想定されていた。それらのなかで、石原のみるところ、アメリカは、先の欧州大戦以来、英仏などを凌駕《りょうが》して西洋文明の中心地となりつつあり、その過程は急速に進んでいる。

日本こそが平和をもたらす

ではなぜ、日本が、アメリカと対抗して世界の武力的統一を争う存在となりうるのか。イギリスやフランスなどの西欧列強ではなく、なぜ国力において「貧弱」な極東の島国《しまぐに》日本が、アメリカとの世界最終戦争に残りうるのか。

「我が日本の国力は遺憾《いかん》ながら頗《すこぶ》る貧弱なり。」(「現在及将来に於ける日本の国防」)

石原によれば、それは日本の「根本文明《こんぽんぶんめい》」が、世界のあらゆる文明を「保有保育」し、かつそれを「熔解《ようかい》し化合《かごう》する」特質をもつからである。しかも今や全世界の文化を総合する「日本文化」が急速に「大成《たいせい》」されつつある。

「あらゆる文明を生み、これを保育保有し、かつこれを熔解し化合する国家の最《もつと》も合理的なるものは、世界中ただ日本あるのみ。」(同右)

「日本は今や……自己を中心とし全世界の文化を綜合《そうごう》する日本文化の大成を急ぎつつあり。」(同右)

日本人のなかには「日本固有の文明なし」とするものがいる。だが日本は、さまざまな東洋文明を融合させて独自に育《はぐく》み、西洋文明を吸収して近代化に成功、世界列強の一つとなった。つまり日本は、東洋文明のみならず世界の全文明を「綜合」し、しかもそれをもっとも「合理的」におこなう能力をもつ。それが日本の「根本文明」であり「固有の文明」なのである。

そのことが、数十年後までに、日本が「東洋文明の選手権」を獲得し、かつアメリカとの世界最終戦争の当事国となりうる重要な要因だった。そしてさらに、この日本文明独特の世界史的特質（世界全文明の総合）が、世界最終戦争の勝者となり、世界に「絶対平和」を与えることを、日本の「天業《てんぎょう》」として宿命づける。

「この［根本］文明すなわち日本国体《こくたい》をもって世界のあらゆる文明を綜合し、彼等《ら》にその憧憬《しょうけい》せる絶対平和を与うるは、我が大日本の天業なり。」（同右）

恒久平和は「世界統一」によってのみもたらされ、世界統一は武力（世界戦）によってのみ実現可能である。そして唯一日本のみが、最終戦に向けて世界の全文明を総合しうる。したがって、アメリカとの「争覇戦《そうはせん》」「将来の世界戦」に勝ち残り、「東西両文明」の統一を実現し、「世界人類を救済」することが日本の「使命」とされる。

日本が勝者となる条件

では現実に、アメリカとの圧倒的な国力差にもかかわらず、なぜ軍事的に日本が世界最終戦争の勝者となる可能性をもちうるのか。

それは世界最終戦争が、航空機による殲滅戦となるとの見通しからきている。そのような航空戦を主とする戦争形式においては、まず科学技術力が決定的となる。その点では、日本における世界の文明を融合する能力が優位性を発揮しうると考えられているのである。

のちの時期の著作で、石原はこう述べている。

「持久戦争時代の勝敗を決するものは主として量の問題であるが、決戦戦争時代には主として質が問題となる……。

われらが断然新しい決戦兵器を先《さき》んじて創作し得《え》たならば、今日《こんにち》までの立ち遅れを一挙に回復することもあえて難事《なんじ》ではない。……科学教育の徹底、技術水準の向上、生産力の大拡充がわれらの奮闘の目標であるが、特に発明の奨励には国家が最大の関心を払い、卓抜《たくばつ》果敢な方策を強行せねばならぬ。」(「『最終戦争論』に関する質疑回答」

（『最終戦争論』一九四一年一一月）

そこでは、世界の科学技術の粋《すい》を集めた、最新の航空機や高性能爆弾を大量に製造すること、それを支えるだけの工業生産力の集積は必須である。だが、欧州大戦のような、膨《ぼう》大《だい》な陸海軍や物資を必ずしも必要としない（「現在及将来に於ける日本の国防」）。そこに日本の可能性があると石原はみていた。

そして、この世界最終戦争は、航空機による両国主要都市への無差別殲滅戦となるため、「未曾有《みぞう》の悲惨なる状態」を現出させることが予想されている。

「日米決戦戦争［世界最終戦争］
原因　東西両文明の最後的選手たる日米の争覇戦
戦争の性質　飛行機による神速なる決戦にして、未曾有の悲惨なる状態を顕出《けんしゅつ》すべく、人類最後の大戦争なり」（「軍事上より観たる日米戦争」）

ただ、石原とて戦争を好んでいたわけではなく、戦争は「最も悲惨なる、最も悲しむべく、最も憎《にく》むべきもの」であるとの認識はもっていた（一九四〇年の著作『最終戦争論』では、「最後の大決勝戦で世界の人口は半分になるかもしれない」としている）。だが、それを根絶して世界に平和をもたらすには、この世界最終戦争をへなければならないというのである。

しかしいっぽうでは、「戦争は文明を破壊しつつも、しかも新文明の母たりしものなり」との見方も示している。戦争を文明発達の重要な動因《どういん》とも位置づけていたといえる。

日蓮《にちれん》の予言と石原の発想

なお、石原は日蓮宗《にちれんしゅう》系の在家団体である国柱会《こくちゅうかい》の会員であり、「前代未聞の大闘諍《だいとうそう》、一閻浮提《いちえんぶだい》に起《おこ》るべし」との日蓮の予言が、この世界最終戦争にあたると考えていた。

国柱会は、大正初期に元日蓮宗僧侶田中智学《たなかちがく》（写真7）によって創設されたもので、宮沢賢治《みやざわけんじ》も会員だった。石原は、漢口赴任直前（一九二〇年四月）に、国柱会の講習会で田中智学の講義を聞き入会している。

ただ、石原自身によれば、世界最終戦争論そのものは基本的に彼独自の軍事史研究から導《みちび》き出されたものであり、日蓮の予言はそれを裏づけるものと位置づけられていた。

写真7　田中智学と石原

石原は田中智学（左）が創設した国柱会に入会、講義を聴講した

のちの論考になるが、石原はこう述べている。

「『最終戦争論』が決《けっ》して宗教的説明を主とするものでないことは、少《すこ》しく丁寧《ていねい》に読まれた人々には直《ただ》ちに理解されることと信ずる。この論は私の軍事科学的考察を基礎とするもので、仏の予言は政治史の大勢《たいせい》、科学・産業の進歩とともに、私の軍事研究を傍証するために挙げた一例に過《す》ぎない。」（「『最終戦争論』に関する質疑回答」『最終戦争論』一九四一年一一月）

では、石原のいう「軍事科学的考察」とはどのようなものだろうか。この点について、石原は次のように記している。

「戦争指導、会戦指揮等は、その有する二傾向の間を交互に動きつつあるに対し、戦闘法および軍の編制等は整然たる進歩をなす。

すなわち、戦闘法等が最後の発達を遂《と》げ、戦争指導等が戦争本来の目的に最もよく合《ごう》する傾向に徹底するときは、人類争闘力《そうとうりょく》の最大限を発揮するときにして、やがてこれ絶対平和の第一歩［世界最終戦争］たるべし。」（『戦争史大観』一九二九年）

一読しただけでは理解困難だが、簡単に説明すると、その趣旨はこうである。

歴史的にみて、欧州での戦争指導は、「殲滅戦争（決戦的戦争）」と「消耗《しょうもう》戦争（持久的戦争）」が交互に繰り返されている。殲滅戦争とは、武力によって一気に決着をつける戦争。消耗戦争とは、武力のみでは決着がつかず長期化し、財政・外交などの要素が重要な役割をはたす戦争をいう。これに対応する会戦指揮も、それに対応した方針（殲滅戦略、消耗戦略）が交互に繰り返される。

これに対して、戦闘方法は、古代の「点」の戦法（密集戦法）から、中世・近代初頭の

「線」の戦法（横列縦隊《おうれつじゅうたい》・散兵《さんぺい》戦法）、欧州大戦期の「面」の戦法（戦闘群戦法）と、変化している。この変化は、一定方向に向かっての整然とした進化といえる。点から線、そして面へと、いわば「幾何学的な正確さ」で進展している。また、戦闘単位も、大隊《だいたい》から中隊《ちゅうたい》・小隊《しょうたい》・分隊《ぶんたい》へと進化している（図表8）。

その先に予想されるのは「個人」を戦闘単位とする「体」（立体）の戦闘法以外にはな

図表8　戦争の進化形態

時代	古代	中世	近代 火器使用以後	近代 仏国革命以後	現代 欧州大戦以後	将来 最終戦争以後
戦争の性質	決戦戦争		持久戦争	決戦戦争	持久戦争	決戦戦争
兵制	国民皆兵		傭兵	国民皆兵	国民皆兵（全男子）	国民皆兵（全国民）
戦闘 隊形	方陣		横隊	散兵	戦闘群	
戦闘 隊形	点		線	線	面	体
戦闘 指揮単位	大隊		中隊	小隊	分隊	個人
戦闘 指導精神			専制	自由	統制	
年数		1000	300ないし400	125	50内外	20内外
政治史の大勢	国家の対立より統一へ	宗教支配	新国家の発展	国家主義全盛	国家連合	世界統一

（石原莞爾『最終戦争論』）

く、それは究極の、したがって最後の戦闘方法であり、具体的には航空戦をさす。

「将来戦においては、その核心をなすべき戦闘は、おそらく個人を単位とする立体的活動すなわち飛行機によりおこなわるるに至る……。すなわち、飛行機の発達により、全国民挙げて全力を尽くして一挙に決戦を求むる殲滅戦略おこなわれ、在来の海軍はほとんどその影を没し、陸軍また現在の要塞の如きものとなり終わるべし。」（「現在及将来に於ける日本の国防」）

したがって、来《きた》るべき戦争は、「飛行機をもってする殲滅戦争」であり、それが「人類最後の大戦争」（世界最終戦争）となる。そこでは、戦闘主力は空軍となり、海軍や陸軍は著《いちじる》しくその役割を低下させる。

これが、軍事史研究の観点からする、石原の結論だった。ちなみに石原は、のちの著作『戦争史大観』で図表9のように表示している。

石原の天皇論

しかし、世界最終戦争が航空機による殲滅戦争になるとして、なぜ、日本がその最終勝者となりうるのだろうか。日本が世界の文明を総合し融合しうるとしても、アメリカもまた、当時の日本と比較にならないほどの高度の科学技術と巨大な国力をもっている。

石原は、その理由を、

「吾等《われら》の頼むところは偉大なる我が統帥権にあり。」（「現在及将来に於ける日本の国防」）

としている。

具体的には、世界戦

図表9　最終戦争までの流れ

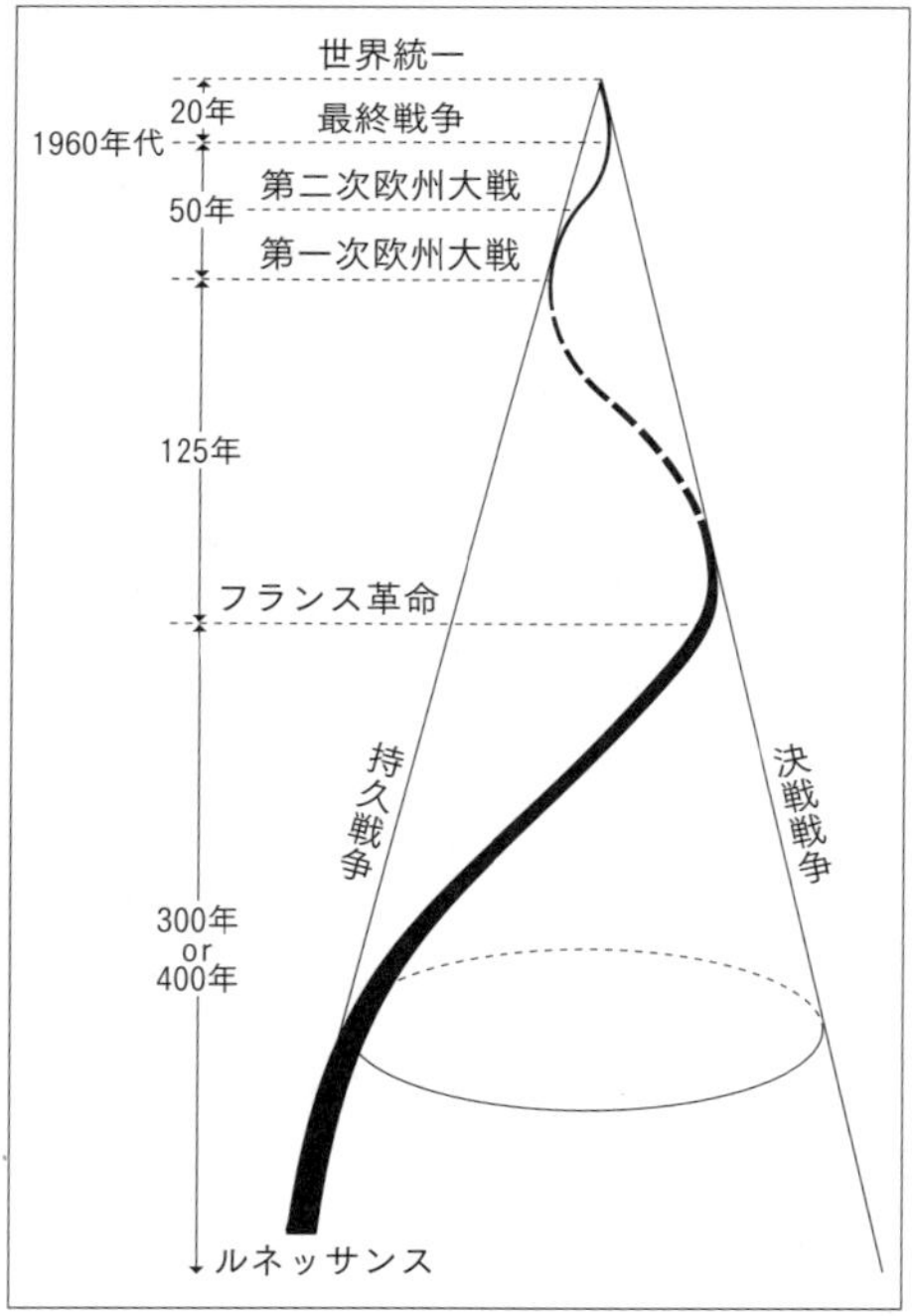

（石原莞爾『戦争史大観』）

における「大日本天皇」の「霊妙《れいみよう》なる統帥権」によるとされる。その天皇の統帥権のもとで、「三軍を叱咤《しった》する将帥《しようすい》」が軍人のなかから現れ、その「天才の出顕《しゆつげん》」によって勝利に導かれるというのである。

そして、次のように述べている。

「余《よ》は……この最後的大決戦的戦争により、遂《つい》に世界の強敵を屈伏して日本国体の大精神を世界の全人類に徹底せしめ、日本天皇を中心とする大平和時代に入るものなるを確信して疑わざるものなり。」(同右)

なお、のちの論考では、「現人神《あらひとがみ》たる天皇の御存在が世界統一の霊力である」、とされている(「戦争史大観の説明」『戦争史大観』一九四一年二月)。この石原の天皇・国体論《こくたい》への強い傾斜は、国体論的な仏教団体として知られる国柱会からの影響によるものなのか、それ以前からのものなのかは定《さだ》かでない。

このような世界最終戦争論における天皇の位置づけは、日蓮の予言における仏教的「賢《けん》王《おう》」に比定するかたちで言及されており、国柱会からの影響は明らかといえる。

「日蓮は……曰《いわ》く『当《まさ》に知るべし此《こ》の四菩薩《しぼさつ》折伏《しやくぶく》を現《げん》ずる時は賢王と成《な》って愚王《ぐおう》を誡責《かいしやく》し……正法《しょうぼう》を弘持《ぐじ》す』と。この賢王には即《すなわ》ち将来の世界戦において、大日本天皇の位置を示し奉《たてまつ》れるものなり。」（同右）

だが、石原自身の国体論的傾斜が、同様の性格をもつ国柱会への接近の動機となったことも考えられる。いずれにせよ、この問題については、現在のところはっきりとしたことはいえず、ここではこれ以上立ち入らない。

ちなみに、世界最終戦争論の発想は、石原自身の回想によれば、ベルリン駐在中にほぼ確信をえたようである。

「私の最終戦争に対する考えは……、

1、日蓮聖人《しょうにん》によって示された世界統一のための大戦争。

2、戦争性質の二傾向が交互作用をなすこと。

3、戦闘隊形は点から線に、さらに面に進んだ。次に体となること。

の三つが重要な因子となって進み、ベルリン留学中には全《まつた》く確信を得たのであった。」（「戦争史大観の序説」『戦争史大観』一九四〇年一二月）

そして、ベルリンからシベリア経由で帰国途中、ハルビンでの講演で「世界統一のための最終戦争が近い」と述べた、とのことである（同右）。

二、当面の国策としての満蒙領有

日本のとるべき国策

では、このような世界最終戦争論の観点からすれば、当面の日本の「国策」はどのようにあるべきか。石原は次のように考えていた。

現在とるべき日本の国策は、世界最終戦争に向けて、すみやかに「東洋文明の選手権」を獲得することである。そのためには、いっぽうでは全世界の文化を総合する日本文化の大成を急がねばならない。

また他方、ロシアの「侵入」、米英からの「圧迫」に対抗しうる「威力」をもつことが必須である。そのことが、日本が「東洋諸民族」を指導し、彼らを「白人種の横暴」「白人圧迫」から脱却させ、東洋全体をリードする地位を獲得することにつながる。

「現今における我が国策とは、速《すみ》やかに東洋文明の選手権を獲得するにあり。これがため、

1、内《うち》これに相応する文化力と、

2、外《そと》東洋諸民族を指導し、かつ露国の侵入、米英の圧迫に対する威力を、有《ゆう》せざるべからず。」(「欧州戦史講話の結論」)

「我が国は、北《きた》露国の侵入に対すると共《とも》に、南《みなみ》米英の海軍力に対せざるべからず。」(「満蒙問題私見」)

このような「威力」をもつには、第一に、「日本」国内において、現在かかえる諸問題を解決し、さらなる国力の発展をはからなければならない。第二に、「朝鮮」の統治を安定させ、「支那」に対する指導的地位を確立しなければならない。第三に、「露国」の北方

からの侵入に対処する処置を講《こう》じる必要がある。北方の安全を確保できれば、先の国策にしたがって、「支那本部」への、さらには「南洋」への発展をはかることができる。

そして石原は、この三つの課題を実現するには、「満蒙問題」を解決しなければならず、それには、満蒙を「我が領土とする」、すなわち「満蒙領有」の必要がある、とする。

満蒙領有のメリット

この満蒙領有の積極的意義を、石原は次のように述べている。

まず、第三の「対露戦略」の点からみると、満蒙領有（全満州を含む）によって、「北満地方」を日本の完全な勢力下に置くことができる。そうすればロシアの北方からの侵入は、満州北側のソ満境界に横たわる巨大な興安嶺山脈を利用して容易に防御することが可能となる。

これにより、日本は北方に対する負担が軽減され、その本来の国策である「東洋の選手権」を獲得する方向に進みうる。つまり、中国本土への影響力の拡大、さらには「南洋」すなわち西太平洋への発展を企図することができることとなる。その意味で、満蒙は、日本の国運発展の「戦略拠点」といえる。

「我が国にして完全に北満地方をその勢力下に置くにおいては、……北方に対する負担より免《まぬか》れ、その国策の命ずるところにより、あるいは支那本部に、あるいは南洋に向かい勇敢にその発展を企図するを得べし。」(「満蒙問題私見」)

第二の対朝鮮中国政策についていえば、朝鮮の植民地統治は、満蒙を日本の完全な勢力下に置くことによってはじめて安定する。また、「実力」による満蒙領有によって、日本の断固たる決意を示せば、中国本土に対しても「指導の位置」に立ち、その統一と安定を促進することになる。

漢民族は「永《なが》く武力を蔑視《べっし》」してきた結果、「真の武力」を編制することができず、中国における「主権の確立」はとうてい、これを望みえない。

「支那全体を観察せんか、永く武力を蔑視せる結果、漢民族より到底真の武力を編制し難き状況において、主権の確立は全然これを望むあたわず。」(「現在及将来に於ける日本の国防」)

したがって「自ら治安維持をなす能力」を欠き、その統一と安定には、日本の「政治的指導」を必要としている。

第一の日本国内の発展に対しても、満蒙からの食料供給は、国民の「糧食《りょうしょく》問題」を解決する。また満州における「鞍山の鉄」「撫順の石炭」などの獲得は、国内重工業の基礎確立に資《し》する。

このように「満蒙の資源」は、困難な状況にある国内の「不況を打開」し、その現下の「急《きゅう》を救い」、今後の飛躍の素地を作るに十分なものである。さらに満蒙での各種企業の発展は、国内「有識失業者」を吸収し、この面でも国内の不況打開に役立つ。「満蒙の合理的開発」により、日本の「景気」は自然に回復する。

ただし、石原にとって、

「満蒙は、我が人口問題解決地に適せず、資源また大日本のためには十分ならざる」

(「満蒙問題私見」)

ものだった。人口問題や資源問題の解決には満蒙領有ではなお不十分だと、当初から考えていたのである。

日本以外にもメリットあり

このように満蒙領有は、日本自身にとってきわめて重要な意味をもつものだった。のみならず、石原によれば、さらに「在満蒙諸民族」にとってもその「幸福増進」につながる。これまで、満蒙は日本の勢力による治安維持によって急激な発展が可能となってきた。もし日本の勢力が低下すれば、満蒙も中国本土の現状と同様となるだろう。

「満蒙は日本の勢力による治安維持によりてのみ、その急激なる発達を続くことを得るなり。もし万一《まんいち》我が勢力にして減退することあるなからんか、目下《もっか》における支那人唯一安住の地なる満州また支那本部と選ぶなきに至るべし。」（「現在及将来に於ける日本の国防」）

中国本土では、「軍閥《ぐんばつ》・学匪《がくひ》・政商」など一部の人間による利益追求のため戦乱が続き、一般民衆は「塗炭《とたん》」の苦しみのなかにある。したがって、満蒙領有による日本の勢力強化は、満蒙の治安状態をさらに改善し、満蒙在住諸民族の生活の安定をもたらすことになる。これは、混乱を収拾できない中国本土では享受しえないものである。

「支那全体を観察せんか……軍閥・学匪・政商など一部人種の利益のために支那民衆は連続せる戦乱のため塗炭に苦しみ、良民また遂《つい》に土匪《どひ》に至らんとす。」（同右）

第四章

昭和初期の戦略構想(2)

——日米持久戦争の想定

ソ連の1932年のポスター
「五ヶ年計画の終了までに
農業集団化を終えよう」

一、満蒙領有から日米持久戦争へ

日米持久戦争

だがいっぽうで、石原のみるところ、満蒙領有の実行は、東アジアに強い利害関心をもつ、米露英など列強諸国の「武力的圧迫」を覚悟しなければならない。とりわけアメリカの「実力的」介入は必至で、「対米戦争の覚悟」を必要とする。

「満蒙問題の解決は、日本が同地方を領有することによりて始めて完全達成せらる。対支外交すなわち対米外交なり。すなわち前記目的［満蒙領有］を達成するためには対米戦争の覚悟を要す。」（「国運転回の根本国策たる満蒙問題解決案」）

なぜなら、アメリカは、欧州大戦に参戦したように、利害のみでなく、弱者保護など「道義的虚栄心」から、「正義人道《せいぎじんどう》」を理由に他国の紛争に介入してくる。満蒙領有実施に際して、アメリカ介入の見通しをけっして甘くみるべきではなく、対米戦となる公算《こうさん》が大きい。

「物質的に恵まれたる米国が、さらに進んで正義人道を弄《ろう》さんとするは、これ自然の勢《いきお》いにしてあえて単なる口実のみと見るは不可なり。彼等が我が対支政策に反対するは、必ずしも利益問題のみにあらずして、弱者の保護なる道義的虚栄心に基《もと》づくところなしとせず。」（「現在及将来に於ける日本の国防」）

ただし、この対米戦は世界最終戦争としてのそれ＝「日米決戦戦争」ではなく、それに至る過程に生じる持久的な対米戦、「日米持久戦争」となる。したがって、満蒙領有による満蒙問題の解決に際しては、「対米戦争計画」を確立しておかなければならない。

このように石原は、満蒙領有は、対米持久戦の契機となる可能性がきわめて高いと判断していた。

「満蒙を我が領土とするためには米国を主とする諸国の武力的圧迫を予期せざるべからず。この戦争は長年月にわたる消耗戦争〔持久戦争〕たるべく、我が国刻下《こっか》の最大急務は速やかに戦争計画を確立するにあり。」(「欧州戦史講話の結論」)

対米戦争計画

そうした観点から石原は、満州事変直前の一九三一年(昭和六年)四月、「対米戦争計画大綱」(別名「満蒙問題解決の為《ため》の戦争計画大綱」)と題する対米戦のための戦争計画を立案している。

その概略は次のようなものである。

この満蒙領有を契機とする当面の対米戦争は、約半世紀後に想定される世界最終戦争時の日米間の「殲滅戦争」とは異なり、長期の持久戦となり「消耗戦争」となる。消耗戦争は殲滅戦争ではないので、ある時点での戦争終結を想定しておかなければならない。したがって、あらかじめ限定的な「戦争目的」を定め、「講和条件」を確定しておく必要がある。

この消耗戦争としての対米戦（日米持久戦争）の戦争目的は、第一、「満蒙を我が領土となす」（満蒙領有）。第二、西太平洋制海権の確保。具体的にはフィリピン、グアムを日本の「領土」とする、もしくはフィリピンについては独立させる。加えて、ハワイをも日本の「領土」とするか、その米側防備を撤去させる。

この二点（満蒙領土化と西太平洋制海権確保）が、同時に講和条件となる。したがって、この戦争は限定戦争といえる。

戦争指導方針としては、「米国のみ」を敵とすることに努《つと》める。したがって、中国本土にはなるべく兵力を用いることを避け、「威嚇《いかく》」により中国の排日および参戦を防止する。しかし、威嚇では中国の排日・参戦を防止できない場合は、「一挙に「武力によって」南京《ナンキン》を攻略し、中支那以北の要点を占領す」る。

イギリスに対しては、満蒙領有について了解をえるよう、十分な努力を払う。しかし、了解をえられない場合は、「英国をも敵とする」ことを辞さない。ロシア（ソ連）とは、極力「親善関係」を継続することに努める。やむなく開戦となった場合は、北満国境線のラインで戦争の持久をはかる。その他の欧州諸国とは親善関係を保ち、ソ連やイギリスを背後から牽制《けんせい》させる。

国内政治については、急激な変化は避け、逐次所要の改革をおこなう。ただし、「要すれば戒厳令下において重要なる内部改造を断行す」る。ここでの「内部改造」は、一定の社会改革をともなうものとされているが、その具体的内容にまでは立ち入っていない。

このような戦争指導方針のもと、陸軍の任務としては、第一に、満蒙の占領と統治がある。軍事占領後の満蒙統治は、在住各民族の「共存共栄」をはかる。

その共存共栄は各民族の特性により、日本民族は「軍事」「統治」と「大企業」、漢民族は「商業農業労働」「小企業」、朝鮮民族は「水田」、蒙古民族は「牧畜業」を、それぞれ担当する。

満蒙における各民族の共存共栄の内実《ないじつ》、石原のイメージする満蒙社会は、このような階層的なものだった（この点については、「横山資源局事務官に示せる石原私見」『現代史資料(7)』も参照）。

陸軍の第二の任務は、中国を武力占領することとなった場合のもので、まず、中国側軍隊を「殲滅」し掃討《そうとう》する。次に、占領後は中国が目下「苦境」に陥っている「病根」を武力によって「打開」し、中国四億民衆に「新生命」を与える。そうすれば、日本による中国本土統治は、「支那人より衷心の歓迎を」受けるだろう。その後の地方統治は中国人の

「自治」にゆだねる。

「漢民族が目下の苦境を打開して進むべき必然的方向、およびその進展を妨《さまた》げつつある病根を明確に認識し、我が武力によりこれを打開して四億の民衆に新生命を与うるを要す。かくして我が支那本部統治は支那人より衷心《ちゅうしん》の歓迎を受け……るを得べし。」(「対米戦争計画大綱」)

日本軍による占領に要する維持費(主要都市・鉄道の守備など)は、中国における「関税・塩税および鉄道収入」によってまかなう。「占領地の軍備は、占領地により自給するを本則《ほんそく》とす」。

陸軍第三の任務は、対ソ戦となった場合のもので、北満占領後、満州北部の興安嶺山脈などの地形を利用して戦争の持久をはかる。

第四には、海軍と協力してフィリピン、グアム、ハワイの占領統治をおこなう。対英戦が加わった場合には、香港《ホンコン》、シンガポールも占領統治する。

いっぽう、海軍の任務としては、東アジアのみならず東南アジアも含めた「西太平洋」

の制海権を確保することが最重要課題となる。そのため、アメリカのアジア艦隊および主力艦隊を撃滅し、陸軍と協力してアメリカ海軍根拠地を奪取する。対英戦が加わった場合も、東アジアに派遣されるイギリス艦隊、海軍根拠地（香港、シンガポール）に対して同様の措置をとる。

このような陸海軍の任務は、すべて長期持久の消耗戦争が想定されている。

「支那を中心とする戦争起こらんか、単に我らが支那人のみを相手とせば、殲滅戦により迅速《じんそく》にこれを屈《くっ》することを得べしといえども、他の強国の妨害を排除するための戦争はもちろん消耗戦争の外《ほか》なし。」（「現在及将来に於ける日本の国防」）

これらに対応する政府の任務は、挙国一致の実現と、対米戦争の遂行のための適切な外交的対応の実施である。

石原のみるところ、漢民族には「自ら治安維持をなす能力」がない。したがって、日本の「満蒙領有」および「支那本部の政治的指導」は、単に「日本の存立上《そんりつじょう》」必要であるばかりでなく、「支那人の幸福」にもつながる。それだけではなく、対外的に、「世界各国民が支那大陸に経済的活動をなす」ためにも望ましい、と主張することができる。

「漢民族は自ら治安維持をなす能力なきをもって、日本の満蒙領有および支那本部の政治的指導は、単に日本の存立上必要にして支那人の幸福なるのみならず、結局世界各国民が支那大陸に経済的活動をなすためにも最も希望すべきところなるを「対外的に」広く宣伝す。」(「対米戦争計画大綱」)

以上が、対米持久戦に対する石原の戦争計画の概略である。この概略の紹介だけでは、石原の考えが判然としないところがあるため、もう少し立ち入って説明を補足しておこう。

戦争により戦争を養う

第一に、威嚇によって中国本土を政治的に「指導」することが困難で、中国を武力占領する場合について(石原のいう「政治的指導」は、軍事占領を含むさまざまなレベルの方法によるものと考えられている)。

石原は中国について、「軍閥・学匪・政商」の跋扈《ばつこ》によって戦乱が続き、「民衆」は塗炭の苦しみをなめている、との認識をもっていた。この「苦境」から中国の四億民衆を救おうとすれば、「列強」が中国の治安維持にあたるほか方法はない。したがって、列強諸国による「国際管理」か、そのなかの一国による管理すなわち「領有」かが、中国民衆救済の道といわざるをえない（「現在及将来に於ける日本の国防」）。

その意味では、日本による中国本土の占領・統治（「支那領有」）は、「支那民族を救う」ためであり、中国民衆に「幸福」をもたらすものだ、とも記している。石原は、満蒙領有による対米戦から、中国本土の武力占領へと進まざるをえない場合、それは日本にとって必要であるばかりでなく、中国民衆にとっても望ましいことだ、というのである。

石原によれば、漢民族には、自ら「主権」を確立し、「近代国家」を形成する能力はなく、日本が代わって治安維持にあたる必要がある。

「支那人が果《は》たして近代国家を造《つく》り得るや頗《すこぶ》る疑問にして、むしろ我が国の治安維持の下《もと》に漢民族の自然的発展を期するを彼等のため幸福なるを確信す。」（「満蒙問題私見」）

それゆえ、日本の武力により、「支那積弊《せきへい》の中枢」を切開《せっかい》して中国民衆に「潑剌《はつらつ》たる新生命」を与え、その経済生活を解放しなければならない。そのことは中国を市場とする日本の商工業のさらなる振興をもたらす。その意味で「満蒙」は中国を救うための「根拠地」であり、「中国民族を救う天職」は日本にある。

つまり満蒙領有は、中国本土の「富源《ふげん》開発」につながり、そのことは将来におけるアメリカとの「世界争覇戦争」のための準備ともなるとされる。

「満州経略の目的は、我が国防の安固《あんこ》を期《き》するとともに、対アングロサクソン世界争覇戦争のため、支那本部［の］富源開発の準備を整《ととの》うるにあり。」(「満州経略方針」)

したがって、石原のみるところ、日本軍の中国占領に要する費用は、それほど多くはならない。なぜなら、「支那軍閥を掃討し土匪を一掃」して、その治安を維持すれば、中国民衆の「心服」をえて、占領地の「徴税、物資、兵器」により自活しつつ、対米持久戦を遂行できるからである。これを石原は、「戦争により戦争を養う」方式だ、としている。

「我らの［消耗］戦争は……戦争により戦争を養うを本旨《ほんし》とせざるべからず。すなわち占領地の徴税、物資、兵器により出征軍は自活するを要す。支那軍閥を掃討し土匪を一掃して、その治安を維持せば、我が精鋭にして廉潔《れんけつ》なる軍隊はたちまち土民《どみん》の心服を得て優《ゆう》に以上の目的を達するを得べし。」（「現在及将来に於ける日本の国防」）

清朝《しんちょう》の方式

では、「戦争により戦争を養う」とは、具体的にはどのような内容が想定されていたのだろうか。

石原の記述からすると、直接には、戦争遂行のための財政費用を、中国からの各種税収、鉄道収入などによって確保する。そして、そこからの支出で戦争遂行に必要な物資や資源を現地で調達する（中国現地から購入する）ことである。

それに加えて、それらを帝国日本の工業化、産業発展のための費用や資源とする。このような方策によって、満蒙領有を契機とする対米持久戦に必要な武器弾薬、食料その他の物資・資材を確保し、戦争を継続する。またそのことが、戦争経済による日本の工業化を推《お》し進め、さらなる産業発展をもたらし、その戦争遂行能力を増大させる。そこまでを含んでいた。

この中国からの税収・資源等確保の起点は、中国への政治指導のための対中武力行使である。その過程でアメリカの介入を受ければ、中国の占領・統治それ自体のための対米持久戦となる。そして、このような対米持久戦の継続による軍事工業力の増進と資源獲得によって、日本はアメリカとの世界最終戦争に勝利しうる戦争遂行能力を自らのものとすることができる。

これが、石原のいう「戦争によって戦争を養う」方式の実際的な内容だった。これは、必ずしも実力によって中国社会から直接、資源略奪をおこなうことを想定していたわけではない。日本軍による治安維持を前提に、中国での陸軍の維持費を「関税・塩税および鉄道収入」でまかなうことを想定していた。ちなみに、この関税には、当時実質的にはイギリスが管理していた「海関《かいかん》」（海港《かいこう》に置かれた外国貿易に対する税関）も含まれていた。

また石原は、対米持久戦を戦うための海軍の費用も、「戦争により戦争を養う」「戦争をもって戦争を養う」観点から、陸軍と同様の方法で、中国側に負担させる考えだった。

「［対米持久戦は］戦争をもって戦争を養うを根本《こんぽん》着眼とし、要すれば海軍に要する戦費の一部または大部もまた大陸の負担たらしむるものとす。」（「国運転回の根本国策たる満蒙問題解決案」）

石原によれば、これは「清朝の方式」を踏襲したもので、中国民衆にとっては必ずしも受け入れがたいものではない。中国社会の病根を切除し、彼らが陥っている現在の苦境を打開できれば、むしろ「歓迎を受ける」。そう考えていたのである。

中国本土には侵攻せず

なお、「対米戦争計画大綱」では、満蒙領有時、アメリカのみを敵とすることに努め、中国本土にはなるべく武力行使を避けるとしている。

だが、同時期の別の文書では、対米持久戦となった場合、「東亜の封鎖を覚悟し、適時支那本部の要部をも我が占領下に置き……東亜の自給自活の道を確立」するとしている（「国運転回の根本国策たる満蒙問題解決案」）。アメリカの介入があれば、中国側の対応いかんにかかわらず、中国本土の主要部分を占領するとの考えももっていたのである。

いずれにせよ石原は、アメリカとの戦争のためには、中国本土の「富源開発」と、その日本による確保が必須だと考えていた。また、それが中国側の自発的意思でおこなわれることは、中国政治の現状のもとでは困難で、何らかの武力行使か、武力による威嚇を必要とすると判断していた。

また、石原は、「支那本部に兵力を用いる場合は、英国の参戦を覚悟せざるべからず」とも述べている（「昭和五年三月一日講話要領」）。中国本土の占領・統治に踏み込めば、アメリカのみならず、イギリスとも戦争になる可能性が高いと判断していたといえる。海関だけではなく、イギリスは中国中央部を勢力圏として、鉄道・鉱山など多くの特殊権益を有していたからである。

さらに、いずれにせよ中国本土を領有する場合、日本軍による直接統治は華北《かほく》・華中《かちゅう》までとし、華南《かなん》地方は親日的な中国軍によって統治させるプランだった（「国運転回の根本国策たる満蒙問題解決案」）。

ところで、明言はしていないが、アメリカは、たとえ満蒙領有時に介入してこなくとも、もし日本が中国本土に踏み込めば必ず介入してくると、石原はみていたようである。たとえば、石原は次のように記している。

「日米持久戦争
原因　支那問題
平和なき支那を救うは日本の使命にして、同時に日本自らを救う唯一の途《みち》なり。これがためには米国の妨害を排除するの必要に迫《せま》らるべし。」（「軍事上より観たる日米戦争」）

そして石原は、満蒙領有のみならず、中国本土への政治的指導もしくは中国本土領有それ自体への志向をかなり強くもっていた。

「支那民衆は、連続せる戦乱のため塗炭に苦しみ、……四億の民をこの苦境より救わんと欲《ほっ》せば、他の列強が進んで支那の治安を維持するほか絶対に策《さく》なし。すなわち国際管理か某一国の支那領有は、ついに来たらざるべからざる運命なり。単なる利害問題を超越して吾等のついに蹶起《けっき》せざるべからざる日、必ずしも遠しというべからず。」
（「現在及将来に於ける日本の国防」）

ここでの「某一国の支那領有」とは、日本によるそれをさしていることは明らかだろう。たとえば、石原は日中戦争直前、中国側の反日姿勢が好転しない場合に備え、対中国戦争計画の策定を企図するが、盧溝橋《ろこうきょう》事件の勃発によって未着手に終わる（「石原莞爾中将回想応答録」『現代史資料(9)』）。

ソ連に対する分析

第二に、対ソ戦略について。

石原は、日本の満蒙領有実施の際、ソ連が日本の北満占領に対して、軍事的に介入してくる可能性は低いと判断していた。革命後の混乱による国力疲弊《ひへい》と国際的孤立により、軍事介入は困難とみていたからである。そして、もし対ソ戦となっても、北満を占領しておけば、満州北・西部の興安嶺山脈などの地理的な条件を利用して、ソ連軍の北満侵入を防ぐのは、それほど困難ではないと考えていた。

したがって、対ソ関係では、むしろ今が満蒙領有の好機だと判断していた。

「今や露国は北満州より退《しりぞ》き、万一の場合我《われ》はこれに先《さき》だちて同地方を領有することと困難ならざるべく、北満を失える露国が興安嶺西方の砂漠を越え、または遠く沿海《えんかい》州《しゅう》を迂回《うかい》して大兵《たいへい》を進むるは甚《はなは》だ困難なるのみならず、露国内外の事情また恐らく戦争に十分の力を用うるあたわざるべし。」(「現在及将来に於ける日本の国防」)

実際、ソ連国内では、一九二四年のレーニン死後、スターリン、ジノヴィエフ、トロツキーらによる政治抗争が本格化。その後、一九二七年のジノヴィエフ除名、一九二九年のトロツキー国外追放で、国内の政治抗争が終わり、スターリン独裁体制が成立する。その間、一九二八年から第一次五ヶ年計画が始まり、ようやく革命後の混乱からの経済再建が緒《しょ》に就《つ》いたばかりだった。

そのような時期に、列強の一つである日本との本格的な軍事衝突に対処する余力は、ほとんどなかったといえよう。

したがって現実に、関東軍による北満占領時、ソ連による軍事介入はおこなわれなかった。また日本側陸軍中央や関東軍も、ソ連を必要以上に刺激しないよう、北満占領の際、ソ連側管理の中東《ちゅうとう》鉄道(東支《とうし》鉄道、東清《とうしん》鉄道)には慎重に対処した。

中東鉄道は、満州里《まんしゅうり》からハルビンをへて綏芬河《すいふんが》（ポクラニーチナヤ）に至る路線で、北満中央を横断し、ウラジオストクへとつながるソ連側重要輸送路だった。その後、満州国建国となり、中東鉄道そのものは、曲折をへてソ連から満州国に売却されることとなる（一九三五年三月）。

だが、後述するように、石原の参謀本部作戦課長就任（一九三五年八月）頃には、極東ソ連軍の状況は、彼の想定を覆《くつがえ》しかねない事態となっていく。

石原は海軍論者!?

第三に、当面の対米戦における海軍の位置づけについて。

石原によれば、対米持久戦のためには、西太平洋の制海権確保が必要とされ、「海上武力」すなわち海軍の整備が軽視しえない課題となる。

この点に関連して、石原はこう述べている。「海上武力は持久戦争のため最も必要」なものである、だが一部の論者のように、「海上武力を絶対として次《つ》いで陸上兵力を整備すべき」との主張は正当ではない。制海権の範囲および大陸占領地の必要を考え、「公平に両兵力の比率を定めざるべからず」、と。

このような海軍力の重視は、のちに陸軍中央で、石原は「海軍論者」だとみられ、警戒される一つの原因となる。また、参謀本部戦争指導課長時代、国防方針策定をめぐり、「両兵力の比率」をどのように「公平に」定めるかで、海軍側担当者と衝突する。

なお、海軍による西太平洋の制海権確保ができなかった場合、石原は、中国側の態度いかんにかかわらず、「支那本部の要都《ようと》をも我が占領下に置」くべきだと考えていた。すなわち、制海権喪失による「東亜の封鎖」に対抗して、中国大陸の豊かな資源を開発し、日中両国の商工業を振興させ、「東亜の自給自活の道」を追求する必要がある、と(「国運転回の根本国策たる満蒙問題解決案」)。

東アジアに日本を中心とする自給自足圏を形成することによって、なお長期の持久戦を有利に進めうると判断していたのである。

また、石原のみるところ、アメリカとの直接的な戦闘の主力は、海軍とならざるをえない。想定されている対米持久戦において、アメリカと直接戦闘をおこなうのは、まずは西太平洋の制海権確保のためだったからである。ただ、先にみたように、海軍に要する費用は、戦争により戦争を養う観点から、必要部分を中国大陸から確保するとされていた。

とすれば、石原は対米持久戦遂行の財政負担を、陸海軍とも基本的には中国での収入によってまかなおうと考えていたといえる。

日米持久戦争となった場合は、中国に対して、直接戦争によろうが、武力による威嚇によろうが、そこからの財政収入（租税・鉄道収入など）を確保しうる態勢をとることが想定されていたのである。したがって、対米戦の主力となる海軍も、その面では陸軍からのサポートを必要とすると考えられていた。

ところで、アメリカとの戦闘において、海軍が主力とならざるをえないのは、太平洋の両岸に位置するという、両国の地理的関係からだった。それゆえ、陸軍がアメリカ軍と直接戦火《せんか》を交《まじ》えるのは、フィリピン、グアム、ハワイなどを占領する時、もしくは制海権を失い、米軍が中国大陸に上陸してきた場合に限定されていた。

なぜなら石原は、対米持久戦段階では、アメリカ本国に直接攻撃を加えることは想定していなかったからである。対米持久戦は、あくまでも満蒙領有と中国本土への指導的影響力確保のためのものだった。

消耗戦と国家総動員

第四に、国家総動員について。

満蒙領有を契機とする対米持久戦について、石原は、欧州大戦（第一次世界大戦）におけるような「国家総動員」を必ずしも必要としないと考えていた。というのは、石原においては、欧州大戦のような国家総動員型の戦争を、彼のいう消耗戦争（持久戦争）の一類型と位置づけていたからである。

石原は、消耗戦争を三つの類型に分けている（そこでは、軍事のみならず外交や政治が重要な役割をはたす）。

第一は、「軍隊の価値低き」場合に起こるもの。十七～十八世紀のヨーロッパの傭兵《ようへい》を主力とした戦争や、中国の現状がそれにあたる。

第二は、「軍隊の運動力に比《ひ》し戦場の広き」場合に起こるもの。ナポレオンの対ロシア戦争や日露戦争がその例といえる。

第三は、「攻撃威力［が］防御線を突破し得ざる」場合に起こるもの。欧州大戦（第一次世界大戦）や日本の戦国時代がそれに該当する（「戦争史大観」）。

そのうえで石原によれば、対米持久戦は国家総動員型とはならないとされる。すなわち、欧州大戦は、「防御威力」が「強固」で、「攻撃威力」がそれを「突破」できなくなった結果、膨大な物量を要する国家総動員型の消耗戦争となった（第三の類型）。

それとは別に作戦地域が広大なために、消耗戦争（持久戦争）となる場合がある（第二の類型）。中国問題をめぐる対米持久戦の場合はこれにあたり、欧州大戦のように国内での膨大な「軍需品」を必要とせず、国家総動員の必要はない。なぜなら、「戦争に要する物資および費用の大部分は、これを我が占領地［中国］に求むる」ことができるからである。

つまり、当面の日米戦争が「消耗戦争」となるのは「作戦地域の広大なるため」であり、「欧州大戦のそれ［国家総動員型消耗戦争］とは根本を異《こと》にする」との認識だった。したがって、それは「戦争によって戦争を養う」方式によって対応しうるものと考えられていたのである。

ただ、北満平原にソ連軍の本格的侵入を許した場合には、動員規模一〇〇万人レベルの精兵《せいへい》が衝突し、欧州大戦式の国家総動員型戦争になるとみていた。

しかし、ソ連の内外事情からして、早期に北満占領をおこなえば、満州北・西部の自然的条件（小興安嶺《しょうこうあんれい》山脈や大興安嶺《だいこうあんれい》山脈など）を利用してソ連軍の侵入を阻止することができると判断していた。当時の軍事技術では両興安嶺山脈を越えることは困難で、北満西部の大興安嶺山脈の地峡部分にあたるホロンバイル高原（写真8）で、対ソ防備を固めればよかった。

「呼倫貝爾《ホロンバイル》・興安嶺の地帯は戦略上特に重要なる価値を有《ゆう》し、我が国にして完全に北満地方をその勢力下に置くにおいては、露国の東進はきわめて困難となり、満蒙の力のみをもってこれを拒止すること困難ならず。」(「満蒙問題私見」)

したがって石原は、もし対ソ戦となった場合には、ホロンバイル高原の中心地ハイラルを核に防御線を引き、その内戦作戦によってソ連軍の侵入を阻止しようと考えていた。ただ、ホロンバイル高原は広大な草原地帯で、当該地域での作戦には「軍隊の機械化」を必要とする。「飛行隊」を増加し、「砲兵および輜重《しちょう》を自動車編制」として「強大なる装甲自動車隊」を編制しなければならない。そう石原は判断していた(「関東軍満蒙領有計画」)。有力な航空機援助のもと、戦車と歩兵自動車部隊を組み合わせる「機甲師団」の発想までには至っていないが、強力な装甲部隊編制の必要は痛感していたのである。

ちなみに、ヨーロッパでは、リデルハート(英)の間接アプローチ戦略をはじめとして、フラー(英)やグデーリアン(独)などによって、戦略単位の機甲部隊(機甲師団)

写真8　ホロンバイル高原

ノモンハン事件時、ホロンバイル高原を進む日本軍輸送隊

による作戦理論が考えられていた。石原の発想はその段階までは達していなかった。

ただ、戦術レベル（旅団規模）の機甲部隊は、一九三三年（昭和八年）に満州の公主嶺で編制されている。

なお、のちのノモンハン事件（一九三九年。石原失脚後）は、このホロンバイル高原の一角で起こった。その時、関東軍を主導した服部《はっとり》卓四郎《たくしろう》作戦主任参謀、辻政信《つじまさのぶ》作戦参謀は、ともに一時石原の強い影響下にあった。服部・辻の事件への対応には、石原の対ソ戦略論（ホロンバイル重視）が念頭にあった可能性も考えられる。

ただ実際には、満州事変期の北満占領時、陸軍中央・関東軍ともに、ソ連を必要以上に刺激しないよう、ソ連管理下の中東鉄道には手をふれていない。

ところで、石原は、北満にソ連軍の本格的侵入を許した場合、そのような「大軍」に対処するには、とうてい日本軍が「戦地において自活」することは困難だとしている。「戦争により戦争を養う」方式によっては対応しえないというのである。

このことは、対米（あるいは対米英）持久戦が、大軍による戦争とはならないと石原がみていたことを意味する。おそらくアメリカやイギリスからの船舶による遠距離輸送では、一〇〇万規模の「大軍」を中国大陸に派遣することは困難だと判断していたからだろう。

また石原は、「もし百万の軍を動かさざるべからざるものとせば、日本は破産の外《ほか》なく」、したがって、国家総動員型の戦争は回避すべきだと考えていた（「戦争史大観」）。我が日本の物質力は、遺憾ながら頗《すこぶ》る貧弱、とみていたからである。それゆえ、「いわゆる国家総動員［論］には重大なる誤断あり」（同右）、としていた。当時、国家総動員の必要を主張していた永田鉄山らの議論には批判的だったのである。

ただ、このような判断は、のちの参謀本部勤務時代（一九三〇年代後半）には大きく修正されることになる。

石原の国家改造案

第五に、政府の任務について。

石原は、政府の任務として「挙国一致」を固めることとしているが、その際、経済面では国内および占領地を通じて、「統制経済」「計画経済」の実施を主張している。また「軍需工業動員」にも言及している。

「国内および占領地を範囲とする計画経済を実行して、断固戦争を継続し、我が産業の大進展と支那の大改新を策す。」(「対米戦争計画大綱」)

国内政治については、急激な変化を避けながら「所要の改革」を実現すべきとしつつ、必要があれば、「戒厳令」のもと「内部改造を断行すべき」としていた(「満蒙問題私見」)。ただ、その内部改造の具体的内容については、「国内を統一」するというのみで、経済面以外には立ち入った説明をしていない(のちに「昭和維新」論として、ある程度具体化される)。

「日本はまず近く行わるべき日米持久戦争により国内を統一して国運の基礎を固め、次いで行わる決戦戦争により世界統一の大業《たいぎょう》を完成す。」(「軍事上より観たる日米戦争」)

石原は、この日米持久戦争を動因として、「我が商工業」は十分な「根底《こんてい》」を養い、国民経済の「急激なる進歩」をはたし、世界最終戦争の準備が整うという。なお、日米持久戦争では、場合によっては、主要な政治経済施設を日本から大陸に移転させることも、石原は想定している。

「我が領土が敵機に対し甚《はなは》だしく不安なる時は、主要なる政治経済施設を逐次大陸に移すことあるべし。」(「現在及将来に於ける日本の国防」)

それは、おそらく首都機能の移転をも含むものだっただろう。

満蒙は漢民族の領土ではない

ところで、石原は、その満蒙領有論にかかわり、「満州蒙古人」は漢民族よりもむしろ「大和《やまと》民族」に近い存在であり、満蒙は漢民族の領土ではないとしている。

「満蒙は漢民族の領土にあらずして、むしろその関係［は］我が国と密接なるものあり。……満州蒙古人は漢民族よりもむしろ大和民族に近きことを認めざるべからず。」

（「現在及将来に於ける日本の国防」）

そして、歴史的関係などから観察すれば、「満蒙は漢民族よりもむしろ日本民族に属すべきもの」だと主張する（「国運転回の根本国策たる満蒙問題解決案」）。

これらの点について、石原が満州事変前、当時「支那学」の大家とされていた内藤湖南《ないとうこなん》元京都帝国大学教授を訪《たず》ね、意見を乞《こ》うたことはよく知られている（陸大時代の教官だった稲葉君山《いなばくんざん》の紹介による。内藤と稲葉は師弟関係）。

先にふれたように、石原は、中国人に治安維持能力なく、軍閥・学匪・政商が跋扈《ばっこ》し、政治的混乱が続いており、中国大陸の防衛や治安維持は日本が担うべきとの考えだった。

また、日本は東洋において文化的に優越した地位にあるゆえ当然アジアを指導しなければならないし、また東西の文明を融合し発展させる能力をもつとの見方を示している。

このような観点は、内藤のかねてからの議論に含まれており、自己の漢口勤務時の体験とともに、内藤の著作からもヒントをえたものと推測される。このことが、石原が内藤を訪ね、意見を聞こうとした理由の一つだったと思われる。

ちなみに、右のような見方にかかわって、石原は、日本の「満蒙領有」「支那本部領有」は、欧米流の、植民地利得《りとく》を目的とする「侵略的帝国主義」とは異なると主張している。その理由は、漢民族には自ら治安維持をおこなう能力がなく、日本による統治が、「支那民衆」をその「苦境」から救い、彼らに「幸福」をもたらすからだとされている。

だが、このような石原の主張に対しては、「植民地を保有する国なら［欧米諸国を含め］必ず使う類《たぐい》の議論だ」との見方もある（マーク・R・ピーティ『「日米対決」と石原莞爾』）。

以上のように石原は、世界最終戦争準備への第一段階として満蒙領有を企図し、それが対米持久戦を引き起こすと考え、対米戦争計画も立案した。そして、自らの満蒙領有論にもとづいて、満州事変に着手・実行したのである。

ただ、現実には満州事変時、アメリカは、石原の危惧した武力介入をおこなわず、対日経済制裁にも踏み切らなかった。満州に関して中国の領土保全や不戦条約に反するような事態は一切認めないとする「スチムソン・ドクトリン」（いわゆる不承認宣言）の発表にとどめた。

しかし、このような石原の対米持久戦構想は、後述するように、太平洋戦争開戦前後の田中新一作戦部長の戦略構想のなかに、かたちを変えて引き継がれる。

二、二つの陸大講義案

石原の満蒙への関心

ところで、この頃の石原構想の一つの軸となっている論考は、「現在及将来に於ける日本の国防」である。そこでは、すでにみたように、「満蒙を領有せざるべからざるは絶対的」として、満蒙領有方針が明確に打ち出されている。また国家総動員に否定的な見方をしている。

この論考は、陸大教官時代の講義録「欧州古戦史」結論部分で、その付記には、一九二七年（昭和二年）一二月二〇日に「起案」した旨が記されている（付記は、一九三一年四月に書かれたもの。実際の講義は一九二七年五月から一一月まで実施）。

ところが、それ以前の、同年（一九二七年）三月末に終了した、別の講義録の結論部分では、満蒙問題への言及がまったくみられない。また、逆に国家総動員については、「国家総動員の研究計画準備に遺憾なきを要す」として、肯定的である（「解題」角田順編『石原莞爾資料　戦争史論』）。

ただ、中国そのものについては、一二月の講義録結論と同様、近い将来の戦争において「支那を領有する場合」が想定されており、満蒙よりむしろ中国全土への関心が前面に出ている。そして、「結論をいわん、支那に出兵せば、吾人《ごじん》は支那の武器、食糧、被服、金力をもって自活し、支那の全土を統治するにあり」、と記されている。この点も、一二月の講義録結論に引き継がれている。

木曜会からの影響

では、石原の満蒙問題への関心は、いつ頃どのようにして生じたのだろうか。

石原は、一九二八年（昭和三年）一月一九日、第三回の木曜会で、「我が国防方針」と題して報告をおこなっている。

木曜会は、一九二七年（昭和二年）一一月頃、陸士二一期の鈴木貞一参謀本部作戦課員を中心とする少壮の中央幕僚グループによって組織された。軍装備や国防方針などの研究を趣旨として発足したものである。参加者は一八人前後で、鈴木のほか、石原莞爾、根本《ねもと》博《ひろし》、村上啓作《むらかみけいさく》、土橋勇逸《つちはしゆういつ》ら陸士二一期から二四期が中心だった。ただ、一六期の永田鉄山、岡村寧次、一七期の東条英機も会員となっている。

第三回の会合には、会員のほぼ全員が出席していた。石原は、その報告のなかで、「将来戦の予想」としてこう述べている。

「[将来戦は] 国家総動員による消耗戦略にあらずして、……一挙にしかも徹底的に敵を殲滅するにあり。それは空中戦なり」、と。さらに、この「最後の戦争」は、日本とアメリカが「航空機をもって勝敗を一挙に決する」ものになる、と指摘している。

ここでの将来戦は、世界最終戦争を念頭に置かれていることがわかる。そして、そのために「全支那を利用する」準備の必要についても言及している（「木曜会記事」鈴木貞一『鈴木貞一氏談話速記録』）。

注意を引くのは、ここでは、満蒙問題や満蒙領有について、まったく言及がないことである。その後の討論でも、石原の発言としては、満蒙において工業を発達させる必要があると、簡単にふれられているだけだ。

ちなみに、木曜会で満蒙問題が議論になるのは、二ヶ月後の一九二八年（昭和三年）三月一日に開かれた第五回の会合からである。そこで、木曜会の「結論」として、「満蒙領有」方針が決められた（石原の関東軍赴任は同年一〇月）。

興味深いのは、この年の三月三一日の日付《ひづけ》で、前述の講義録「欧州古戦史」の途中に、満蒙問題に言及したメモが入れ込まれていることである。それは、「以下結論中に論ずるところなるも参考のため」として、次のような内容を含んでいる。

「我が国の既得権利を実行し、支那民族のため日本のため、満蒙の保安開発を断行する必要切迫《せっぱく》し、ために列強ことに米露英の反対にあい、戦う［を］余儀なきことに至る……。

而《しこう》して、我が北満を領有し得る時は、露国の武力は決して大なる力を顕《あらわ》し難《がた》かるべく、露国の国情ことに然《しか》り。……

満蒙の占領ないし支那本部領有のため必要とする我が武力の準備につき軍事当局の周到なる研究を必要とす。」（「欧州古戦史講義」角田『石原莞爾資料　戦争史論』）

ここでは、はっきりと満蒙問題および満蒙領有（満蒙占領・北満領有）に言及している。木曜会の満蒙領有方針決定（三月一日）直後のことである。

ところが、石原による付記では、その講義録の「結論」（「現在及将来に於ける日本の国防」）起案の日付は、前年（一九二七年）一二月三〇日となっている。石原の日記にも「一二月三〇日、［講義録の］結論を終わる」とあり、「結論」がこの頃に書かれたことは間違いない。

そうすると、このメモの前に結論部分が書かれたことになる。そして、先にみたように、結論部分でも満蒙問題、満蒙領有への言及がなされている。しかも石原の付記では、当初の講義録に「全《まつた》く筆を入れずに」置かれていたものとしている（付記は一九三一年四月に書かれたもの）。

だが、先に指摘したように、一九二七年（昭和二年）三月の前回講義録の結論では、まったく満蒙への言及がない。また、翌年三月はじめの木曜会でも、石原は満蒙問題や満蒙領有には言及していない。

一九二八年（昭和三年）三月二一日付《づけ》のメモからして、この頃に、石原の中国問題への関心は、満蒙問題を重視する観点をもつようになったと判断するのが妥当だと思われる。木曜会の満蒙領有方針の影響を受けてのことだろう。

したがって、その後それが、前年一二月にすでに書かれていた結論部分に加筆されたものと推測される。

そうすると、前年一二月三〇日起案の結論部分にまったく筆を入れていないとの石原付記との整合性が問題になる。その点については確定的なことはいえないが、少なくとも満蒙問題に関連する部分については、のちの加筆があったものと考えてもいいのではないだろうか。

石原が望んだポスト

なお、石原は木曜会での報告直後の同年（一九二八年）二月から、流行性感冒《かんぼう》から中耳炎を併発し、三月には中耳炎が悪化。五月には陸軍軍医学校付属病院に入院している。体調は、一ヶ月程度で回復したようだが、その後二ヶ月ほど自らの意思で入院を続けたとのことである（その理由ははっきりしない）。その間に、石原の満州転出が決まった。石原の満州転出の経緯については諸説ある。ただ、懇意にしていた今村均（当時軍務局員）が、石原から関東軍参謀就任の希望を聞き、阿部信行陸軍次官に伝えたことが、一つの契機となったことは確かのようである（今村均『今村均回顧録』）。ほかにも、陸士同期で陸大教官の菰田康一《こもだこういち》・飯村穣《いいむらじょう》にも、関東軍への異動について口利《くちき》きを依頼している。

関東軍参謀は、石原自身が希望していたポストであったことがわかる。自らの満蒙政策構想を実現しようとの意図からであることはいうまでもないが、それが木曜会の満蒙領有方針と無関係だったとは考えられない。

その後、木曜会を母胎《ぼたい》の一つとして、中堅幕僚グループ「一夕会」が結成され、石原もそのメンバーとなっている。一夕会結成時の取り決めのなかには、陸軍人事の刷新などとともに、「満州問題の解決」が含まれていた。

石原と永田鉄山

なお、石原が報告した第三回木曜会（一九二八年一月）では、興味深い議論がおこなわれている。

先にふれたように、そこで石原は、将来戦は国家総動員による消耗戦ではなく、最終戦争としての日米間の殲滅戦だと主張した。それに対して、その時出席していた永田は、将来戦は消耗戦となると述べ、戦争相手として、英・米・露の順に挙げている。また、「支那は無理に［も］自分のものにする」（「木曜会記事」鈴木『鈴木貞一氏談話速記録』）と付け加えている。

永田にとって将来戦とは次期大戦が念頭に置かれており、そこでの消耗戦は、国家総力戦的な長期の持久戦を意味し、国家総動員を必要とするものだった。そのことは、当時の木曜会員にもよく知られていた。

したがって、石原の、将来戦は「国家総動員による消耗戦略にあらず」との発言は、同席していた永田を意識してのことだった。それに対して永田が改めて、将来戦は国家総動員を必要とする消耗戦になるとの含意《がんい》を、自らの考えとして述べているのである。なお、将来戦に際して、中国を何らかのかたちで日本の影響下に置こうとする点では、両者は一致していた。

石原は、一九一四年から一九一八年の大戦（第一次世界大戦）を、世界戦争ではなく「欧州大戦」にすぎないとみていた。そして、日米の世界最終戦争が、真の「世界大戦」

となるとしていた。この日米世界最終戦争を、石原は「将来戦」としてイメージしている。

だが、永田は、前の大戦を一つの「世界戦」「世界大戦」としてとらえ、次期世界大戦が不可避との判断に立っていた。その次期大戦は、前回の大戦と同様、国家総力戦となり長期の持久戦となる、そして日本も否応《いやおう》なくそれに巻き込まれると考えていた。したがって、国家総力戦的な長期の持久戦すなわち消耗戦に備え、国家総動員の準備が必要だと主張していた。永田の将来戦のイメージは、その次期世界大戦であり、それゆえ消耗戦とされたのである。

石原も、日米世界最終戦争の前に、日米間で消耗戦争（日米持久戦争）が戦われると想定しており、その意味では、当面する戦争が消耗戦争となるとの見方は両者とも共通していた。だが、石原はその面にはほとんど言及せず、日米最終戦争論を前面に押し出し、国家総動員による持久戦争ではなく、徹底的な殲滅戦になるとの発言をおこなったのである。

ただ石原は、日米消耗戦争も国家総動員によるものとはならないと考えていた。彼は、消耗戦争を複数の類型に分けたうえで、こうみていた。

欧州大戦は頑強な防御戦を正面から力で突破しようとして国家総動員型の消耗戦争となった。だが、当面する日米戦争は、欧州大戦の場合とは異なり、作戦地域が広大となるため消耗戦争となる。それは国家総動員型の消耗戦争ではなく、中国大陸での「戦争により戦争を養う」方式で対応しうる、と。

したがって、日米戦争は、最終戦争であれ、それ以前の消耗戦争（日米持久戦争）であれ、国家総動員型のものとはならないとしていた。

ところが、前述の一九二七年三月に書かれた講義案の結論部分では、こう記されている。世界最終戦争に至る前の戦争は「消耗戦略」となり、そのため「国家総動員の研究計画準備に遺憾なきを要す」。したがって、「国家総動員に関する機関」が設置されたことは喜ぶべきことだ、と。

しかし、同年一二月起案とされる講義録の結論（「現在及将来に於ける日本の国防」）では次のような趣旨の記述がある。日本の物質力は「頗《すこぶ》る貧弱」であり、先の欧州大戦のような一〇〇万規模の動員を必要とする戦争をおこなえば、日本は「破産」する、と。

したがって、日本は欧米大戦のような国家総動員型の戦争は回避すべきだというのである。また、最終戦争以前の日米間の戦争が「消耗戦争」となるのは、作戦地域が広大なためである。それゆえ、相互に防御力が強固なため消耗戦争となった欧州とはまったく異なり、「国家総動員」とはならない、と石原は主張している。

「我等《われら》の予期せざるべからざる消耗戦争は、仏国等が目下準備しある戦争［国家総動員型消耗戦争］とはその本質において大なる差異を有［す］。」（「現在及将来に於ける日本の国防」）

つまり、いずれにせよ永田の主張するような国家総動員の必要には否定的なのである。三月の講義案結論と一二月（とされる）講義案結論とではこの点でも、軽視しえない変化が生じている。

石原は、木曜会の満蒙領有方針を受け入れたのとほぼ同じ頃、国家総動員論を放棄していたといえる。木曜会の満蒙領有論は永田の構想を源泉としており、国家総動員論も永田の持論だった。そこに石原の永田に対する微妙な感情を感じるのは、筆者の思い過ごしだろうか。

石原と永田の構想の違い

なお、永田は次期大戦は持久戦になるとし、石原も当面の対米戦は持久戦になるとしており、その点では、ともに持久戦（消耗戦）を念頭に置いていた。だが、その持久戦の内容には、国家総動員型か否《いな》かのほかにも、軽視しえない相違があった。

石原は、日米持久戦争において、一定の戦争目的を実現して講和することを想定していた。これに対して、永田は、次期大戦における持久戦は、限定的な戦争目的の実現による途中講和はありえないと考えていた。それは国の生存そのものを賭《か》けた全面戦争となり、どちらかが継戦《けいせん》意志を失うまで続く、執拗《しつよう》で徹底的な戦争となるとみていたからである。

また石原は、同日の木曜会の討論のなかで、「工業は欧米とはいかに努力するも競争できず」と発言している。また、先の欧州大戦のような一〇〇万規模の動員を必要とする戦争をおこなえば、日本は「破産」のほかないとみていた。それゆえ、欧米諸国との国家総動員型の戦争は回避すべきだと考えていた。

だが永田の見方からすれば、仮にアメリカやイギリスと持久戦となった場合、陸戦はともかく、海軍による戦闘は、各種艦船・航空機などを大量に損耗《そんもう》する激しい消耗戦とならざるをえない。それを長期にわたって遂行するには、高度の工業生産力と国家総動員が必須となる。

石原も、先にふれたように、日米海軍による西太平洋の制海権をめぐる戦闘を想定している。だが、その点について、

「海において米英を敵とせんか、戦争の決《けつ》たちまち定まるものと言うべし。」(「現在及将来に於ける日本の国防」)


としており、短期決戦による決着をイメージしていたようである。海軍による戦闘については、持久戦を想定していなかったといえる。

さらに、先にもふれたが、永田は、ヨーロッパ先進諸国間で戦争となれば、それは世界大戦になり、日本もそれに否応なく巻き込まれると考えていた。

だが石原は、日米世界最終戦争以前の戦争は世界大戦とはならず、後述するように、たとえ欧州で大戦となっても、日本はそれに介入すべきでないと考えていた。日本はその間に、日米最終戦争に備え、アジア全域での政治的指導権を確立すべきであり、そのことに専念しなければならない、と。

次期大戦への対応についても、石原と永田にはこのような相違があった。

満蒙は独立すべきか、日本の領土とすべきか

満州事変当初、関東軍は、このような石原の構想にもとづき、「満蒙領有」を基本方針としていた。だが、すでにみたように、渡満した建川美次参謀本部作戦部長の強硬な反対意見を受け、「独立国家」樹立案に方針を変更した。建川作戦部長の、「独立新政権」樹立にとどめるのが国策だとの主張に、石原ら関東軍が一応譲歩したといえる。

だが、その独立国家の内容は、軍事外交・治安維持の権限は日本が掌握し、その経費は満州国が負担するかたちで考えられていた。実質的には、石原の満蒙領有案に近い内実をもつものが想定されていたのである。

しかし、その後石原は、この独立国家案が満蒙領有よりすぐれた面をもつとの判断となり、独立国家樹立を積極的に推進していく。たとえば、一九三二年（昭和七年）八月には、「満州は逐次領土となす」とする永田鉄山参謀本部情報部長に対して、石原は独立国家論を主張している。

「昭和七年八月参謀本部第二部〔情報部〕において所見を述べたるに、永田少将〔情報部長〕は満州は逐次領土となす方針なりと称《しょう》し、予《よ》の独立〔国家〕論に反対を表《ひょう》せり。」（「満蒙に関する私見」）

石原の独立国家論の論拠はこうである。

「満蒙を領土とし」日本の直接的な統治下に置くことは、もっとも簡明なる「一方法」だが、反面「漢民族の自尊心を損ずる」という不利がある。それは「近き将来における支那本部の開発」のためには好ましくないことで、むしろ「満州国の健全なる発達」に全力を傾注すべきだ、と。そして石原は、近い将来必要とされる「支那本部の開発」の例として、「山西《さんせい》の石炭、河北《かほく》の鉄」などの「富源」を挙げている。

石原と永田は、現地（満州）と陸軍中央（東京）で、ともに満州事変を主導したが、二人の戦略構想は、これまでみてきたような、いくつかの相違をもっていたのである。

ただ、国際連盟など各種の国際的平和維持機関の戦争防止機能については、永田と同様、石原も否定的だった（ただし、その理由については、両者の間にニュアンスの相違がある）。

「永久平和は……いたずらに理想に憧憬し、戦争の回避に汲々《きゅうきゅう》たるのみをもって招来し得《う》べきにあらず。……

近世において、しばしば世界平和を実現せんとする各種の企て〔国際連盟など〕を見たるも、その何《いず》れも……単に姑息弥縫《こそくびほう》的に戦争回避を策するに止《とど》まり……根底に現状維持により自己の優位を将来に保障せんとする欲望の潜《ひそ》むあり。」（「御進講録」角田『石原莞爾資料 戦争史論』）

「国際連盟は、平和の目的を達せんがために、正義と、法と、協同の『力』とをもって、一切の国際関係を律《りつ》せんことを期している。……

だがしかし、この力は、連盟の命令支配の下に立つのではなく、依然連盟に加入している各国家の主権に従属している。したがって超国家的権威はもとより欠けている。そこに目的達成上の根本的欠陥がある。……

戦争は避けがたく、永久平和は来《き》たりそうにない……。今の時代においては戦争は不可避であり、国防の必要は絶対である。」（永田鉄山「現代国防概論」遠藤二雄編『公民教育概論 社会教育講習会講義録 第2巻』）

そして石原は、「世界を支配し人類の幸福を永遠に確立する」との信念と情熱が、「世界平和を将来に実現するの道」だというのである（「御進講録」）。

なお、石原は世界最終戦争につながらない、従来のような、権益の擁護《ようご》・拡大それ自体のための「権益主義」的な武力行使には否定的だった。また、すべての政略や政策を、世界最終戦争という最終目的から演繹的《えんえきてき》論理的に導き出していた。それが彼独特の使命感と相俟《あいま》って、周囲の少壮・中堅幕僚たちへの吸引力の一つとなっていた。

ヒトラーの「プログラム」との奇妙な符合

ところで、石原の日米世界最終戦争論（この時期の用語では「日米決戦戦争」）は、石原を特徴づけるものとして、よく知られている。しかし、自国とアメリカとの世界最終戦争というアイデアは、必ずしも石原の独一的なものではない。たとえば、ドイツの歴史家ヒルグルーバーやヒルデブラント（プログラム学派）によれば、ヒトラーも、ドイツとアメリカによる世界の最終的支配をめぐる戦争（世界最終戦争）を考えていた。

ヒトラーの考え（「プログラム」と呼ばれる）はこうである。

第一段階。オーストリアの併合、チェコスロバキアの解体ののち、フランスを打倒する。さらにソ連を軍事的に壊滅させ、ウラル以西のロシアを含めたヨーロッパに、ドイツ支配下の東方帝国を建設する。同時に、人種主義的イデオロギーにもとづいて、ドイツ民族を頂点とするヨーロッパの人種的再編を実現する。

その間、海外進出・植民地獲得は断念して、イギリスとの関係を良好に保ち、ドイツのヨーロッパ大陸支配を容認させる。こうして、ウラルからジブラルタルに至る世界強国としての地位を獲得する。

第二段階。海外進出・植民地獲得へと進む。大西洋やインド洋における海洋拠点を確保し、中央アフリカに植民地を獲得する。そのため日本と同盟を結ぶ。この段階では、イギリスを敵とする場合もありうる。こうして、ヨーロッパ・植民地帝国ドイツの建設を達成する。

第三段階。アメリカ（もしくは米英）との世界支配を賭けた全面対決、全面戦争に挑《いど》む。これに勝ち抜き、ドイツ民族による全世界の人種的支配を実現する。ただし、この段階はヒトラー以後の課題として、次の世代にゆだねられる（田嶋信雄『ナチズム外交と「満州国」』、クラウス・ヒルデブラント『ヒトラーと第三帝国』）。

石原のこの時期の戦略構想も、すでにみたように三段階からなっていた。第一段階は満蒙領有。第二段階は日米持久戦争。第三段階は日米最終戦争、と。

石原の構想とヒトラーのプログラムとの間には、実際上はまったく関連がないが、両者がともにアメリカとの世界最終戦争を考えていたことは、興味深い事実である。

ただ、現実には、ヒトラーの計画どおりには事態は進行しない。対仏戦争時にイギリスの介入を招き、イギリスを屈服させるために、日独伊三国同盟を結ぶ。そして先にソ連を打倒しようとして、独ソ戦となる。この独ソ戦が泥沼《どろぬま》化《か》する間に日米戦となり、ドイツもアメリカに宣戦。結局、米英ソ連合軍にドイツは敗北することとなる。

では、石原の構想は、その後どのような道筋をたどることになるのだろうか。

第五章 参謀本部時代の戦略構想(1)

――対ソ連戦備の問題

1936年2月28日、平河町方面に向かう二・二六事件の反乱軍

一、二・二六事件前後の石原

国際連盟総会への出席

関東軍参謀を離任した石原は帰国し、一九三二年（昭和七年）八月、陸軍兵器本廠付《づき》となった。同年九月、外務省事務嘱託に出向を命じられる。これは一〇月付《づけ》で、ジュネーブで開かれる国際連盟総会の「帝国代表」随員《ずいいん》となるための措置だった。代表（首席全権）には、元満鉄副社長で衆議院議員（政友会）の松岡洋右《まつおかようすけ》が任命された。

シベリア経由でジュネーブに向かう途中、石原は、モスクワで赤軍トップのエゴロフ参謀総長と会見し、ポーランドでは中堅将校らに講話。ベルリンでも講演。ロンドンでは、イギリス陸軍関係者や各国駐在武官が多数出席し、満州問題について、石原と質疑応答をおこなう会が開かれている。

この頃、石原の名は、軍関係者の間では世界的に知られていたのである。石原は欧州各地で歓迎を受け、講演会なども盛会で、本人も意気軒昂《いきけんこう》たるものがあった。このジュネーブに向かう旅が、石原にとって生涯でもっとも華《はな》やかな時期だったといえよう。

周知のように、この時の連盟総会（一九三三年二月）で、満州での日本の行動を非難する決議が採択され、松岡ら日本代表団は即座に退場。これを契機に、日本は国際連盟から脱退する。

連盟脱退について、石原の発言は特に残されていない。ただ、二月二四日付の妻（写真9）への葉書（総会決議採択当日）では、「総会も予想の経過をとりています。本日結末と相成《あいな》り候《そうろう》」とある。石原にとって、連盟との決裂は「予想の経過」だったようである。

なお、近年、連盟脱退について、陸軍中央は脱退に一貫して反対だったとの見方がある。

写真9 妻とともに

中国服を着た石原夫妻。1930年、中国にて

確かに、一月三一日付の『東京朝日新聞』紙上で、荒木貞夫陸相が「今すぐ脱退の要《よう》なし」との発言をしている。だが、二月二二日には、「連盟の脱退もとより毫《ごう》も恐るるに足りない。またあえてこれを躊躇《ちゅうちょ》するを要しない」とする「陸軍当局談」が発表された。

また荒木陸相も、二月はじめ頃には、「連盟に入っていればこそ、すべての点で拘束されて自由がきかない。……連盟さえ出れば、どんなことでも思いのままやっていい。……この際思いきって連盟を出てこそ、むしろ自由な立場になって自由の天地を開拓できるのだ」、との発言をしている（原田熊雄述『西園寺公と政局』）。荒木は、二月一五日の閣議でも、「即刻脱退の決意」をうながした（同右）。

これらからみて、松岡らが連盟総会に派遣された当初は、陸軍も必ずしも連盟脱退を考えていなかったが、二月に入る頃には脱退論となったものと思われる。

仙台の第二師団へ

帰国後の一九三三年（昭和八年）八月、石原は仙台の第二師団歩兵第四連隊長となった。第二師団は同年一月、柳条湖事件前から約一年八ヶ月の満州駐劄《ちゅうさつ》を終え、帰還していた（写真10）。

写真10 満州国外交部の各官とともに

後列左3人目から磯谷廉介、板垣征四郎、東条英機、石原、今田新太郎。日本にて1933年8月撮影

その二ヶ月前の六月、石原は「軍事上より見たる皇国《こうこく》の国策 並《ならびに》 国防計画要綱」を執筆し、今田新太郎参謀本部員に渡している。

これは、今田からの求めに応じたもので、参謀本部首脳部に「石原は海軍論者なり」との見方が多く、その誤解を解きたいとの要請によるものだった。石原は同郷の先達、佐藤《さとう》鉄《てつ》太郎《たろう》元海軍軍令部次長（海軍を重視する『帝国国防史論』の著者で日蓮宗信者）と交流があり、その影響を受けているとみられていた。今田は、かつて張学良軍事顧問補佐官として石原らと柳条湖事件を共謀した間柄で、石原の陸軍中央入りを望んでいたのである。

その論考で、石原はこう述べている。

将来、日米間で「人類最後最大の戦争」がおこなわれる。その準備として当面の国策は、まず「東亜連盟」を完成することにある。東亜連盟の範囲は将来決定するが、その核心は「日満支三国協同」にある。

当面する戦争の動因は、「東亜連盟の成立を妨害する敵国の出現」にある。その敵国となる可能性があるのは米ソ英であり、中国の反抗も予想される。これに対処するには、迅速に「支那本部を我が支配下に入れ」、それによって「日支満三国を基礎範囲とする自給経済」を実現する必要がある。その態勢をもって、ソ連の陸上兵力、米英の海上武力に実力で対抗する。

そのため、対中国作戦としては、必要に応じ「北京、天津、青島、済南《さいなん》、上海、南京、漢口、広東《カントン》」などを占領する。対ソ作戦としては、北満地方の地形（大興安嶺山脈など）を利用し、「戦略的持久戦」をおこなう。対米英作戦としては「海洋方面の作戦」が主となり、陸海軍協同で、フィリピン、香港、グアム、シンガポールなどを奪取する。来港する敵主力艦隊に対しては、有利な機会をとらえて海上「決戦」を挑む（「軍事上より見たる皇国の国策並国防計画要綱」）、と。

この論考で「東亜連盟」の用語がはじめて使われている。ここでは、その具体的な説明はなされていないが、少なくとも「日満支」を核とするもので、最終戦争に備えるためとされる（なお、同年三月に発表された協和会の「満州国協和会会務要綱」には、すでに「東亜連盟」の用語が使われている）。

そのほかは、昭和初期の構想と大きな変わりはないが、対米英作戦として艦隊決戦が想定されており、自身の戦略構想における海軍の位置づけを明示している。

東亜連盟については、一九三五年（昭和一〇年）八月に書かれた書簡で次のように記されている。

「皇国現下の国策は、外《そと》東亜連盟を完成し、内《うち》所要の革新を決行し、もって八紘一宇《はっこういちう》の皇謨《こうぼ》を実現する準備を完了するにあり。

東亜連盟は、まず日本、朝鮮、支那および、三民族の共有共存地域たる満州国を範囲とし、その共同防衛、共同経済は、天皇により統制せられ、行政は各単位毎《ごと》にこれを行うものとす。」（「為花谷君」）

つまり、東亜連盟は、当面は日本（朝鮮を含む）・満州・中国の範域《はんいき》からなり、日本の天皇のもとに「防衛」「経済」を共同で営《いとな》む。行政は各国ごとにおこなわれる。そうイメージされていた。

一九三五年（昭和一〇年）八月、石原は参謀本部作戦課長となる。歩兵第四連隊長から陸軍中央要職への栄転だった。

だが、そこには栄光のみならず、思いもよらない挫折《ざせつ》と屈辱が待っていた。

永田軍務局長斬殺《ざんさつ》

石原が参謀本部に初出勤の日、統制派《とうせいは》（写真11・下）の指導者だった永田鉄山軍務局長が、白昼《はくちゅう》陸軍省の執務室で殺害された（一九三五年八月一二日）。

満州事変後、陸軍中央の一夕会は、永田らの統制派と、小畑敏四郎らの皇道派（写真11・上）に分裂した。当時は、両派の抗争をへて、永田率いる統制派が、陸軍の実権をほぼ掌握する状態になっていた。その矢先に永田が暗殺されたのである。

なお、永田生前からの統制派メンバーは、永田鉄山、東条英機、武藤章、冨永恭次《とみながきようじ》、影佐禎昭《かげささだあき》、池田純久《いけだすみひさ》、片倉衷、堀場一雄《ほりばかずお》、真田穣一郎《さなだじよういちろう》、服部卓四郎、西浦進《にしうらすすむ》、荒尾興功《あらおおきかつ》、辻政信ら二四名である。

石原を陸軍中央に呼び寄せたのは永田だったとされている。だが、永田の死去を聞いた石原は、片倉衷軍務局員に「何だ、殺されたじゃないか」と比較的冷《ひ》ややかな態度だったとのことである（片倉衷『片倉参謀の証言　叛乱と鎮圧』）。片倉は当時、統制派のメンバーで、満州事変時には関東軍で石原の下僚《かりよう》だった。

ただ、その二年前頃には、石原は永田について、「陸軍第一等の人物」とし、その才腕に「唯一の望み」を託《たく》している旨の発言を残している（片岡駿「石原莞爾将軍の思い出」『共通の広場』一九五三年三月号）。

永田を殺害したのは、相沢三郎《あいざわさぶろう》中佐（台湾歩兵第一連隊付《づき》）だった。相沢は、広島の歩兵第四一連隊から台湾への赴任途中に、陸軍省に立ち寄り、永田を刺殺した。

相沢は、隊付《たいづき》青年将校の国家改造グループと親しいつきあいがあり、また皇道派の真崎甚三郎とも個人的な関係があった。永田は、かねてから皇道派や隊付青年将校グループから、一連の皇道派圧迫の中心人物とみなされており、相沢もそう考えていた。当時、皇道派と隊付青年将校グループとは、永田ら統制派に対抗し連携して動いていた。

石原は、その相沢から軍法会議（永田殺害事案）での特別弁護人を依頼された。相沢は石原と面識があり、石原を崇拝していた。石原は依頼を承諾したが、その後相沢側の関係者から依頼は取り消された。その経緯は判然としない。

それまで石原自身は、統制派と皇道派の派閥抗争には距離を置いていた。陸軍中央からは離れていたことが一つの要因であろう。石原は両派の派閥抗争について、次のような発言を残している。

「この陸軍という一つの世帯のなかに、皇道派も統制派もあるものですか。俺は皇道派だ、俺は統制派だ、と言い合っていたら軍の破滅です。……現に省部［陸軍省・参謀本部］にはもうこの陰険《いんけん》なる派閥別《わ》けが始まっているから、疑心暗鬼《ぎしんあんき》で仕事も手につかない人間ができているそうじゃありませんか。」

写真11　皇道派（上）と統制派（下）

左から荒木貞夫、真崎甚三郎、柳川平助、小畑敏四郎

左から永田鉄山、東条英機、武藤章、服部卓四郎、辻政信

（今岡豊『石原莞爾の悲劇』）

統制派は、永田暗殺によって大きな打撃を受けたが、その後も、陸軍中央に、武藤・影佐・池田・片倉・真田など有力メンバーを残していた。

二・二六事件

永田暗殺の翌年、一九三六年（昭和一一年）冬、二・二六事件が起こる。村中孝次《むらなかこうじ》・磯部浅一《いそべあさいち》・安《あん》藤輝三《どうてるぞう》ら隊付青年将校国家改造グループの一部が、第一師団（東京）や近衛《このえ》師団（東京）の兵約一五〇〇名を率いて、国家改造をめざし武装蜂起《ぶそうほうき》した。彼らは斎藤実《さいとうまこと》内大臣、高橋是清《たかはしこれきよ》大蔵大臣、渡辺錠太郎《わたなべじようたろう》陸軍教育総監を殺害し、鈴木貫太郎《すずきかんたろう》侍従長に重傷を負わせ、永田町《ながたちよう》一帯を占拠した。石原が参謀本部作戦課長に就いて約半年後のことである。

その夜、二月二七日午前一時頃、石原は、帝国ホテルで、決起《けつき》した青年将校グループに近い満井佐吉《みついさきち》中佐、桜会《さくらかい》（国家改造グループの一つ）の橋本欣五郎《はしもときんごろう》大佐と会談した。

そこで石原らは、反乱軍将兵の大赦《たいしや》と引き替えに反乱部隊を撤退させ、軍の力で革新政権を作る、との事態収拾策で合意した（首班候補は山本英輔《やまもとえいすけ》海軍大将）。しかし、この案を反乱青年将校たちは受け入れず、石原らの事態収拾策は実現しなかった。

この前後の石原の動きについては不明な点が多く、現在のところ諸説がある。

二月二七日午前三時、東京に戒厳令が布かれ、石原は戒厳司令部参謀を兼任することとなった。石原は、香椎浩平戒厳司令官に、先の事態収拾案の内容を含む「昭和維新の詔《しよう》勅《ちよく》」の奏請《そうせい》を進言する。だが、杉山元参謀次長や川島義之《かわしまよしゆき》陸相が反対し、受け入れられなかった。

なお、ここでいう「昭和維新」について石原は、事件以前に次のように述べている。

「昭和維新とは、西洋流の個人主義、自由主義、功利主義より、全体主義、統制主義、国体主義への躍進なり。……今日《こんにち》軍隊は単に国防の重任を負うのみならず、昭和維新のため国民訓練の道場たらざるべからず。……青年学校、在郷軍人《ざいごうぐんじん》等を通じ、全国民に昭和維新の根本精神を体得《たいとく》せしむるを要す。」(「為参謀次長」一九三五年九月)

石原の昭和維新のイメージはこのようなものだった。事件後にも、石原ら作戦課は同様の主張をしている(「時局対策」一九三六年三月)。

ちなみに、二・二六事件を起こした国家改造派青年将校グループが「昭和維新」をスローガンとしたことはよく知られている。同じ「昭和維新」という言葉を使用しながら、青年将校グループのような国家社会主義的な社会改造論(所有制限など)は、この頃の石原にはみられない。

ただ、後述するように、石原麾下《きか》の日満財政経済研究会が深くかかわった「重要産業五ヶ年計画要綱実施に関する政策大綱(案)」(一九三七年六月)では、社会改革的な論点(所得配分の均衡《きんこう》など)が提起《ていき》される。

さて、同日（二七日）午前八時、参謀本部の実質的な最高責任者である杉山参謀次長は、天皇より奉勅命令の允栽《いんさい》をえた（参謀総長は皇族の閑院宮でシンボル的存在）。翌二八日午前五時、奉勅命令が戒厳司令官に交付され、各部署に下達された。その内容は、決起部隊将兵に原隊《げんたい》復帰を命ずるものだった。

これを契機に、石原は強硬な決起部隊武力鎮圧論に転ずる。石原は、戒厳司令部で各部隊に整然と戒厳命令を口達《こうたつ》し、鎮圧部隊に「軍は、本二十八日正午を期して総攻撃を開始し、反乱軍を全滅せんとす」、と伝えた。また、「降参すればよし、然《しか》らざれば殲滅する」と関係者に述べている（松村秀逸『三宅坂』）。こうして事態は収束に向かう。

石原の日記には、

「二月二九日
夕刻大体片付《だいたいかたづ》く。
善後処理、当局には見込みなし。
三月一日
大体を処理し、進退伺《しんたいうかがい》を提出、昼頃帰宅」（「日記」）

とある。

石原は、陸軍中央の要職にある者はすべて責任をとって職を辞すべきだ、との考えだった（石原六娘「兄の憶ひ出」角田『石原莞爾資料 国防論策篇』）。進退伺い提出後、しばらく石原は出勤しなかったが、鈴木重康《すずきしげやす》作戦部長から、その儀《ぎ》におよばず、との回答があり、職務に復《ふく》した。

陸軍省では、当時陸軍中央における統制派グループの中心人物だった武藤章軍事課高級課員（課長補佐相当）が強硬な決起部隊鎮圧論だった。決起した青年将校たちが、皇道派と連携して動いていたからである。

石原と武藤は、ドイツ駐在時期が重なった関係で交流が生じ（二人とも一夕会メンバー）、事件当初から連絡し合っていた。たとえば、二月二六日早朝、自宅で事件の一報を受けた石原は、すぐに武藤に電話で連絡している。また、事件収拾後に石原が進退伺いを出した日にも、帰宅後すぐ武藤から電話があり、辞職を引《ひ》き留《と》められている（石原「兄の憶ひ出」）。

結局、決起部隊によるクーデターの企図は失敗し、隊付青年将校の国家改造運動は壊滅。彼らとつながりのあった、真崎甚三郎・荒木貞夫・柳川平助《やながわへいすけ》・小畑敏四郎ら皇道派も予備役《よびえき》（現役終了後の役種《やくしゅ》）に編入され、事実上陸軍から追放された。また、それに抱き合わせのかたちで、南次郎・阿部信行・建川美次ら宇垣系も予備役となり、政治色のある有力な上級将官は、ほとんど現役を去った。

二・二六事件後の陸軍

二・二六事件は、宮中《きゅうちゅう》重臣、閣僚、陸軍三長官（陸軍大臣・参謀総長・教育総監。41ページの図表5）の一人が殺害されるなど、それ自体が大きな政治的事件だった。それとともに、これ以後、陸軍の政治的発言力が急速に増大する。軍事クーデター再発の無言の威嚇によるところが大きかった。そして陸軍内部の勢力配置に決定的な変動をもたらした。陸軍内から、皇道派、宇垣派の有力者が追放され、統制派の優位が確立する。

二・二六事件後に成立した広田弘毅《ひろたこうき》内閣時の陸軍トップは、寺内寿一《てらうちひさいち》陸相、閑院宮参謀総長、杉山元教育総監となり、いずれも政治色が薄く、中堅幕僚層の意向が強く反映される布陣となった。

そのような陸軍中央のなかで強い影響力をもつようになったのが、参謀本部では石原作戦課長、陸軍省では武藤軍事課高級課員だった。いずれも永田が軍務局長在任中にそれぞれ参謀本部・陸軍省に呼び寄せていた。

石原は、統制派メンバーではないが、非皇道派系一夕会員で、陸軍軍令機関の中心ポストである作戦課長として、事実上参謀本部をリードする存在となった。彼は満州事変の主導者として陸軍内で声望が高く、その面から、かなりの影響力をもっていた。ちなみに、当時の参謀次長は西尾寿造《にしおとしぞう》、作戦部長は桑木崇明《くわきたかあきら》で、いずれも政治色は薄く、石原の発言力が突出していた。石原は、武藤らとともに、寺内を陸相に推《お》す動きにも加わっている。

武藤は、前年死去した永田鉄山の後継者と目《もく》されており、陸軍中央の統制派グループを率いていた。二・二六事件終息直後、有末精三《ありすえせいぞう》（統制派系）ら軍事課員を動かして、川島陸軍大臣はじめ、荒木・真崎・林・阿部ら古参軍事参議官に辞職をせまり、実現させた。また石原らとともに、寺内を後任陸相に推した。広田弘毅内閣成立の際には、陸相候補の寺内寿一とともに組閣《そかく》に介入している。このように、武藤は、陸軍省において重要な役割をはたしていた。

当時の磯谷廉介《いそがいれんすけ》陸軍省軍務局長、町尻量基《まちじりかずもと》軍事課長は、いずれも非皇道派系一夕会員で、石原・武藤らの動きを容認していた。なお、永田の腹心《ふくしん》で統制派最年長の東条英機は、この頃関東憲兵隊司令官として満州に在《あ》った。

この石原・武藤らを中心とする陸軍の圧力によって、一九三六年（昭和一一年）五月、広田弘毅内閣下で軍部大臣現役武官制が復活する。一九一三年（大正二年）山本権兵衛《やまもとごんべえ》内閣によって軍部大臣現役規定が削除され、その任官資格が予備役・後備役《こうびえき》（予備役終了後の役種）にまで拡大されていた。それが再び現役武官に限定されることとなったのである。

起案は武藤ら陸軍省軍事課によるものだったが、石原も深くかかわっていた。この影響はまもなく、後述する宇垣一成の大命拝辞《たいめいはいじ》すなわち宇垣内閣の流産《りゅうざん》となって現れることとなる。

また、七月、参謀本部条例の改正によって、陸軍大臣の人事権が強化された。陸軍大臣の権限強化によって陸軍統制を強化しようという、石原・武藤らの意図にもとづくものだった。このことはまた、彼らが陸軍大臣をコントロールすることによって、陸軍全体の指導権を掌握しようとする方向を含意《がんい》していた。

そして、軍部大臣現役武官制の復活など制度改変の目処《めど》のついた同年（一九三六年）六月、武藤は種々の政治工作の責任をとるかたちで、関東軍参謀として満州に転出。石原が一時、陸軍中央において主導的役割をはたすようになる。

石原作戦課長は、西尾参謀次長ら上層部を動かし、参謀本部を改組《かいそ》する（西尾は石原陸大生時の教官で石原に好意的）。

まず、同年六月に、国防戦略・戦争指導計画の立案と情勢判断を担当する、戦争指導課を作戦部内に新設。これを参謀本部業務の中核と位置づけ、自ら初代課長となった。なお情勢判断はそれまで情報部の重要任務の一つであったが、戦争指導課に移された。またこの時、総務部にあった編制動員課が作戦課に吸収され、戦争指導課と作戦課を中心に作戦部が構成されることとなる。

これらによって参謀本部の主要な権限が作戦部に集中するシステムとなった。

翌年（一九三七年）一月、石原は作戦部長代理（作戦部長は空席）となり、同三月、正式に作戦部長に就任する。

幻《まぼろし》の日ソ不可侵条約

さて、少し時間を遡《さかのぼ》るが、一九三五年（昭和一〇年）八月、作戦課長に就任まもなく石原は、作戦課の軍事機密文書「帝国陸軍作戦計画」をみて愕然《がくぜん》とした。日本の在満兵力が、極東ソ連軍の三割程度の劣勢で、しかも戦車や航空兵力では五分の一前後だったからである。

石原は、極東ソ連軍の急速な軍備強化によって、「満州国の国防は危殆《きたい》に瀕《ひん》しつつあり」との強い危機感をもった（「現下国策の重点」）。

「初めて陸軍中央部に入りまして非常に驚いたのは、日本の兵力特に在満兵力の真に不充分なことでありました。……満州事変後二、三年にして驚くべき国防上の欠陥を作ってしまったのであります。」（「石原莞爾中将回想応答録」）

一九三二年（昭和七年）八月に関東軍を離れてから、一九三五年（昭和一〇年）八月に作戦課長となるまでの三年間、石原は、詳細な対ソ情報には接していなかった。国際連盟総会代表随員や内地部隊勤務などで、その機会がなかったからである。

ちなみに、一九三五年当時のソ連の極東兵力は、一四個師団、飛行機九五〇機、戦車八五〇両。日本の在満鮮《まんせん》（満州・朝鮮）兵力は、五個師団、飛行機二二〇機、戦車一五〇両だった。

満州事変後の一九三二年（昭和七年）、ソ連から日本政府に日ソ不可侵条約の締結を申し入れてきたが、当時の斎藤実内閣はこれを拒絶した。それを受け、ソ連は極東側国境防備に強い危機感を抱《いだ》き、急速に極東ソ連軍を強化していたのである。ちなみに、ソ連による極東コンビナートの建設は、この極東ソ連軍強化を主な目的としていた。当時、ソ連は第一次五ヶ年計画を終え、一九三三年より第二次五ヶ年計画を強力に推進していた。

石原は作戦課長就任翌月（九月）、杉山参謀次長に提出した意見書で、次のように述べている。

「極東蘇《ソ》軍の兵力増加、ならびに西比利《シベリア》鉄道の能力向上により、有事《ゆうじ》の場合ついに敵に優《まさ》る兵力を結集しうる機会を失わんとしつつあり。速やかに所要の兵力を大陸に移駐すること刻下《こっか》第一の急務なり。」（「為参謀次長」）

具体的には、在満兵力を現在の三個師団から六個師団に増加させること（在満鮮兵力八個師団）。それに加え、兵力の重点を「北満」へ移転、「空軍」および「機械化部隊」を急速に充実させる必要、を主張している。

また、「昭和維新」の必然性を指摘し、軍はその「先駆《せんく》」とならなければならないとする。先にもふれたように、石原にとって昭和維新とは、「西洋流の個人主義、自由主義、功利主義」から「全体主義、統制主義、国体主義」への躍進を意味した。この「昭和維新」は対ソ防備のためのみならず、将来の世界最終戦争へ向けてのものとして考えられていた。

壮大な戦争計画

さて、その年（一九三五年）の末《まつ》、石原は、「現下国策の重点」を起草した。

そこでは、現在の国策の重点は満州国を完成し、ソ連の「極東攻勢を断念せしむる」ことにある。そのため、少なくとも極東ソ連軍に対して「八割」程度の戦力を大陸に配置する必要がある、とされている。「開戦初頭［に］一撃を加《くわ》うる」だけの対ソ戦備を要するとの判断からだった。

翌一九三六年（昭和一一年）六月、この「現下国策の重点」をベースに、石原ら戦争指導課は「国防国策大綱」を立案し、参謀総長の決裁をえた。この頃、石原は作戦課長から戦争指導課長に転じていた。

「国防国策大綱」では、まず、ソ連の「極東攻勢政策」を断念させることに全力を挙げることが強調されている。そのためには、「航空兵力」などの兵備を充実するとともに、「日満および北支を範囲」として、対ソ持久戦の準備が必要だ。戦争に至らずにその目的（極東攻勢の断念）を達成することをもっとも希望するが、軍事衝突となればソ連を「屈伏」させなければならない。

「まず蘇《ソ》国の屈伏に全力を傾注す。而《しこう》して戦争持久の準備について欠くるところ多き今日《こんにち》、英米少なくも米国との親善関係を保持する……。

兵備充実成《な》り、かつ戦争持久の準備おおむね完了せば、蘇国の極東攻勢政策を断念せしむるため積極的工作を開始し、迅速にその目的の達成を期す。而して戦争に至らずして我が目的を達成することは最も希望するところなり。」（「国防国策大綱」）

また、対ソ持久戦の際は、アメリカ・イギリスとの親善関係の保持を必須とする。それゆえ、現在おこなわれている「対支政治的工作」は、米英との親善関係を保持しうる範囲に制限する必要がある。そう記されている。

「対蘇戦争のため現下の対支政治的工作は……英米ことに米国との親善関係を保持しうる範囲に制限するを要す。」（同右）

また、ソ連を背後から牽制するために、「独逸《ドイツ》の利用」（自筆書き込み）が考えられていた。そのうえで、さらに「大綱」は次のような展望を示す。

ソ連の攻勢を断念させれば、次に、イギリスの「東亜」（東アジア、東南アジアを含む）における根拠地を奪取し、その勢力を駆逐する。それによって、東アジア、東南アジアの「被《ひ》圧迫東亜諸民族」を独立させ、さらに、ニューギニア、オーストラリアなどを日本の領土とする。

「蘇国屈伏せば、適時《てきじ》これと親善関係を結び、進んで英国の東亜における勢力を駆逐す。好機を捉《とら》え実力をもって、東亜におけるその根拠地を奪取し、一挙《いっきょ》［に］被圧迫東亜諸民族を独立せしめ、かつニューギニア、豪州およびニュージーランドを我が領

土とす。」（同右）

ただ、その際アメリカが参戦する可能性があるが、できるかぎり中立を維持させる。また、ソ連には、この「対英戦争」（自筆書き込み）に際し、少なくとも中立を厳守させる。

なお、ここでの「英国の東亜における勢力」とは、中国のみならず、マレーシア、シンガポールなどをさしている。また「被圧迫東亜諸民族」には、フランス植民地のインドシナ半島、オランダ植民地の東インド諸島（現インドネシア）などを含むものだった。

ちなみに、これは昭和初期の「満蒙問題私見」においても、すでに本来の「国策」とされていた方向のものである。

「我が国にして完全に北満地方をその勢力下に置くにおいては、……北方に対する負担より免《まぬか》れ、その国策の命ずるところにより、あるいは支那本部に、あるいは南洋に向かい勇敢にその発展を企図するを得べし。」（「満蒙問題私見」）

こうして日本の国策の基本方向として、「大綱」は記している。「東亜」への「白人の圧迫」を排除し、「東亜の保護指導者たる地位」を確立する。そしてさらに、これら「東亜諸国」を指導し、アメリカとの「大決勝戦」すなわち日米世界最終戦争に備える、と。

「皇国の国策は、まず東亜の保護指導者たる地位を確立するにあり。これがため東亜に加わるべき白人の圧迫を排除する実力を要す。……

蘇英を屈せば、日支親善の基礎はじめて堅《かた》し。すなわち東亜諸国を指導し、これと協同して実力の飛躍的発展を策し、次いで来《きた》るべき米国との大決勝戦に備う。」(「国防国策大綱」)

つまり、まずソ連の攻勢を断念させるか、もしくは屈服させる。それによって北方の安全が確保されれば、実力をもって南方に進出し、イギリスをアジアから駆逐する。それとともに東南アジア地域を、イギリスのみならず、フランス、オランダなどの植民地から独立させる。こうして日本がアジアの「保護指導者」となり、アメリカとの世界最終戦争に向けて態勢を整える、というのである。

このように、「大綱」には、石原の壮大な戦争計画が表明されているといえよう。

かねてから石原は、アメリカとの世界最終戦争を想定し、その前提として、「東洋文明の選手権」の掌握、アジアからの白人勢力の駆逐を主張していた。したがって、東洋における指導権獲得のプランは、日本・中国に限らず、東南アジアへの広がりをも想定したものだった。

「大綱」は、海軍との合意による国策化を意図し、海軍の南進《なんしん》への意向をある程度考慮したものだった。しかし、「大綱」における戦略構想そのものは、石原自身の考えでもあったのである。

二、長期国防戦略と産業政策

対英戦争論

ただ、「大綱」では、石原の戦略プランに一つの重要な変化がみられる。

満州事変前には、日本の満州占領（満蒙領有）を契機に「日米持久戦争」となる可能性が想定されていた。したがって、彼の戦略構想のなかでは、対米持久戦論がかなりの比重を占めた。そして、「戦争により戦争を養う」方式など、対米持久戦のための計画が詳細に検討されていた。

だが「大綱」には、対米持久戦論についての言及はない。それに代わって、実力によるイギリスのアジアからの駆逐、すなわち「対英戦争」論が重要な位置を占めるようになっている。アジアにおけるイギリスの植民地・勢力圏をめぐる日英戦争が想定されているのである。満州事変時、石原が予想していたようなアメリカの軍事介入はおこなわれなかった。アメリカからの反応は、満州国建国宣言後のスチムソン国務長官による不承認宣言にとどまったのである。

そこで、「大綱」では、対米持久戦論に代わり、アジアからのイギリス勢力駆逐のための対英戦争論が、前面に出てくることとなる。中国をめぐる対米持久戦論の位置を、アジア全体をめぐる対英戦争論が占めることとなった。

このアジアでの対英戦争は、石原の理論からみれば、その戦線が広大なものとなることから当然持久戦争となる。かつては、日米持久戦争から日米世界最終戦争へと至る道が想定されていたが、ここでは対英持久戦から日米世界最終戦争へ、と変化しているといえよう。

もちろん、「大綱」は、対ソ戦備の充実を第一の課題としている。だが対ソ戦備の問題は満州事変前でも同様に重視されていた。ただ、かつては極東ソ連軍の戦力が未整備で、北満興安嶺が天然の要害としての役割をはたしており、北満を確保すれば、対ソ防備は当時の戦力で可能だと考えられていた（ただし興安嶺の地峡《ちきょう》ホロンバイル高原からの侵入阻止を念頭に置いた機械化――航空機の増加・装甲自動車部隊の創設など――は必須とされた）。

しかし、今や極東ソ連軍の戦力は、日本のそれをはるかに上回るものとなっている。また、戦車や航空機の発達によって、北満興安嶺などの防備上の意義を低下させている。ソ満国境での日ソの戦力バランスは完全に崩《くず》れており、対ソ防備の充実は焦眉《しょうび》の急《きゅう》だ。そう石原は考えていた。

しかも、一九三六年（昭和一一年）三月、ソ連はモンゴル人民共和国と相互援助条約を締結し、モンゴル国内にソ連軍を駐留させた。そのことは、石原がかねてからソ連軍の北満侵入路と考えていたホロンバイル高原近辺に、ソ連軍が駐屯可能となることを意味した。

ちなみに、モンゴル国内にソ連軍が駐留し、満州国内に日本軍が駐留していたことが、のちのノモンハン事件（一九三九年）で日ソ両軍が衝突する重要な背景となる。ノモンハンは、ホロンバイル高原のモンゴル・満州間国境に位置していた。

したがって、対ソ防備の問題は、かつても今も石原にとっては軽視すべきものではなかった。極東ソ連軍の整備・増強によって、対ソ戦備の充実がより強調されることになったのである。それゆえ、その対ソ戦備の充実も、必ずしも積極的な対ソ開戦を意図するものではなく、ソ連の極東攻勢政策を断念させることを目的としていた。シベリア出兵時（一九一八年）のような、シベリア全面占領を意図する積極的北進論《ほくしんろん》ではなかった。

対ソ防備の問題は、かつての対米持久戦論にとっても、「大綱」での対英戦論にとっても、背後の安全を固めておくため絶対に必要なことだったのである。つまり、対ソ戦は、かつての対米持久戦に対応するものではなく、対英（持久）戦が、対米持久戦に代わるものとして考えられていたといえる。

また、イギリスは東アジア、東南アジアでの最大の植民地宗主国《そうしゅこく》で、フランス、オランダなどを代表する存在と想定されていた。したがって「被圧迫東亜諸民族」の独立にとって、イギリス勢力の駆逐は、フランス・オランダ勢力の排除をも意味していた。

産業の育成・発展

このように、対ソ戦備の充実によってソ連の極東攻勢を断念させ、北方の安全を確保する。そして、イギリスをはじめとする欧州勢力をアジアから一掃し、中国および東南アジアを日本の政治的指導下に置き、アメリカとの最終戦争に備える。それがこの時期の石原の戦略構想だった。

ただ、対ソ戦備の充実は、第一義的にはソ連の極東攻勢を断念させるためだったが、もし本格的に対ソ戦となった場合は、長期の持久戦となると石原は判断していた。

また、その間、アメリカを牽制しその介入を防ぐには、アメリカ海軍に対し「西太平洋の制海権」を確保しうる海軍力が必要だとみていた。この対米海軍力重視の観点は、満州事変以前と変わりなかった。

したがって、石原はこう考えていた。

対ソ持久戦に備え、かつアメリカの介入を牽制するためには、両国の軍事力に対抗しうる戦備を整えなければならない。それには、何よりも、国家の全能力を発揮して「飛行機工業」を飛躍的に発展させ、遅くとも「五年以内」に世界の水準を突破する必要がある。

そのような要請に対応するには、大規模な飛行機・兵器工業を大陸に建設しなければならず、「満州における産業の飛躍的発展」が必要だ。満州・朝鮮において、少なくとも飛行機工業は年間三〇〇〇機を、戦車・特種自動車工業は年間三〇〇〇両を製作するだけの生産能力を確保しなければならない。

「陸軍機製作力の主力を満州（朝鮮を含む……）に施設することは、作戦上絶対的の要求なり。」（「満州（朝鮮を含む）に陸軍用飛行機製作力を施設するの必要に就て」）

またその頃までに、対ソ戦備の充実と持久戦の準備を整える。他方、「燃料問題」（石油の確保）を迅速に解決しなければならない。そして、そのような生産設備を維持していくには、国内需要の少ない航空機の海外輸出にも努める必要がある、と（「戦争準備の為帝国飛行機及兵器工業を速に満州へ推進せしむる為の要望」ほか）。

その際、石原は中国本土や東南アジアへの政策について、次のように考えていた。

当面、日本の中国本土や南洋に対する要求は、「経済的」なもの（資源と市場）であり、領土的なものではない。したがって、中国本土や南洋に対しては、「経済的文化的発展」に努力すべきであり、工作は「平和的に」におこなわれなければならない。

そして、ソ連の極東攻勢を断念させた後、武力によってでも中国本土や南洋に対して国策（東アジア・東南アジアの「保護指導者」たる地位の確立）を遂行する、と。

「北方の脅威去りたる後、実力をもって南洋および支那に対し積極的に我が国策を遂行す。」（「現下国策の重点」）

ただ、その場合でも、中国および南洋への実力行使は、当該地域の政治的指導権を獲得するためにとどまる。したがって、領土拡大を追求する「欧米帝国主義」とは異なる、との認識だった。

なお、石原は、ソ連を背後から牽制する手段として、ドイツの利用を考えていたが、これはのちに、日独防共協定の締結として現実化する。

「帝国国防方針」改定と仮想敵国

この「国防国策大綱」は、まず海軍との折衝《せっしょう》にかけられた。だが、その対ソ戦備優先論のゆえに、南進戦備を重視する海軍の同意をえられなかった。この前後、海軍はワシントン・ロンドン両海軍軍縮条約を破棄して軍備無条約状態となり、アメリカとの建艦競争に突入しようとしていた。したがって、建艦予算の優先的獲得を必須としていたのである。

そこで、陸海軍それぞれの兵備増強を併記した「国防国策大綱」が陸海軍間で成立した。同年（一九三六年）八月七日、それにもとづいて、広田弘毅内閣の五相会議《ごしょう》（首相・陸相・海相・外相・蔵相）で、南北並進《へいしん》の「国策の基準」が決定された。

なお、同年六月、陸海軍のそれぞれの主張を取り入れ、「帝国国防方針」「用兵綱領」の第三次改定がおこなわれた。

そこでは、主要仮想敵国として、アメリカ・ソ連が併記され、それに次ぐものとして、中国・イギリスが新たに加えられた。ソ連・中国が陸軍の要望、アメリカ・イギリスが海軍の要望だった。また、戦時所要陸軍兵力は、五〇個師団、航空一四二中隊とされた。海軍兵力は、戦艦一二隻、空母一二隻などだった。

ちなみに、一九二三年（大正一二年）の第二次改訂では、主要仮想敵国はアメリカ、次いでソ連となっていた。また、戦時所要陸軍兵力は、四〇個師団、飛行中隊若干《じゃっかん》。海軍兵力は、戦艦九隻、空母三隻などだった。今回、陸軍では一〇個師団増強、航空戦力の大規模な拡大、海軍では空母の大幅な強化が、企図されたのである。

石原ら参謀本部は、その対ソ戦備優先論が国策となりえなかったため、陸軍独自に「国防国策大綱」のラインで国防政策を推し進めていくことになる。

まず、一九三六年（昭和一一年）七月、石原ら戦争指導課は、「戦争準備計画方針」を策定した。そこでは、五年後の「昭和一六年」までに対ソ戦準備を整えるとされ、その中心的な内容は次の点にあった。

第一に、兵備の充実、ことに空軍の飛躍的発展と在満兵力増強を実現する。

第二に、「日、満、北支（河北省《かほくしょう》北部および察哈爾省《チャハルしょう》東南部）」を範囲とする戦争持久に必要な産業の大発展をはかる。とりわけ満州国の急速な開発をおこない、相当の軍需品を大陸において生産できる態勢を確立する。

今後五年間で、対ソ戦備の充実をはかるとともに、持久戦に備えて生産力の飛躍的拡充を実現しようとするものだった。

同年初秋、石原は陸軍省の町尻量基軍事課長、石本寅三《いしもととらぞう》軍務課長らと協議し、対ソ戦備の充実と、それを支える生産力の飛躍的拡充などを取り決めた（当時、石原は参謀本部戦争指導課長）。

この直前の八月、陸軍省でも組織改編があり、政治対策全般を所管する軍務局軍務課が新たに創設されていた。陸相を政策面で補佐する態勢を強化するためだった。

この石原・町尻・石本ら参謀本部と陸軍省の中核的実務担当者によって、石原の構想が推進されていくことになる。ちなみに、石原と町尻は一夕会員で、かつ陸士同期の関係にあり、町尻は石原を陸軍省側からサポートしていた（石本寅三は石本新六元《しんろく》陸相の三男、島崎美代子《しまざきみよこ》日本福祉大学名誉教授の叔父にあたる）。

なお、この時期の陸軍省の基本ラインは、寺内寿一陸相（写真12）、梅津美治郎《うめづよしじろう》次官、磯谷廉介軍務局長、町尻軍事課長だった。寺内は政治色が薄いうえに軍政経験がまったくないため、軍政上の判断を梅津以下にほとんど一任していた。

梅津は実務型軍事官僚の最大の実力者だったが、特定の政治性はなく、この時点では石原らの動きを容認していた。また、磯谷は石原、町尻と同じく一夕会に属し、石原らの同調者であった。ちなみに、この頃、参謀本部作戦課長は一夕会員の冨永恭次で、彼は永田直系の統制派メンバーだった。

同年一一月、陸軍省において「軍備充実計画の大綱」が策定された。昭和一七年までに四一個師団と一四二個飛行中隊を整備し、満州と朝鮮に一三個師団を配備する計画だっ

写真12　陸海軍合同技術審議会にて

前列左4人目から梅津美治郎陸軍次官、寺内寿一陸相、山本五十六海軍次官。2列目右から3人目が石原

た。対ソ戦備充実のための軍備拡張方針が決められたのである。

これを受け、広田弘毅内閣（馬場鍈一《ばばえいいち》蔵相）は、昭和一二年度予算案において、陸軍七億二八〇〇万円を認める。海軍六億八二〇〇万円と合わせて、前年度より合計三億五〇〇〇万円増の大軍拡予算となった。さらに軍拡計画の継続費として、陸軍一三億九〇〇〇万円が計上された。

全予算案額は三〇億三九〇〇万円、前年度より七億二七〇〇万円の膨張となり、歳出の四六・四パーセントが軍事費であった（いわゆる馬場財政）。二・二六事件を契機に、もはや内閣からの陸軍への財政的抑《おさ》えが、ほとんど効《き》かなくなったのである。軍事クーデター再発の無言の威嚇などによる陸軍の政治的発言力の増大を要因とするものだった。

重要産業五ヶ年計画

また、同年（一九三六年）八月、石原は、かねて組織させていた日満財政経済研究会から、その研究成果を、「日満産業五ヶ年計画」として提出させた。

日満財政経済研究会は、前年秋に、満鉄調査部所属の宮崎正義《みやざきまさよし》を参謀本部嘱託として作らせたものだった。当座の運営資金として、参謀本部から一〇万円（現在の約二億円）、満鉄から一〇万円が拠出されていた。

宮崎は満鉄調査部でロシア係主任のポストにあり、ソ連の社会主義的計画経済論に精通していた。したがって、その五ヶ年計画は、ソ連の社会主義経済論から、計画経済による工業生産力の拡充という新たな考え方を導入したものだった。もちろん、その際ナチス・モデルも参考にしていた。それは、産業バランスの全体的検討のもとに、人的《じんてき》・物的《ぶってき》資源を優先度の高い産業へ集中的に投入して生産拡充をはかる、計画経済的統制経済論ともいうべきものだった。

この計画経済による工業生産力の拡充という考え方は、第一次大戦時のドイツをモデルとした永田鉄山らの統制経済論には、必ずしも含まれていない観点だった。永田らの統制経済論は、現にある工業生産力や技術を、国家的観点から合理的に再編成し、統制・管理しようとするものである。

それに対して、石原らの五ヶ年計画では、統制・管理のみならず、国家主導による工業生産力や技術水準そのものの高度化も、その目的に含まれていた（ただし企業形態としては国有国営ではなく民営事業を主とし、その国家管理を強化する方向）。

もちろん、永田らも重化学工業化、軍需産業の強化を志向していた。だが、それは国家統制による産業構成の再編の方向で考えていた。必ずしも石原らのように、計画経済による工業生産力全体の積極的引き上げをプランとして強く意識したものではなかったのである。

石原らの「日満産業五ヶ年計画」は、日中戦争開始直前の一九三七年（昭和一二年）五月には、「重要産業五ヶ年計画」として陸軍省に移管された。

この間石原はその計画案を、近衛文麿《このえふみまろ》元首相や池田成彬《いけだしげあき》三井合名会社理事に示している。そこから、結城豊太郎《ゆうきとよたろう》日本興業銀行総裁、木戸幸一《きどこういち》前内大臣秘書官長などにも渡され検討されたようである。石原が軍のみではなく、政財界に一定のネットワークをもっていたことがわかる。木戸の日記には、こう記されている。

「近衛公より左の如《ごと》き話ありたり。
陸軍においては、石原大佐等が中心となり、満鉄の調査機関を利用して作製したる具体的の経済財政機構の改革案を示す。この案は池田成彬の手許《てもと》にて約一ヶ年にわたり研究修正せられたるものにて、昨夏、近衛公も石原より軽井沢にて提示せられたるをもって、これを結城氏に交付、研究を依頼したるに、昨冬、結城氏より返却しきたり。
その際の手紙の内容には、これが実現には相当困難をともなうも実行せざるべからざるか、との意味が述べありたり、とのことなり。」（木戸幸一『木戸幸一日記』一九三七年二月二日）
「かねて近衛公より回付《かいふ》し来《き》たりし、いわゆる石原大佐の軍需工業拡張計画案を読《どく》了《りょう》。日満両国にて約七十一億円の資金を要することとて、各方面に悪影響を与え……、これが実現は、よほど慎重の考慮を要すべし。」（同右一九三七年二月二四日）

満州国と新興財閥

その計画の主な内容は、五年間で基礎産業を二ないし三倍に、航空機生産を一〇倍（約一万機）に向上させるなど、工業生産力の飛躍的発展をはかろうとするものだった。

そのため、貿易統制・産業統制を実施し、かつ輸出の振興をはかる。企業形態としては国有国営ではなく民営事業を主とし、その国家管理を強化する。財源は、その多くを公債《こうさい》および増税による。航空機機材原料となるアルミニウムは極力、大陸資源を利用する、等々が考えられていた。

なお、航空機・船舶燃料としての石油については、石炭を原料とする人造石油《じんぞうせきゆ》年産一〇〇〇万トンを目標とする。その設備はドイツから輸入しその整備をはかる、としている（当時、ドイツでは人造石油製造が実用化されていた。ただし、その後日本では実用化に失敗）。

また、「重要産業五ヶ年計画」に付《ふ》された「重要産業五ヶ年計画要綱実施に関する政策大綱」（日満財政経済研究会起案）には、「国民生活の安定保証政策」として、次のような内容が記されている。

特に「留意《りゆうい》」すべきは「国富《こくふ》・国民所得の国民各階層への配分が妥当均衡なるべき」ことである。そのために、「農村の振興」「都市勤労者の生活向上」などの諸方策を講ずる必要がある。

農村振興策としては、工業の地方分散や農民負担の軽減（各種租税の軽減、政府の損失補《そんしつほ》填《てん》による農家負債の整理、保健組合・災害補償制度の設立ほか）をはかる。都市勤労者に対しては、過激労働の緩和、傷病者の保護、各種勤労保険の拡充をおこなう。

生産力拡充のため、一定の農民・労働者保護が意図されていたことがわかる。

同年六月、この「重要産業五ヶ年計画」は、広田弘毅内閣・林銑十郎内閣の後を継いだ近衛文麿内閣によって政府決定とされる。

また陸軍は、これらの計画から満州での軍需産業の拡充を独立させて、一九三六年（昭和一一年）一〇月、「満州産業開発五ヶ年計画」を策定し、実行に移した。これは、大陸での戦争に必要な兵器や軍需品を満州で生産することをめざすものだった。

その満州での実施の中心となったのが、星野直樹《ほしのなおき》満州国総務長官や岸信介《きしのぶすけ》同産業部次長だった。岸は関東軍の要請により、日本政府の商工省工務局長から満州国産業部に派遣されていた。

星野や岸は、満州産業開発のため、鮎川義介《あいかわよしすけ》の率いる日本産業株式会社（いわゆる日産）を、満州に進出させるよう働きかけた。日産は日立製作所や日産自動車、日本鉱業、日産化学などを傘下《さんか》に、重化学工業を中心に急成長した新興財閥だった。

日中戦争開始後の一九三七年（昭和一二年）一二月、日産は本社を新京《しんきょう》（満州国首都、

旧長春）に移し、満州重工業株式会社（満業）が設立された。満業は、満州国内の、昭和製鋼所、満州炭鉱、満州自動車、満州飛行機などを傘下に入れ、満州に独占的な一大コンツェルンを形成することとなる。

対ソ・対中戦を避けよ

また石原は、対ソ戦備充実に向けての生産力拡充の観点から、一九四一年（昭和一六年）までの不戦方針すなわち絶対平和維持の方針を打ち出した。

国内経済の平和的安定化を重視し、少なくとも対ソ戦備が整うまでの五年は、対外的にも平穏な状態を維持しようとしたのである（「戦争準備の為産業開発に関する要望」、「重要産業五ヶ年計画要綱」、「日満経済財政調査会」）。

したがって、その間は「対ソ対華［関係］ともに慎重自重《じちょう》の態度」を固く守り、「国際葛藤《かっとう》の動因を誘発する」ことのないよう努めるべきだと主張していた（河辺虎四郎『市ヶ谷台から市ヶ谷台へ』）。

ただ石原は、対ソ戦を必ずしも不可避的なものと考えていたわけではなかった。ソ連との不可侵条約締結の可能性も視野に入れており、そのためにも対ソ戦備の充実が必要だと考えていた。極東での日ソ間の軍事バランスが不均衡では、ソ連の極東攻勢を断念させ、不可侵条約締結などを可能にする状況が醸成《じょうせい》されないとみていたからである。

また、もし開戦に至った場合でも、ソ連の軍事的脅威を排除することを目的とし、沿海州と北樺太《きたからふと》の確保にとどめる方針だった。大正期のシベリア出兵や、皇道派による対ソ開戦論（一九三三年）のように、広く東シベリアの占領や勢力圏化までめざしたものではなかった。石原の構想は、北方への領土拡大そのものを意図するものではなく、さしあたりのねらいは、ソ連の脅威の排除と、産業発展や持久戦用の資源確保に向けられていたからである。

ちなみに、沿海州は、当地のソ連渡洋《とよう》爆撃機の存在が日本本土への脅威と考えられていた。また北樺太は、石油資源確保の観点から、当地における油田の全面取得が念頭に置かれていた（当時、日本は北樺太に一定の石油開発利権を保持。一九二五年の日ソ基本条約で正式に認められ、翌年に北樺太石油会社を設立）。

しかし、それ以外のシベリアの地には、特に関心を向けてはいなかった。これといった軍需資源がみられなかったからである。北樺太の石油産出量も、必要量の一部をまかないうるにすぎなかった。

したがって、北方への領土拡大は、資源確保のためには、あまり意味をもたなかったといえる。鉄鉱、石炭、銅、錫《すず》、石油、ゴム、アルミニウムなど、主要軍需資源の自給には、中国本土および東南アジアの資源を必要としたのである。

一党独裁のモデル

ところで、先の戦争指導課「戦争準備計画方針」では、兵備充実と生産力拡充のほか、「政治および経済機構」の改革が挙げられている。

そのためには「根本的革新」を強行する覚悟を要する、とされる。さらに、その実行のためには「新時代を指導すべき政治的団体」を結成しなければならないとも記されている。国内の政治経済システムの根本的改造を主張し、そのための指導的政治団体の創設にまで言及しているのである。

「現経済力の最大的発揚《はつよう》を目途《めど》とし、政治および経済機構に所要の改革を行い……断《だん》乎《こ》根本的革新を強行するの覚悟を必要とす。[そのため]新時代を指導すべき政治的団体を結成せしめ、根本的改革の具体案を作成す。」(「戦争準備計画方針」)

石原は、かねてから満州国は「一党専制の国家」とすべきとしていた。すなわち一党独裁を考えていたのである。そして、独裁を担うべき政治団体として、自ら満州国協和会の設立にコミットした。協和会による一党独裁を実現しようとしていたのである。

「満州国内に堅実なる唯一政治団体を結成して、民衆の支持を獲得し、これにより国家の根本政策を決定しせしむるを、もっとも適切なりと信ず。いわゆる一党専制の国家なり。満州国協和会はこの目的のために設立せられた。」(「満蒙に関する私見」一九三二年八月)

石原がこの満州国についての考えをまとめた一九三二年(昭和七年)頃には、まだナチス政権は成立しておらず、その一党独裁国家のイメージはソ連を一つのモデルとしたものと思われる。前述のように、石原のブレーンの一人だった宮崎正義はロシア留学経験があり、ソ連の国情にも精通していた。

その後は、イタリア・ファシズムやドイツ・ナチズムも念頭に置かれるようになる。

「満州国独立の完成には、ファッショ的団体の結成を必要とす。」(「為今村新参謀副長」一九三六年三月)

指導的政治団体創設の主張は、この満州国での協和会による一党独裁の構想を、何らかのかたちで日本国内に持ち込もうとする指向性をもつものだった。

ちなみに、のちの論考「昭和維新方略」(一九三八年)では、「天皇親政の下《もと》に新組織体を結成し、いわゆる一国一党の方式の下に皇国政治の指導をなす」と記されている(石原莞爾全集刊行会編『石原莞爾全集 第七巻』)。明確に「一国一党」すなわち一党独裁の方向を指向している。この石原の一党独裁の考えは、永田鉄山にはみられないものである。

永田は陸軍が独自に国策の具体案を作成し、これを陸相を通じて内閣に強要する考えはもっていた。また、一種の授権法《じゆけんほう》によって立法権を大幅に内閣に移し、陸軍の国策案を実施させる方向も検討していた(池田純久「青年将校と革新思想」『別冊知性』第五号)。だが、一党独裁を考えていた形跡はない。

ただ、独裁制下における機動的な工業化と軍事指導の実態については認識していた。たとえば、ソ連の「独裁下の統制国家」において、飛行機生産や戦車生産とそれに転用可能な農業用トラクター生産に工業化の重点が置かれていること、また戦車と飛行機の戦略的集中使用がなされていること、などの情報はえていた（拙著『浜口雄幸と永田鉄山』）。

しかし、永田自身は独裁論に言及しておらず、一党独裁論は陸軍では石原独自のものだった。

ドイツと結び、ソ連を牽制せよ

また、石原は、一九三六年（昭和一一年）六月頃には、ソ連の極東攻勢をヨーロッパ側から牽制するため、ドイツの利用を考えており、その面での日独の協力を望んでいた（「国防国策大綱」への自筆書き込み。「戦争準備計画方針」）。

その交渉は、前年夏頃から、大島浩《おおしまひろし》ドイツ駐在武官と、ヒトラーの私的外交顧問リッベントロップおよびドイツ国防軍諜報部長カナリスとの間で進められていた。交渉は当初、参謀本部情報部ルートで始められ、永田に近い岡村寧次情報部長も承知していた。岡村はドイツの再軍備宣言に「敬服」の念を示しており、当時ドイツへのシンパシーを有していたと思われる（岡村寧次「最近における列国軍備充実の状況」『外交時報』第七四〇号）。

その後、交渉には外務省も関与し、一九三六年（昭和一一年）一一月、広田内閣によって日独防共協定が締結された（日中戦争開始後の翌年一一月、イタリアも加わり日独伊防共協定となる）。

石原ら戦争指導課は、一九三七年（昭和一二年）一月、「帝国外交方針改正意見」を作成するが、そこでは日独防共協定によってソ連を牽制すべしとの考えが明記されている。

石原にとって日独防共協定は、ソ連の極東攻勢をドイツ側から牽制させようとするものと位置づけられていた。したがって、必ずしも日独の挟撃《きょうげき》によるソ連侵攻が考えられていたわけではなかった。一部に、日独防共協定を欧州大戦開始後の日独伊三国同盟に直接つなげる見方がある。だが、少なくとも石原については、後述する欧州大戦絶対不介入の姿勢からみても、そうはいえないだろう。

石原の長期戦略は、アメリカとの世界最終戦争を念頭に、東アジア・東南アジアにおけるイギリス勢力の駆逐と、そこでの政治的指導権の確立に向けられていた。つまり基本的には南方進出論といえるものだった。対ソ戦備の充実は、その前提としてソ連の極東攻勢を断念させ、背後の安全を確保しておくためのものとして位置づけられていた。

第六章 参謀本部時代の戦略構想(2)

——対中国政策の転換

1935年から1938年まで河北省に存在した、冀東防共自治政府の財政庁と保安所

一、華北《かほく》分離工作の中止

冀東《きとう》防共自治政府の成立

さて、この「帝国外交方針改正意見」（一九三七年一月）で注意を引くのは、「北支」は漢民族の「統一運動」に包含《ほうがん》されるべきものだ、とされていることである。そこには、次のような趣旨が記されている。

日本は「東亜の保護指導者たるの地位」を確立する必要があり、そのためには「日支親善」が不可欠である。したがって、現在深刻化しつつある日中間の対立関係を調整しなければならない。そのためには、中国の現在の「苦境」を認識し、その「建設統一運動」を援助すべきである。その観点からすれば、「北支」はこの統一運動に包含されるべきものだ、と。

「日支親善は東亜経営の核心なり。これがため帝国は鋭意隠忍《えいいいんにん》して……漢民族が目下の苦境とするところを認識し……その建設統一運動を援助す。北支はこの統一運動に包含せらるべきものとす。」(「帝国外交方針改正意見」)

対中国政策において、それまで進められていた華北分離工作方針とは異なる見解が表明されているのである。華北分離工作方針とは、一九三五年(昭和一〇年)五月頃、現地軍主導で始まった華北の勢力圏化工作で、その後、陸軍中央の承認をへて本格化した。

同年六月、いわゆる梅津《うめづ》・何応欽《かおうきん》協定が成立し、国民党・国民政府(南京政府)勢力を河北省から排除した。同月、それに続いて土肥原《どひはら》・秦徳純《しんとくじゅん》協定が結ばれ、国民党・国民政府勢力は察哈爾《チャハル》省《しょう》からも排除された。この二つの協定は、いずれも現地軍(支那駐屯軍・関東軍)主導で結ばれたが、事前に陸軍中央の承認を受けたものだった。

同年八月、永田鉄山軍務局長のもとで「対北支那政策」が起案され、陸軍省から現地軍に通達された(起案者は武藤章軍事課高級課員ら)。

それは、華北五省(河北省・察哈爾省・山東省《さんとうしょう》・山西省・綏遠省《すいえんしょう》)を自治化して中国国民政府（南京政府）からの分離、すなわち華北分離に向けての工作を指示したものだった。そこでは、満州国の背後の安定とともに、日本・満州・華北による経済圏を形成し、華北五省の資源と市場の獲得、すなわちその勢力圏化が意図されていた。

ちなみに、華北分離工作が始まる直前の同年三月、ナチス・ドイツが、再軍備宣言をおこなっている。ヴェルサイユ条約を実質的に破棄し、急激な軍備拡張に着手したのである。ヨーロッパでは、これによってヴェルサイユ条約体制が破綻《はたん》し、ドイツ周辺での国際的緊張が高まることとなる。

可能性としては、次期大戦の勃発につながる軍事紛争も考えられる、不穏な情勢となってきていた。それが、永田らが華北分離工作に着手した一つの背景だった。だが、「対北支那政策」通達から約一週間後の八月一二日、永田は陸軍省で執務中に殺害される。

その後、華北分離工作が本格化し、一一月、河北省東部に親日的な冀東《きとう》防共自治委員会（委員長殷汝耕《いんじよこう》）を発足させ、翌月、冀東防共自治政府と改称。いわゆる冀東政府が成立する。華北の一部に、事実上日本の強い影響下にある独立政権が誕生したのである。

また同一二月、日本側の要求と国民政府との妥協によって、日中間の緩衝《かんしよう》地帯として、河北・察哈爾両省にまたがる冀察《きさつ》政務委員会（冀察政権、委員長宋哲元《そうてつげん》）が発足する（冀《き》は河北省、察《さつ》は察哈爾省をさす)。

そして、翌一九三六年(昭和一一年)一月、岡田啓介《おかだけいすけ》内閣は、華北五省全体の自治化を企図する「第一次北支処理要綱」を閣議決定した。しかし、南京中央政府の抵抗や、中国側有力者の協力がえられなかったことなどから、それ以上の華北分離・自治化工作は、容易に進捗《しんちょく》しなかった。

華北分離政策の中止

石原ら戦争指導課は、「帝国外交方針改正意見」の直後、さらに、「対支実行策改正意見」を作成(一九三七年一月)。そこで、「北支特殊地域」のような観念は「清算」し、これまでの華北「五省独立」の気運を醸成するような方策は「是正《ぜせい》」すべき、との方針を打ち出した。

また、「冀察政権」の管轄地域は、中央政権の主権に属するものであり、「冀東地区」についても、適宜《てきぎ》中国に復帰すべきものとされている。冀察政権、冀東政府の南京中央政府への漸次的《ぜんじてき》統一の方向が示唆されているといえよう。

ちなみに、宋哲元らの冀察政権は、一応日本側と国民政府との妥協によって成立したものだった。だが、殷汝耕らの冀東政府については、国民政府はその存在自体を認めておらず、殷汝耕の逮捕命令を出していた。

しかも冀東政府は、正規の国民政府側関税率の二〇パーセント前後での低率輸入税による貿易を認めていた（冀東特殊貿易）。そのことは国民政府の関税収入に大きな打撃を与えていた。冀東政府下での「特殊貿易」は、国民政府側からみれば、違法な「密貿易」だった。

この石原らの意見を受け、同月、参謀本部は陸軍省に、「対支政策」を「変更」し、「北支分治《ぶんち》工作《こうさく》は行わず」との意見を公式に伝えた。従来の華北分離工作を中止すべきとの方向転換を、はっきりと表明したのである。

この方針に陸軍省も同意した。そして、同年四月、林銑十郎内閣の四相《よんしょう》会議（首相・陸相・海相・外相）で、「北支〔五省〕の分治」を企図するような「政治工作」はおこなわず、日中間の国交の調整をはかることが申し合わされた。

これは国政レベルにおいても、岡田内閣閣議決定「第一次北支処理要綱」（一九三六年一月）以来の華北分離政策が中止されたことを意味した。

東亜連盟

先にふれたように、華北分離工作は、永田軍務局長時の「対北支那政策」（一九三五年）を起点に本格化してきたものだった。

永田は、次期大戦は不可避とみており、その際の必要軍需資源は中国から確保しなければならないと考えていた。永田らの華北分離政策は、一面で大戦時の国家総力戦、持久戦に備えた資源確保のための性格をもっていた。

不足軍需資源は中国から確保すべきとの観点は、かねてから石原も共有しており、かつては、その一過程としての華北分離工作にも否定的ではなかった。

たとえば、満州事変時、石原は、満蒙の資源では長期持久戦遂行には不十分で、河北省の鉄鉱や山西省の石炭などが必須だと考えていた。したがって、満蒙を足がかりとして河北省・山西省など華北を制する。さらに場合によっては、「支那本部の要都」を占領下に置き、「東亜の自給自活の道」を確立すべき。そう主張していた（「国運転回の根本国策たる満蒙問題解決案」）。

また、満州経略の目的は、「世界争覇戦争」のため中国本土の「富源開発」を準備するためだ、とも述べていた。

「満州政略の目的は、我が国防の安固《あんこ》を期《き》すると共に、対アングロサクソン世界争覇戦争のため支那本部［の］富源開発の準備を整《ととの》うるにあり。」（「満州経略方針」）

また、土方成美《ひじかたせいび》（当時東京帝国大学教授）によると、一九三二年（昭和七年）一月、石原が満州滞在中の土方を訪ね、次のように述べたという。

「この満州が日本の生命線などと……何処《どこ》かの馬鹿がいっているが、自分はそんなことをいったこともないし、考えたこともない。満州はほんの足場である。これからは山西、陝西《せんせい》までも進出しなければならない。陝西省には豊富な油田があるそうだ。」（土方成美『事件は遠くなりにけり』）。

塘沽《タンクー》停戦協定成立（一九三三年五月）後も石原は、「東亜連盟」実現のため、必要があれば中国本土も日本の支配下に入れ、「日支満三国を基礎範囲とする自給経済」を実行すべきとの意見だった。また、その際は、北京・天津・上海・南京・広東などの占領もありうるとの見解を表明していた。

つまり、中国全土を含めた自給体制を考えていたのである。しかも状況によっては、ソ連のみならず、アメリカやイギリスとの戦争となることも想定していた（「軍事上より見たる皇国の国策並国防計画要項」一九三三年六月）。

ここでふれられている「東亜連盟」とは、石原によれば、日本・満州・中国などによって構成され、日本を「先達《せんだつ》」として「王道《おうどう》主義」にもとづいて結合する一種の国家連合体である。そして、その「基礎観念」は、「思想の一元《いちげん》、国防の共同、経済の共通、政治の独立」にある、とされている（「石原莞爾中将回想応答録」）。この時期には、これ以上の立ち入った説明はされていない。

また前年（一九三二年八月）にも石原は、河北省の鉄鉱や山西省の石炭など華北資源の重要性を強調し、まず「北支那の開発」を実現すべきだとの私見をまとめている（「満蒙に関する私見」）。なお、この頃すでに石原は関東軍を離任し、中央の兵器本廠付《づき》となっていた。

対中政策の転換

だが、その後石原の考えは変化していく。少しこまかくなるが、その後の日中戦争の要因に関連して重要な意味をもっているので、その変化を追っておこう。

前述のように、「国防国策大綱」（一九三六年六月）では、「日満および北支」を範囲として対ソ持久戦の準備をおこなうとされていた。しかも、「対支政治的工作」は、米英との親善関係を保持しうる範囲に制限すべきとの方針を示している。すなわち、資源確保の範囲が華北までとされ、加えて、米英との親善が前提とされているのである。

ただ、前年六月には、「二度と柳《やなぎ》の下に泥鰌《どじょう》はいないと、いくら板垣閣下に忠告しても耳を傾けて下さらない」（阪谷芳直『三代の系譜』）との言葉を残している。当時、板垣は関東軍参謀副長として、華北分離工作を積極的に推進していた。石原はそれにブレーキをかけようとしているのである。

さらに、「戦争準備計画方針」（同年七月）では、右の「北支」の範囲が、河北省北部および察哈爾省東南部に限定される。華北五省全体ではなく、そのうちの二省、しかも冀東防共自治政府と冀察政務委員会の領域にとどまる。すなわち、現に何らかのかたちで日本の影響力がおよんでいる範囲に限られているのである。

その後、石原は、日中の国交調整のため「北支における無益の紛糾」を回避すべき、冀察政務委員会との交渉においても「我が権益を獲得せんとする行動」をおこなわない、また冀東防共自治政府についても支那駐屯軍（天津）からの直接的干渉を中止して同政府からの日本人顧問を引き揚げる、との意見を明らかにした。冀東政府、冀察政権への日本からの圧力を弱めようとしたのである。

「支那をして東亜連盟の理想と満州建国の意義を諒解《りようかい》せしむるをもって日支国交調整の根本方針とし、その間北支における無益の紛糾を廻避《かいひ》す。……冀察政権との交渉は融和《ゆうわ》諒解を主とし、強《し》いて我が権益を獲得せんとする行動を避《さ》く。」（「日支国交調整要領」）

「速やかに冀東において……天津軍の直接的干渉を止《や》め、かつ現に冀東にある日本人顧問を引き上げ……有為熱誠《ゆういねつせい》なる支那官吏を発見し、これにより行政を行う。」（「冀東の指導開発に関する私見」）

そして、「帝国外交方針改正意見」において、華北は、漢民族の統一運動に包含されるべきとの見方を明らかにした（一九三七年一月）。

そこから、これまでの華北五省の分離・自治方針を是正し、「北支分治工作」はおこなわない、との立場を打ち出した。また、冀東政府、冀察政権の漸次的解消と南京中央政府への統一も容認する姿勢を示した。

明確に従来の華北分離工作を否定することとなったのである。したがって石原は、「北支の資源に目がくらんじゃならぬ」、華北の資源を論じるのは今は「有害」だ、などと述べていた（「岡田菊三郎氏口述書」防衛省防衛研究所所蔵）。

ただ、阪谷希一《さかたにきいち》満州国協和会次長によれば、石原は、参謀本部作戦課長着任前に、すでに華北分離工作には内心消極的となっていたようである。


「やっぱり日本としては、どうしても満州を固めていくより道がない。満州さえ立派に整っていけば、おのずから北支はついてくる。……だから、いま北支に小細工《こざいく》をやったり、蒙古にかれこれ手を出したりするのことは、最《もつと》も愚策であって、自分の採らないところである。」（一九三五年六月の阪谷への石原発言。原田『西園寺公と政局』）。

二、中国認識の変容

アメリカ・イギリスへの配慮

それにしても、なぜ石原は、このような軌道修正をおこなったのだろうか。

その理由の一つは、対ソ戦備問題への危機意識からくる、米英など国際関係への配慮によるものである。

石原は、ソ連の極東攻勢政策を断念させるためには、アメリカ・イギリスとの親善関係が必要だと考えていた。もし対ソ戦となれば、当面、「英米」からの「軍需品の供給」によらざるをえないと判断していたからである。したがって、「対支政治的工作」も、米英との親善関係を保持しうる範囲に制限すべきだと主張していた。

「昭和十六年迄《まで》を期間とし、対『蘇』戦争準備を整う。……
右期間外交により平和の維持に努め、開戦のやむなきにおいても、英米、少なくも米国より軍需品の供給を可能ならしめ、かつ独《ドイツ》、波《ポーランド》の協力を得ることに努力す。」

（「戦争準備計画方針」）

「英米の中立を維持せんがためにも、支那との開戦を避くることきわめて緊要《きんよう》なり」

（「対ソ戦争指導計画大綱」）

「対蘇戦争のため現下の対支政治的工作は……英米ことに米国との親善関係を保持しうる範囲に制限するを要す。」（「国防国策大綱」）

この英米への考慮から、両国が利害関心をもつ華北への勢力圏の拡大をはかる分離工作は、抑制する必要があったのである。

なぜ石原は認識を変えたのか

もう一つの理由は、中国における「民族運動」、ナショナリズムの高まり、それを背景とした国民政府による国家統一の進行と抗日《こうにち》運動の激化である。

国民政府は、一九三五年（昭和一〇年）一一月、イギリス人財政顧問リース・ロスの助言にもとづいて幣制《へいせい》改革をおこなった。イギリスのバックアップを受け、それまでの銀本位制から管理通貨制度に移行するとともに、貨幣制度の統一を実現した。そして、銀を国有化した。これによって中央政府の経済基盤が安定し、国民政府による政治統一が急速に進行することとなる。イギリス系銀行も銀を中国側に引き渡し、幣制改革に協力した。

また、知識人層を中心に抗日民族戦線形成の運動が展開され、徐々に国民的運動となってきていた。

これらの動向を背景に、胡漢民《こかんみん》ら国民党反蔣《はんしょう》グループの西南派《せいなんは》が、蔣介石《しょうかいせき》らの南京中央政府と合流。さらに西安《せいあん》事件によって国民党と共産党の協力、いわゆる第二次国共合作《こっきょうがっさく》が事実上実現した（西安事件とは、一九三六年一二月、張学良が西安近郊で蔣介石を軟禁し内戦停止を強要した事件。蔣介石は、これを契機に共産党の協力を受け入れる。第二次国共合作は日中戦争開始後の一九三七年九月、正式に成立）。

華北でも、国民政府の政治的経済的影響力の浸透によって、山東省・山西省諸軍閥の中央化が進行する。また、宋哲元ら冀察《きさつ》政権も南京中央政府の圧力を受け、日本との関係に距離をとるようになる。そして、中国各地に抗日テロ事件が頻発する事態になってきていた。

このような状況のなかで石原ら戦争指導課は、一九三七年（昭和一二年）年一月、最近の「抗日人民戦線」は、現代中国の「苦悩の一《いち》表現」である。これを「正当なる民衆運動に転向《てんこう》」せしめ、「支那統一」「新支那建設」の方向に力を向けさせなければならない、との意見をまとめた。

「抗日人民戦線は、その発生関係を不問《ふもん》に付《ふ》するにおいては、支那現代の苦悩の一表現なり。これを正当なる民衆運動に転向せしめて、もって支那統一、新支那建設の指導層たらしむるを要す。」(参謀本部戦争指導課「対支実行策改正意見」)

すなわち、一般の抗日運動をいたずらに弾圧するのではなく、中国統一を実現する運動、新しい中国建設のための民衆運動に、方向転換させるべきだというのである。ここでの「正当なる民衆運動」への転向とは、石原においては、単に中国統一、新中国建設のみならず、排日運動の反英運動への転換をも含意していた。

当時イギリスは、中国に最大の勢力圏をもち、海関《かいかん》(113ページ参照)の掌握をはじめ多くの政治的経済的特殊権益を集積していた。したがって、中国のナショナリズムは当初イギリスに向かっていた。

中国での反英運動は、一九二三年(大正一二年)頃から次第に高まり、一九二五年の上海五・三〇事件を契機に最高潮に達した。五・三〇事件は、イギリス人指揮の租界《そかい》警察がデモ隊に発砲し、多数の死傷者を出した出来事である。だが、その後一九二八年（昭和三年）の済南《さいなん》事件を契機に、中国ナショナリズムの矛先《ほこさき》は日本に向かうようになっていった（済南事件とは、中国統一をめざす国民政府北伐軍と日本軍とが山東省済南で衝突し、中国市民に多数の犠牲者が出た事件）。

それを石原は、対中政策の転換によって再びイギリスに向けようと考えていたのである。「国防国策大綱」の自筆書き込みにみられるように、石原は将来の対英戦争を想定していた。そのプロセスとして、イギリスの影響力の中国からの排除が念頭に置かれていたといえよう。

そのような方向転換の「動因」となりうるのは、まず日本側が「従来の帝国主義的侵寇《しんこう》政策」を放棄するとともに、「侵略的独占的優位的態度」を是正することである。そのうえで、さらに「新支那建設運動」「統一運動」への積極的な援助が必要だ。そう石原らは主張する。

「最近の［国民党の］党力の普遍浸透性《ふへんしんとうせい》は……民衆とくに青年層を風靡《ふうび》し、最も注目すべき横断層を成形するに至れり。……党の一変体とも称すべき抗日人民戦派の実体は、正当なる新支那建設運動に転化《てんか》せらるべき多大の期待を有する……。

これを新支那建設運動に転化しむる一大動因は、実に帝国が従来の帝国主義的侵冦政策を放棄し、純正《じゅんせい》大和民族としての誠心《せいしん》を同策［対中国政策］に反映せしむることによって決す。

帝国国策は……東亜連邦を形成し支那を東亜連盟の一員たらしむるにあり。支那を右連邦の一員たらしむるためには……新建設運動ならびに統一運動には援助の労を吝《おし》むべからざるは勿論《もちろん》、侵略的独占的優位的態度の是正を要望せざるを得ざるなり。」（参謀本部戦争指導課「帝国外交方針及対支実行策改正に関する理由並支那観察の一端」一九三七年一月）

これは、石原自身の中国認識の大きな転換を意味した。

かつて石原は、「支那人が果たして近代国家を造り得るや頗《すこぶ》る疑問」だとしていた（「満蒙問題私見」）。また、漢民族は「自ら治安維持をなす能力」を欠き、日本が中国全土の「政治的指導」をおこなうことが、彼ら自身にとっても「幸福」だと述べていた（「対米戦争計画大綱」）。

それが今や中国の統一と近代国家建設の可能性を認め、むしろそれを積極的に援助すべきだというのである。しかも、そのために日本自ら侵略的な帝国主義的政策を放棄しなければならないとする。

その背景には、西安事件を契機に、中国では「内戦反対」の空気が醸成され、「国内統一」の気運が強固なものとなってきているとの、深刻な現状認識があった。

「西安事件を契機として、隣邦《りんぽう》支那［の情勢］は次の二個の観点に要約せらる。一は、内戦反対の空気の醞醸《うんじょう》せること。二は、国内統一の気運の醸成せらるたること。しかして二者は共に自然発生的傾向を有す。」（参謀本部戦争指導課「帝国外交方針及対支実行策改正に関する理由並支那観察の一端」）

石原は、前年の一一月から一二月にかけて、華北・満州を視察しており、その時の経験もこのような認識の一要因になったと考えられる。

これらが、石原が従来の華北分離工作に否定的となった理由だった。

日中関係改善を画策

先に、国民政府初代駐日大使蔣作賓《しょうさくひん》が、中国側の排日取り締まりと日本側の地方政権工作の中止などを条件に、日中間の国交調整をはかることを提案していた（一九三五年一〇月、岡田啓介内閣時）。これは満州国問題を一時棚上《たなあ》げにするもので、蔣介石ら中国政府中枢の承認をえたものだった。

しかし、その後、冀東《きとう》防共自治政府の樹立など華北分離工作の本格化によって、両国の関係は悪化していた。石原は、この蔣作賓提案やその後の張群《ちょうぐん》外交部長による同様の要請なども念頭に、華北分離工作を中止することによって、日中間の国交調整をはかろうとしたのである。

石原はこう考えていた。

日本が冀東政府や冀察政権から手を引くなど、華北分離政策を放棄し、華北における政治的権益を引き揚げれば、日中提携は可能になる。それによって蔣介石に事実上満州国の存在を認めさせ、日中関係を東亜連盟の方向に進ませうる、と。

「国民党との間になお国交調整の途《みち》が十分あると信ぜられる。
その条件としては、国民党は満州国の独立を承認し、日本は支那の独立を極力援助し、……冀東〔自治政府〕は支那が満州国独立を承認すればただちに返す。……天津軍〔支那駐屯軍〕の冀察政権の政治的指導を停止せしめ、冀察政権と〔は〕外交交渉によることと〔する〕。」（「石原莞爾中将回想応答録」）

ただし、そのような融和的な方策にもかかわらず、中国が日本との国交調整を拒否し、東亜連盟の方向をまったく受け入れない場合は、「南京政府を撃破《げきは》屈伏せしむる」との覚悟は固めていた。それは当然、武力行使が含意されていた。石原の想定するアメリカとの世界最終戦争には、中国の資源と潜在的経済力が絶対に不可欠だと考えていたからである。

したがって石原は、そのような場合に備えて対中国作戦計画立案にも着手するが、その中途で盧溝橋事件となる。

「支那から［戦争が］始まった時の戦争計画を樹《た》てることの必要を、第一部長［作戦部長］として考えておりましたが、それがとうとう出来ない中に今次事変《こんじ》が起きたのであります。」（同右）

ただ、当時石原は、中国との戦争は当面できるだけ回避したいと考えていた。それは五ヶ年計画中の不戦方針からだけではなかった。石原は、先にふれたように、対ソ戦略上、米英との良好な関係を維持することが必要だと判断していたが、両国は中国に強い利害関心をもっていたからである。

なお、石原ら戦争指導課は、「北支分治工作」はとりやめるとしながらも、「経済的文化的工作」については積極的に推進すべきだとしている。「日支経済諸工作」により「日支経済提携」に邁進する必要があるというのである。

しかし、ここでいわれている日中経済提携は、必ずしも華北分離工作で意図されていたような、排他的独占的なものを想定しているわけではなかった。石原らは、華北・華中への日本の「不平等的独占的経済進出」は是正すべきだとの立場であり、むしろ米英など「列強の対支経済進出」にも協力すべきだと考えていた。中国の統一と新国家建設に役立つなら、米英とも経済面から協調していこうとする姿勢だった。

ちなみに、この点は、永田軍務局長の指導下で作成された陸軍パンフレット『国防の本義と其《その》強化の提唱』(一九三四年一〇月)と比較して、注意を引くところである。

永田らは、列強諸国との不断の経済戦のなか、中国市場の確保は必須のことであり、欧米諸国の中国への進出には、種々の方策で対抗しなければならないとしていた。

だが、石原らは、この時点では、中国への米英などの経済的進出を容認し、むしろ経済面において積極的に協力すべきだとしているのである。このことも、のちの武藤章ら永田グループ(統制派)と石原との対立の一要因になっていく。

したがって、この段階では石原らは、「日満を範囲とする自給自足経済」を念頭に置いており、対ソ戦略においても米英から「軍需品の供給」を受けることを視野に入れていた。つまり、対ソ戦準備のための軍需生産は、華北や華中を含まないかたちでの、日満の範囲によるものに限定して考えられていた。それは当然、資源上からも厳密な意味での自給自足体制たりえず、不足軍需物資は米英からの輸入による方向を想定していたのである。

それゆえ、華北分離工作によって悪化している日中関係の改善のみならず、米英との国交調整が必要と考えられていた。これが佐藤尚武《さとうなおたけ》外相（林銑十郎内閣）の日英親善姿勢、広田弘毅外相（近衛文麿内閣）による日英交渉着手につながっていく。

対中問題について、アメリカとの関係は、その原則的な姿勢から、当面は調整が困難と見込まれていた。だが、イギリスは中国での自国の権益維持の観点が強く、当時ボールドウィン首相など保守党右派には、その面から対日国交調整を希望する流れがあった。イーデン外相もその可能性を考慮していた。ドイツやイタリアの動きによって不安定化する欧州情勢への対応に精力を注がざるをえなかったからである。

だが、交渉の事前打ち合わせ段階で盧溝橋事件が勃発し、事態は別の方向に進んでいく。

内蒙《ないもう》独立工作

また、華北分離工作と並行しておこなわれていた関東軍の「内蒙工作」についても、石原は、中国との関係改善の観点から、中止すべきだとの見解だった。

内蒙工作とは、蒙古《もうこ》王族徳王《とくおう》を援助して、内蒙古を国民政府から独立させることを意図したものだった。かねてから徳王は、内蒙自治運動を起こして国民政府と対立しており、関東軍はその動きを利用して、内蒙古を日本の勢力下に置こうとした。

一九三六年（昭和一一年）二月、華北察哈爾省《チヤハルしよう》において、関東軍は徳王に内蒙軍政府を樹立させ、また徳王政権に満州国との相互援助協定を結ばせた。そして、同年一一月、関東軍の指導援助のもとに内蒙軍が華北綏遠省《すいえんしよう》に侵攻した（関東軍担当責任者は、同司令部参謀・徳化《とくか》特務機関長の田中隆吉）。

だが、内蒙軍は、綏遠省中央部の百霊廟《ひやくれいびよう》における戦闘で、国民政府綏遠省主席傅作儀《ふさくぎ》の率いる中国軍に敗退。一二月上旬、内部でも反乱が起き、徳王らは潰走《かいそう》した。この時、対内蒙軍工作にあたっていた、上級佐官を含む二九人の日本人特務機関員らが、反乱兵士によって殺害された。いわゆる綏遠事件である。

このような事態を契機に、翌年一月、石原ら戦争指導課は、内蒙軍政府は「対外侵寇」を中止し、国民政府側との確執《かくしつ》を解消すべきだとの方針を示した。

百霊廟付近で厳しい戦闘がおこなわれていた頃、一一月下旬から一二月初旬にかけて、石原は満州・華北を視察した。その折《おり》、石原は新京（長春）に立ち寄り、関東軍参謀首脳らと会談をもった。当時の関東軍参謀首脳は、板垣征四郎参謀長、今村均参謀副長、武藤章第二課長（情報担当）などだった。

今村均の回想によれば、その席で石原は、内蒙工作を中止すべき旨を主張した。その時、武藤第二課長は、石原に向かって、あなたは満州事変で大活躍された。今我々は、満州であなたの行動を「見習い」、その通り内蒙で実行しているのです、と反論している。

「私はあなたが満州事変で大活躍されました時分……参謀本部の作戦課に勤務し、よくあなたの行動を見ており、大《おお》いに感心したものです。そのあなたのされた行動を見習い、その通りを内蒙で実行しているものです。」（今村『今村均回顧録』）

この武藤の発言に、同席していた若い参謀たちも「哄笑《こうしょう》」した、とのことである。さすがの石原もこの時ばかりは、「息がつまって二《に》の句《く》が出なかった」、とのちに述懐している（藤本治毅『石原莞爾』）。

武藤は、先にふれたように、永田軍務局長の下で、華北分離工作を指示する「対北支那政策」が作成された際、その起案者だった（当時軍事課高級課員）。自ら起案した華北分離政策に否定的な方針を打ち出し、陸軍中央をリードしていた石原に、武藤は強く反発していた。華北分離政策はまた永田の遺志でもあった。

このことは、これまであまり指摘されていないが、見過ごされてはならない点である。ちなみに、武藤は永田が参謀本部情報部長であった時、部長直属の総合班長であり、直接永田から強い影響を受けていた。統制派メンバーだった西浦進は、情報部時代の武藤について「永田第二［情報］部長の懐刀《ふところがたな》」だったと回想している（西浦進『昭和戦争史の証言』）。

この華北分離工作や内蒙工作をめぐる石原と武藤の対立が、日中戦争勃発時の拡大・不拡大をめぐる対立の伏線となっていく。この点を抜きには、当時なぜ、武藤が後述するように、あれほど上司である石原に反抗したのか理解できないであろう。

なお、永田の腹心で板垣後任の東条英機関東軍参謀長も、盧溝橋事件直前（一九三七年六月）に、「南京政府に一撃を加え」るべき旨を陸軍中央に意見具申している。

第二次世界大戦への考え

ところで、石原は作戦部長となった頃（一九三七年三月）、河辺虎四郎《かわべとらしろう》戦争指導課長に、早晩《そうばん》予期される「西洋諸民族間の大動乱」に対して、日本はその「局外にあるべき」だとの見解を示している。

「着任後［河辺の戦争指導課長着任は石原の作戦部長就任と同時］まもない某日、同氏［石原］をその自宅に訪ねた。……

同氏は早晩西洋諸民族間の大動乱が必ず起こるであろうことを予想し、これに対しては日本は直接この動乱の中に投じなければならぬ道義上にも利害上にもなんらの理由がない。したがって全然局外にあるべきだと信じていた。

そしていまや鋭意《えいい》満州国の発育を助長し、日華満三国の親和関係を強化して、東洋の平和を維持しながら、わが国防実力、ひいて国家地位の安泰を得るように努力することが、日本国殊《こと》に中央統帥部《とうすいぶ》の焦眉《しょうび》の急務であると見ていた。」（河辺『市ヶ谷台から市ヶ谷台へ』）

つまり、予想される欧州大戦には関与すべきでないと考えていたのである。これは、かねてからの彼の戦争史観によっていた。日米世界最終戦争（二十世紀後半に想定）に向けて、日本はアジアでの指導権を固めるべきで、欧米での大戦にコミットしてはならないとの判断からだった。

ちなみに、ヨーロッパでは、一九三六年三月、ヴェルサイユ条約で非武装地帯とされていた独仏国境地帯ラインラントにドイツ軍が進駐し、緊張が高まっていた。また、前年一〇月、イタリアがエチオピア侵略を開始し、国際連盟が経済制裁を実施したが、翌一九三六年五月、ついにエチオピアが併合される事態となっていた。

この石原のスタンスは、永田の構想と比較して軽視しえない点である。

永田の国家総動員論は、あくまでも次期大戦を不可避と予想し、それに対応するためのものだった。つまり、次期大戦には、好むと好まざるとにかかわらず、日本もコミットせざるをえなくなる。その場合に備えて、国家総動員の準備と計画を整えておかなければならず、そのための態勢構築が不可欠だ。永田らはそう考え、さまざまな方策を実施してきたのである。

この相違は、日中戦争をめぐっての武藤ら拡大派と石原ら不拡大派との対立に影を落とすことになる。武藤らは、永田の影響を受け、ナチス・ドイツの再軍備などによるヨーロッパ情勢の緊張を背景に、華北の軍需資源確保を重視していた。

先にふれたように、次期大戦はヨーロッパから起こる可能性が高いと永田・武藤らは判断していた。ナチス・ドイツのヴェルサイユ条約破棄および再軍備宣言、ラインラント進駐は、その可能性が現実のものとなりつつあるとも考えられえたからである。

だが、石原は、欧州の大戦には関与すべきでない、また満州問題に関連してアメリカが軍事介入する動きもみられない、したがって華北の資源に当面は政略的なかたちでは手を出す必要はない、と考えていた。この相違が、華北分離工作をめぐる対立の重要な一要因だったといえる。

三、林銑十郎《はやしせんじゅうろう》内閣の成立と石原

宇垣一成内閣の阻止

さて、一九三七年（昭和一二年）三月、石原は作戦部長に昇格するが、その直前から、彼の影響力にも影が差し始めていた。

同年一月、議会での政友会浜田国松《はまだくにまつ》議員による陸軍批判が、寺内寿一陸相の怒りを買い（いわゆる「腹切《はらき》り問答」）、政党と陸軍が対立。議会解散を主張する寺内陸相と、それに反対する政党出身閣僚との閣内不一致で、広田弘毅内閣は総辞職した。

一月二五日、後継首班として、元老西園寺公望やその周辺の意向によって、宇垣一成元朝鮮総督に大命《たいめい》が下った。陸軍の動きを宇垣によってコントロールさせようとのねらいからだった。だが、石原ら陸軍中央幕僚の妨害によって現役武官から陸相候補をえられず、同月二九日、宇垣はついに組閣を断念した。

広田内閣期に復活した軍部大臣現役武官制が有効に作動したといえる。小磯国昭ら旧宇垣派現役将官は派閥抗争敗北後、統制派系が掌握する陸軍中央の意向にそって動いており、保身のため宇垣からの陸相就任要請を断ったのである。

石原は、西園寺による宇垣奏薦前から、陸軍内で宇垣奏薦阻止の方向で動いていたようである。そして大命降下後も、

「宇垣では国政改革はできない。また三月事件や十月事件の関係者である宇垣が内閣の首班となることは、軍統制上支障となる。宇垣首班の絶対阻止が必要だ。」(田中新一「石原莞爾の世界観」『文藝春秋』昭和四十年二月号)

として寺内陸相や梅津陸軍次官にも宇垣首班阻止を働きかけ、その同意をえている。

宇垣に近い山路一善《やまじかずよし》海軍中将（退役）は、宇垣の大命拝辞前日（一月二八日）、牧野伸顕《まきののぶあき》元内大臣に、

「今回の宇垣大将よりの［組閣］交渉に対する陸相その他軍部首脳の大官《たいかん》の応対は、すべて数名の部下（石原大佐など主動者なりと）の強請《きようせい》に、その使嗾《しそう》に余儀なくせらるるもの……。［石原らは］総《すべ》て先手先手を打ち、宇垣内閣の出現を防止する予防線を張り、その結果は驚くに堪《た》えたるが、畢竟《ひつきよう》宇垣大将実現せば、すべて彼等の計画［「将来軍部にて国政を一層《いつそう》自由に左右する」こと］の画餅《がべい》に帰することを恐れるに依《よ》るなり。」（牧野伸顕『牧野伸顕日記』）。

と語っている。

山路ら宇垣周辺は、石原が宇垣組閣阻止の主動者の一人だとみていたのである。この頃石原は、阿部信行陸軍大将（予備役）に、

「自分たちは宇垣さんを出すこと自体に絶対に反対するものではありません。……こ

とに三月事件のこともあったりするので、今は時期が悪いというのであります。」（原田『西園寺公と政局』）

と述べている。

他方で石原は、先のように「宇垣首班の絶対阻止」を主張しており、このあたりの石原の動きは興味深いものがある。

石原の政治力の低下

さて、その後宇垣に代わって、林銑十郎元陸相に大命が降下した。石原ら陸軍中央の希望にそうものだった。

「林大将を担《かつ》ぐ運動が起こったのは、石原大佐等が『林ならばいい』と言っておったことがもとになって始まったのである。後《あと》からきくと『林大将なら猫にもなるし虎にもなるし、［石原らが林を］自由自在にすることができるから……』ということであった。」（原田『西園寺公と政局』）

この間の陸軍の動きについて、青木一男《あおきかずお》対満事務局次長は、原田熊雄《はらだくまお》（元老西園寺公望秘書）に、

「禍根《かこん》は石原大佐で、陸軍省の町尻［量基軍事課長］にしろ石本［寅三軍務課長］にしろ田中［新一兵務課長］にしろ、みんなあの辺の課長級はすべて石原のバックで動いているように思う。」（同右）

と述べている。

石原は、組閣本部に元満鉄理事の十河信二《そごうしんじ》を送り込み、満州時代から近い関係にある板垣征四郎関東軍参謀長を陸相に就任させようとした。

板垣陸相案を林は了承していたが、寺内寿一陸相、閑院宮参謀総長、杉山元教育総監による陸軍三長官会議は、中村孝太郎《なかむらこうたろう》教育総監部本部長を推薦した。林は板垣の陸相就任を要請したが、三長官会議は受け入れなかった。これは、梅津美治郎陸軍次官の働きかけによるものだった。

板垣は陸士で梅津より一期下で、陸大では五期も下だった。しかも梅津は陸大首席、板垣はその期の優等卒業者六名にも入っていない。また、板垣は前年四月に陸相就任可能階級（中将・大将）である中将に進級したばかりだった（梅津は二年前）。梅津にとって、その板垣が次官の自分を飛び越えて陸相に就任することは、陸軍の序列を乱すものと受け止められたのである。

また、次官である梅津に相談もなく陸相工作を進め、正規のルートを外れて政治介入をおこなっている石原らの動きも容認しがたいものだと反発していた。梅津は特定の政治色を有していなかったが、実務型軍事官僚として力量を認められており、軽視しえない発言力をもっていた。

三長官会議の反対を受けて、林はついに板垣の陸相就任を断念。中村を陸相に決定した（林内閣は二月二日に成立、写真13）。これによって、板垣を通じて全陸軍を動かそうとした石原らの企図は挫折し、その影響力に翳《かげ》りが見え始める。

同年三月の陸軍定期異動で、石原は作戦部長となる。だが、石原の有力な協力者だった磯谷廉介軍務局長、町尻量基軍務局軍事課長、石本寅三同軍務課長、片倉衷軍務課員らが陸軍中央から転出する。

代わって、軍務局長には後宮淳《うしろくじゅん》が、軍事課長には田中新一が、軍務課長には柴山兼四郎《しばやまけんしろう》が就く。後宮は実務型の軍事官僚。田中は、後述するように統制派の武藤や冨永と近く、まもなく石原と対立することになる（柴山は石原支持者）。石原は、軍務局長、軍事課長の陸軍省中枢ラインから強力な支持者を失ったのである。

こうして、陸軍省における石原の影響力はかなり低下した状態となった。

ちなみに、当時の陸相は杉山元（中村前陸相は就任直後に病気辞任）、陸軍次官は梅津が続けていた。この人事は、明らかに杉山・梅津のラインでおこなわれたものだった。

参謀本部では、石原の理解者だった西尾寿造参謀次長が転出し（後任は実務型の今井《いまい》清《きよし》）、作戦部作戦課長に武藤章が、同戦争指導課長に河辺虎四郎が就いた。河辺は石原支持者の一人だったが、武藤はすでにこの頃、石原に批判的となっていた。なお、作戦課長、戦争指導課長は、それまで石原が兼任していた。参謀本部でも、石原の圧倒的な影響力に翳りが生じていたといえる。

陸軍中央における人事編制の、このような変化は、後述するように、盧溝橋事件後の陸軍中央の動向、そして石原の将来に大きな影響を与えることとなる。

この後、林内閣は総辞職した。華北分離政策の中止や、対英親善姿勢への転換などをお

写真13　林銑十郎内閣

前列左から結城豊太郎蔵相、林首相、山崎達之輔農相。後列左から伍堂卓雄商工相、米内光政海相、中村孝太郎陸相、河原田稼吉内相、塩野季彦司法相

こなったが、在任約四ヶ月の短命内閣だった。後継内閣として、一九三七年（昭和一二年）六月四日、近衛文麿内閣が成立した。

第七章

日中戦争と石原莞爾（1）

――華北での日中衝突

盧溝橋を渡って進軍する日本軍

一、盧《ろ》溝《こう》橋《きょう》事件をめぐる拡大派と不拡大派

盧溝橋事件

近衛文麿内閣発足の約一ヶ月後、盧溝橋事件が起こる。一九三七年（昭和一二年）七月七日夜、北京（当時北平）西郊の盧溝橋付近で、日中両軍の間で小規模な衝突が起こった（図表10）。石原は、参謀本部作戦部長の要職にあった。

当時、日本軍の華北分離工作と中国側軍官民の抗日態度の硬化によって、華北での日中間の緊張が高まっていた。前年四月、天津に司令部を置く支那駐屯軍が、約二〇〇〇名から約六〇〇〇名に増強された。

石原ら陸軍中央の意図は、支那駐屯軍の増強と権限強化によって、関東軍の華北への介入を抑止しようとするものだった。だが、華北での日本側の軍事力強化が中国側の反発を

図表10 日中戦争の推移

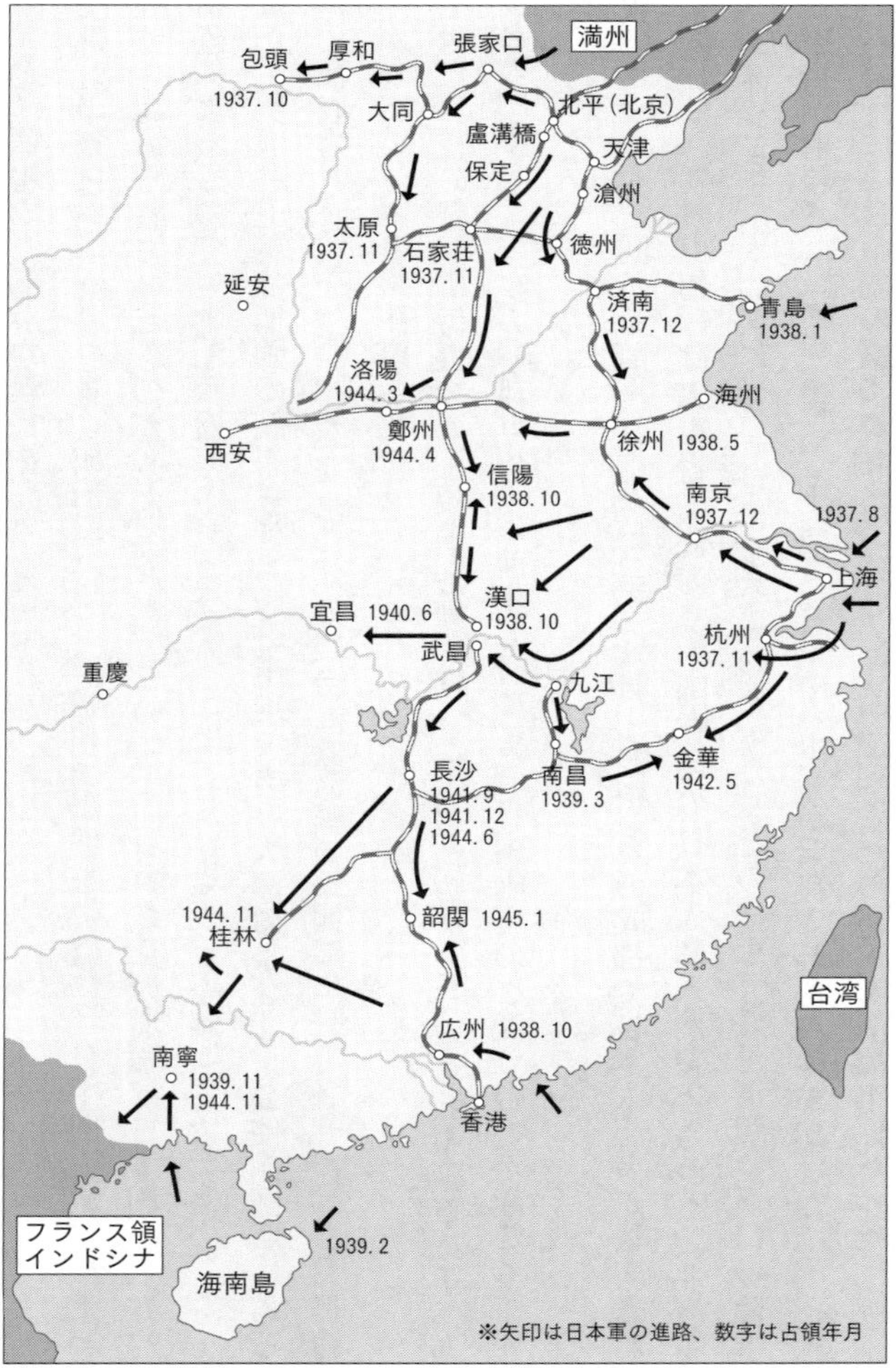

強め、逆に華北での軍事的緊張を高める結果となった。

支那駐屯軍は、一九〇〇年（明治三三年）の義和団《ぎわだん》事件を契機に、日中間の協定によって駐留を認められていたものだった。だが、この時（四月）の兵力増強は日本側の一方的な措置によるもので、中国政府（南京国民政府）はこれに抗議。中国側の反発を招いた。

また、支那駐屯軍は増強の結果、従来の駐屯地である天津および北京公使館区域にある兵営では収容しきれず、一部を北京西郊の豊台《ほうたい》（盧溝橋の東側）に駐屯させた。なお豊台は、かつてのイギリス軍駐屯地である。

七月七日夜の盧溝橋付近での小規模な衝突は、この豊台駐屯の日本軍と中国軍（第二九軍）との間で起こった。豊台近辺では前年九月にも、日中両軍の小競り合いが起こっていた。

中国全土でも、同じく前年（一九三六年）八月、四川省《しせんしょう》の成都《せいと》で日本人記者が殺害され（成都事件）、九月上旬には広東省の北海《ほっかい》で中国在留の日本人商人が殺害された（北海事件）。二件とも、中国側の抗日テロによるものだった。その後も、九月下旬に漢口《かんこう》の領事館警察官が射殺され（漢口事件）、上海でも日本人水兵が射殺される事件が起きた。

このように、日中間の緊張が高まっているなかで起きたのが、盧溝橋事件だった。

なお、事件前月、支那駐屯軍の幕僚のなかに華北で事《こと》を起こそうと企てているものがあるとの噂が石原の耳に入り、石原の意向で、陸軍中央から調査員を派遣している。その結果報告は、そのような心配はないとするものだった。

一気に拡大へ

さて、事件翌日の七月八日、参謀本部は天津の支那駐屯軍司令官に、「事件の拡大を防止するため、さらに進んで兵力を行使することを避《さ》くるべし」と指示した。盧溝橋付近の日本軍は支那駐屯軍司令官の指揮下にあったからである。指示は、石原作戦部長が閑院宮参謀総長の承認を受け発したものだった（今井清参謀次長は病臥《びょうが》中）。近衛内閣も、同日、臨時閣議で「不拡大、現地解決」を決定した。

一一日、現地では、日本側支那駐屯軍と中国側第二九軍との間で停戦協定が成立した。

しかし、東京の陸軍中央は、その前日の七月一〇日に、八日の指示とは異なり、関東軍二個旅団、朝鮮軍一個師団、さらに内地三個師団の華北派遣を決定していた。翌一一日、近衛内閣も、内地三個師団の動員実施は状況によるとの留保《りゅうほ》をつけて、陸軍案を承認した。

関東軍二個旅団、朝鮮軍一個師団（第二〇師団［竜山《ヨンサン》］）の派遣は、ただちに実施に移された。同時に、今回の事件は「支那側の計画的武力抗日」であり、「北支」治安維持のため「重大決意」をなし、派兵を決定した旨の政府声明（「華北派兵に関する声明」）を発表した。また、今次事件を「北支事変」と命名することを決めた。

この日本政府の「重大決意」声明に対し、蔣介石は、一七日、揚子江《ようすこう》中流域の避暑地廬《ろ》山《ざん》での会議で、「最後の関頭《かんとう》」に至った場合は抗戦する、との決意を表明した（一九日、「廬山談話」として公表）。蔣介石は、この時点で、日本への応戦準備はまだ十分ではないが、もはや応戦せざるをえないと判断していた。

一七日、東京の陸軍中央は、第二九軍長《ぐんちょう》宋哲元（冀察《きさつ》政務委員会委員長）の謝罪、現地の第三九師長《しちょう》の罷免、付近の中国軍の撤退などを要求するよう、支那駐屯軍に指示（軍長は軍司令官、師長は師団長に相当）。

一九日、宋哲元ら第二九軍首脳は、日本側の要求の大部分を受け入れ、停戦協定の実施条項に調印した。だが、蔣介石ら国民政府は、同じ一九日、現地協定は南京中央政府の承認が必要で、現状では認められず、両国の政府間での外交交渉を要する旨を日本政府に通告した。また、国際仲裁裁判所に裁定を求めるべきだとの見解を日本側に示した。

これを受け、二〇日、陸軍中央は内地三個師団の動員派遣を決定。同日夜の閣議で派兵が承認される。しかしその後、現地の情勢が沈静化し、陸軍の判断で派兵は延期された。

だが、それまで日本側に妥協的だった宋哲元が、二三日頃から強硬姿勢となり、二五日、北京南東の郎坊《ろうぼう》で日中の部隊が交戦。二六日には、北京の広安門《こうあんもん》で日中両軍が衝突した。

二七日、陸軍中央は内地三個師団の動員命令を決定し、緊急閣議で承認。第五師団（広島）、第六師団（熊本）、第一〇師団（姫路《ひめじ》）の動員派遣が実施に移された。同日、ついに、参謀本部は支那駐屯軍司令官に対し、北京・天津地域の中国軍を「膺懲《ようちょう》」し、同地方の安定をはかるべし、との命令を下した（「膺懲」は、こらしめること）。

翌二八日朝、支那駐屯軍、満州・朝鮮からの増援部隊、関東軍飛行隊などからなる現地日本軍は総攻撃を開始。翌二九日、北京・天津を占領した。その後、内地三個師団と関連部隊が現地に到着し、動員兵力は約二〇万に達した。

こうして日中戦争が本格的に始まったのである。盧溝橋事件から日中戦争の本格的開始（日本軍総攻撃）までの事態の推移は、概略このようなものだった。

「不拡大」石原と「拡大」武藤

その間、陸軍中央では、石原参謀本部作戦部長らの事態不拡大派と、武藤章参謀本部作戦課長・田中新一（写真14）陸軍省軍事課長らの拡大派が対立。両派の激しい攻防が展開される。その動向は、陸軍や日中関係のその後の展開のみならず、石原自身とその戦略構想の運命に重大な意味をもっているので、もう少し詳しくみていこう。

盧溝橋での事件の第一報は、七月八日未明に陸軍中央（図表11）に入り、引き続き続報が到着した。この時、参謀本部を統括していた今井清参謀次長は病床にあり、石原作戦部長が実質的に陸軍軍令部門の最高責任者だった（参謀総長は皇族の閑院宮でシンボル的存在）。なお、渡久雄情報部長も病気のため休んでいた。情報部長は、参謀本部で作戦部長に次ぐ重要ポストだった。

知らせを聞いた石原は、「事態不拡大、現地解決」の方針を示し、現地の支那駐屯軍に事件の拡大防止、武力行使回避を指示した。

この約一ヶ月前、石原は外務省の幹部会に招かれ、そこで、

「わが国防上最《もつと》も関心を持たなければならぬのは、ソ連への護《まも》りである。中国に兵

写真14　田中新一

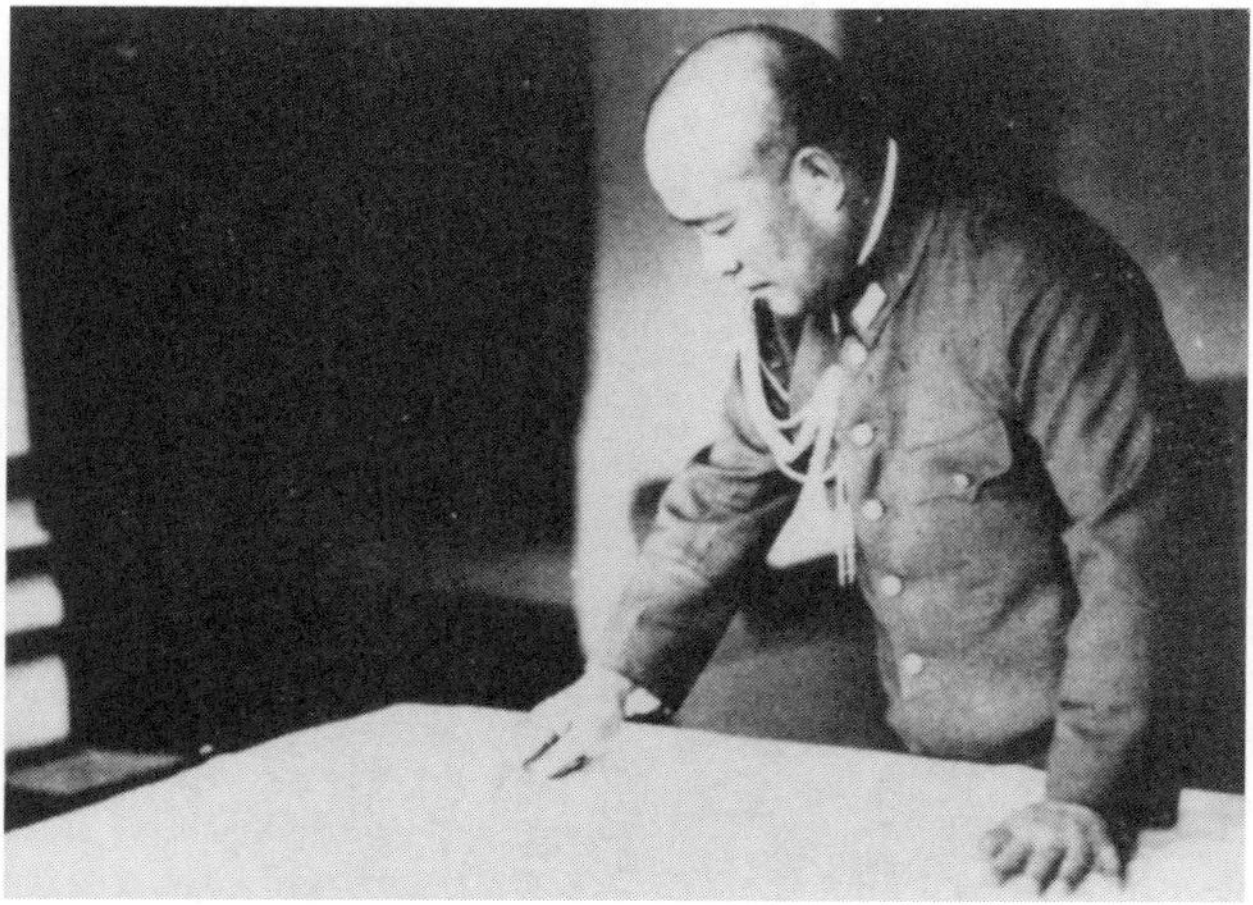

参謀本部作戦部長時

を用いるなどはもってのほかだ。自分の目の黒いうちは中国に一兵だにもださぬ。」（石射猪太郎『外交官の一生』）

と発言していた。石原の指示は、そのような姿勢からのものだった。

だが、武藤作戦課長と田中軍事課長は、石原とは異なった判断をしていた。すなわち、南京政府は「全面戦」を企図している可能性もあり、この事態には「力」をもって対処するほか方法はない。それには「北支」の兵力を増強し、状況に応じて機《き》を失《しっ》せず「一撃」を加える。そう両者は意見一致したのである。

「盧溝橋事件勃発当初における軍中央部の方針は相当に混乱した状態にあった。……その騒然たる中で……両課長［武藤章作戦課長、田中新一軍事課長］の考えはいずれも『事態は楽観を許さない。これに対処するには力をもってするほか方法はない。それには北支における我が兵力を増強し、状況に応じては機を失せず一撃を加える。そうすることによってのみ事態を収拾できる』という考え方に立ったものであった。」（田中新一「支那事変記録」防衛省防衛研究所所蔵）

武藤と田中は陸士同期で、一時ともに教育総監部に所属しており、親しい関係にあった（二人とも一夕会員）。ただ、この時は、武藤が田中より陸大三期上で、軍令機関の中枢実務ポスト作戦課長という職責もあり、武藤が拡大派を主導していた。

武藤は三月に関東軍第二課長（情報担当）から参謀本部作戦課長に、田中も同時期に陸軍省兵務局兵務課長から軍務局軍事課長に就いていた。ちなみに、作戦課長（戦争指導課長兼任）だった石原は、作戦部長に昇格していた。

図表11　盧溝橋事件時の陸軍中央

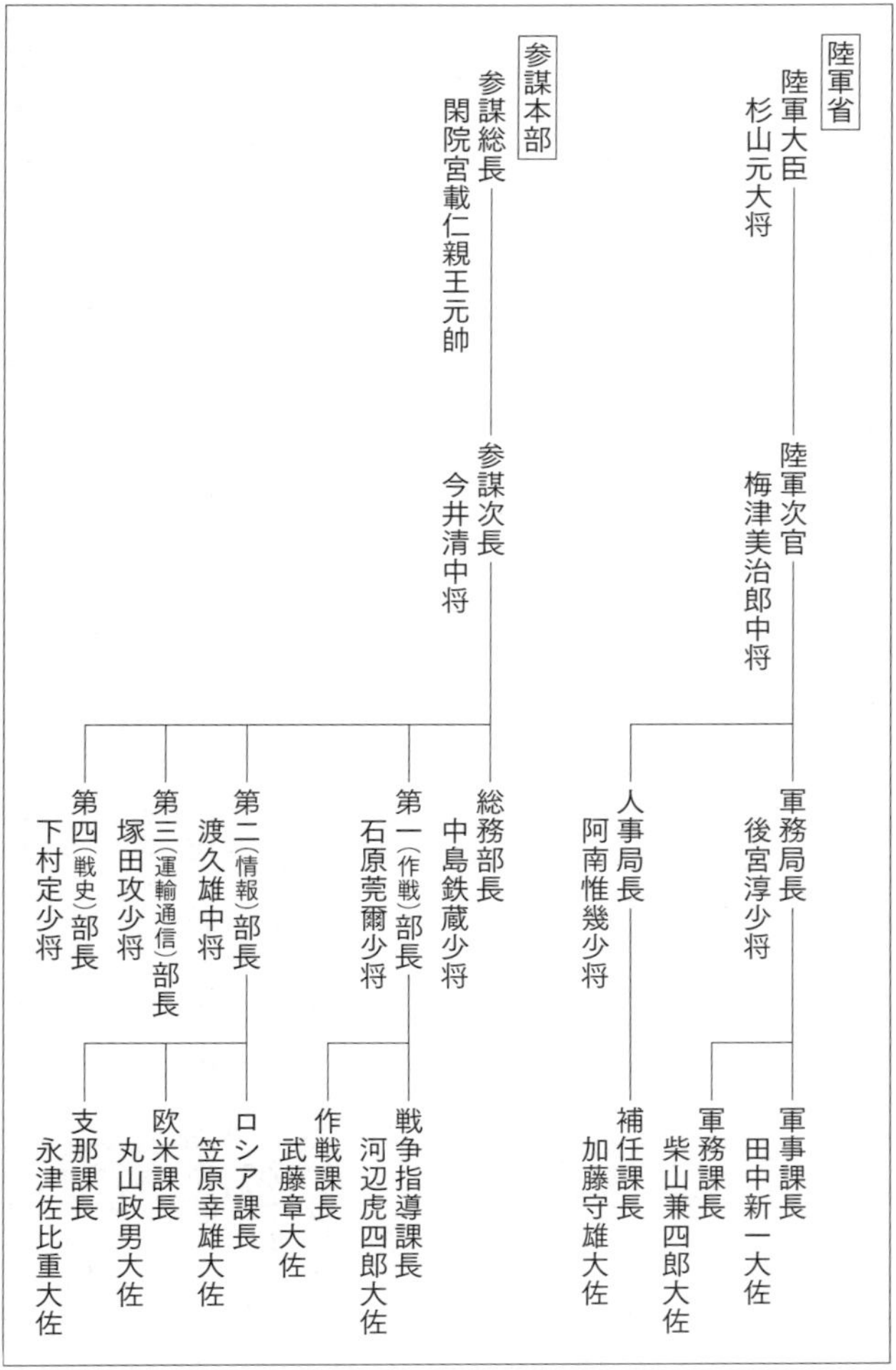
陸軍省
陸軍大臣 杉山元大将
陸軍次官 梅津美治郎中将
軍務局長 後宮淳少将
軍事課長 田中新一大佐
軍務課長 柴山兼四郎大佐
人事局長 阿南惟幾少将
補任課長 加藤守雄大佐
参謀本部
参謀総長 閑院宮載仁親王元帥
参謀次長 今井清中将
総務部長 中島鉄蔵少将
第一(作戦)部長 石原莞爾少将
戦争指導課長 河辺虎四郎大佐
作戦課長 武藤章大佐
第二(情報)部長 渡久雄中将
ロシア課長 笠原幸雄大佐
欧米課長 丸山政男大佐
支那課長 永津佐比重大佐
第三(運輸通信)部長 塚田攻少将
第四(戦史)部長 下村定少将

武藤の作戦課長就任には石原の意向も働いていた。石原は、武藤の二・二六事件後の軍事課高級課員としての働きなどから、その能力を高く買っていた。満州・新京での出来事があったにもかかわらず、使いこなす自信があったのだろう。

なお、永田暗殺直前から盧溝橋事件直後まで、課長級以下の人事配置に実務的権限をもつ陸軍省補任課長は、非皇道派一夕会員の加藤守雄《かとうもりお》だった。同じ非皇道派一夕会員の石原や武藤、田中とも旧知の間柄で、彼らからの人事上の働きかけも可能だったと思われる。

だが、武藤は事件の第一報を聞いた時、すでに「愉快《ゆかい》なことが起こったね」との反応を示していた。

「八日の電報を見ました時……〔柴山〕軍務課長がこういうことを電話で言ってきました。『厄介《やつかい》なことが起こったな』。それが軍務課長の私に対する電話の第一声でありました。第三課長〔武藤作戦課長〕は『愉快なことが起こったね』と言っておりました。」(河辺虎四郎「河辺虎四郎少将回想応答録」『現代史資料⑿』)

柴山兼四郎軍務課長は石原支持者の一人だった。

翌九日、武藤ら作戦課は、華北の中国側第二九軍および中央軍増援に対応するためとして、関東軍二個旅団、朝鮮軍一個師団、内地三個師団などの現地派兵案を作成した。田中新一軍事課長も、この際「徹底的に禍根を剪除《せんじょ》」するため、宋哲元らの第二九軍を、北京・天津地域のみならず河北省全域から排除すべき、との強硬論を主張した。武藤も同様の意見だった（西村敏雄「西村敏雄回想録」『現代史資料⑿』。西村は当時作戦課員）。

これに対し、石原の影響下にあった、河辺虎四郎作戦部戦争指導課長や柴山兼四郎陸軍省軍務局軍務課長らは事態不拡大のスタンスをとっていた。河辺と柴山も陸士同期だった。

翌一〇日、参謀本部で武藤ら作戦課の派兵案が審議された。

この頃石原は、

「目下は専念《せんねん》満州国の建設を完成して、対ソ軍備を完成し、これによって国防は安固をうるのである。支那に手を出して大体《だいたい》支離滅裂ならしむることはよろしくない。」

（西村「西村敏雄回想録」）

との意見だった。

すなわち、現在は満州国の建設に専念し、対ソ軍備を完成すべき時だ。今、中国に手を出せば、これらが阻害され国防建設は混乱する。したがって事態を拡大すべきでない、というのである。

だが、この審議では、武藤らの派兵案に同意を与えた。この時の理由として、のちに石原はこう述べている。実際に派兵するには決定後数週間かかる。しかも現地では戦闘がおこなわれている。不拡大を望んでいたが、「形勢逼迫《ひっぱく》」した場合の「万一の準備」として動員は必要と判断した、と。


「不拡大主義でやれば動員を止めるべきではないかと一般には考えるようですが、結局第一線でごたごたがあり、しかも派兵するには数週間かかるので、不拡大を希望しても形勢逼迫すれば万一の準備として動員を必要とすることになる訳《わけ》であります。」

(「石原莞爾中将回想応答録」)。


この日、蔣介石直轄《ちょっかつ》の中央軍四個師団北上の情報が入っていた。石原は、その情報を重視し、現地軍と居留民に危機がせまっているとの急迫感から、やむなく派兵案を承認したのである。

当時、現地の支那駐屯軍は約六〇〇〇の兵力で、その保護下にある北京・天津地域の日本人居留民は約一万五〇〇〇だった。これに対して、中国側第二九軍は約七万五〇〇〇の兵力。しかも、これに国民政府軍精鋭の中央軍四個師団（約六万）が北上中との情報がもたらされた。これが石原の判断に大きな影響を与えたといえよう。

前日の九日、事件の状況報告を受けた蔣介石は、河南省《かなんしょう》の二個師団、山西省の二個師団に北上を命じていた。ただ、蔣介石直轄の中央軍は一個師団のみだった。しかも第二九軍首脳から、増援派遣は日本を刺激して事態拡大の危険がある、との状況判断が入り、各師団の北上の動きは抑制されたものとなった。

このような中国側の北上動向が、石原に過大に伝えられ、武藤らの派兵案を不本意ながら承認することになったのである。ちなみに、中国側四個師団の現地到着は大幅に遅れ、七月二八日の日本軍による総攻撃時には間《ま》に合わなかった。

なぜ近衛内閣は強硬姿勢をとったのか

一一日、近衛内閣は、内地三個師団の動員実施は状況によるとの留保をつけて、陸軍案を閣議決定した。

それにより、関東軍から二個旅団、飛行隊六個中隊、朝鮮軍から一個師団（第二〇師団）、飛行隊三個中隊が華北に派遣され、天津支那駐屯軍の指揮下に入った。内地三個師団の動員派兵は、しばらく情勢の推移をみることとなった。

その際、派兵は日本人居留民保護および支那駐屯軍の安全確保のための示威《じい》であること、あくまで不拡大現地解決主義によること、が確認された。いずれにせよ支那駐屯軍は、二個師団規模を超える大部隊となってきたのである。

同時に、内閣は、「華北派兵に関する声明」を発表した。それは、「今次《こんじ》事件は全《まった》く支那側の計画的武力抗日」であり、「重大決意」のもとに政府としてとるべき「所要の処置」をなす、とのきわめて強硬な表現のものだった。

この近衛内閣の強硬姿勢は、石射猪太郎外務省東亜局長によれば、

「事件があるごとに、政府はいつも後手《ごて》にまわり、軍部に引《ひ》き摺《ず》られるのが今までの

例だ。いっそ政府自身先手《せんて》に出る方《ほう》が、かえって軍をたじろがせ、事件解決上効果的だ。」（石射『外交官の一生』）

という首相側近の考えからのものだった。

軍部の先手を打って、よりアグレッシブな姿勢を示し、政局の主導権を握ろうというものだった。いわゆる近衛内閣の「先手論」である。風見章《かざみあきら》内閣書記官長も、「政府としては、これ［強硬論］に先手を打ち……政府の態度強硬なりとの印象を内外に示す」、との発言を残している（風見章「手記・第一次近衛内閣時代」北河賢三ほか編『風見章日記・関係資料』）。

だが、この内閣の強硬姿勢が中国側にかなりのインパクトを与え、蔣介石の「廬山談話」の誘因の一つとなったことは否定できない。

なお、一一日早朝、石原が荻窪《おぎくぼ》の近衛私邸を訪ね、その日の閣議で陸軍の動員案を否決してほしい旨依頼したとのことである（広田弘毅伝記刊行会編『広田弘毅』）。これが事実とすれば、前日の内地師団派遣容認を後悔してのことと思われる。石原の態度も、かなり揺れ動いていたといえよう。

潰《つぶ》れたトップ会談

いっぽう現地では、同日、停戦協定が成立していた。難航していた日本側・橋本群《はしもとぐん》支那駐屯軍参謀長らと中国側・冀察政務委員会との交渉が合意に達したのである。橋本群参謀長（一夕会員）は、事態不拡大の方針で、病臥中の田代皖一郎《たしろかんいちろう》支那駐屯軍司令官に代わって現地軍の指揮をとっていた。

奇妙な偶然だが、この重大な時点で、戦争指導を統括する参謀本部の参謀次長と情報部長、現地の最高責任者である支那駐屯軍司令官が、そろって病臥中だったのである。このことが事件の拡大・不拡大に、どのような影響があったのか確かなことはいえない。だが、少なくとも課長級以下の幕僚層にとっては動きやすい状況だったとは考えられる。

同じ日、田代軍司令官の病状が悪化したため、香月清司《かづききよし》教育総監本部長が後任に任命された（田代はまもなく死去）。天津に向かった香月支那駐屯軍司令官は、途中「重大決意」の政府声明を知り、「対支一戦のやむをえない情勢を呈《てい》しつつある」との感をもった、とのちに回想している（香月清司「支那事変回想録摘記」『現代史資料⑿』）。

停戦協定成立の日（一一日）、在中国日本大使館は、国民政府の王寵恵《おうちょうけい》外交部長に、現地解決の意向を伝えた。王部長は異論ないようだったが、しばらくして国民政府外交部か

写真15 幻のトップ会談

蔣介石（左）と近衛文麿

ら、現地での協定はすべて中央の承認をへて効力を発するとの公電が入った。中央政府の承認が必要との趣旨だった。

翌一二日、石原は風見章内閣書記官長に電話し、

「首相自《みずか》ら速やかに南京に赴《おもむ》き、蔣介石（写真15・左）と直接談判して、もって問題を解決するに如《し》かず」（風見「手記・第一次近衛内閣時代」）

と伝えている。近衛（写真15・右）は種々の判断から自らは動かず、広田外相の派遣を考えたようであるが、結局、風見が石原に「首相の渡支は見合わす」との書簡を送っている

（同右）。

その後、一三日、石原に協力し不拡大のスタンスをとる河辺ら参謀本部戦争指導課は、次のような概要の意見書を作成した。

一、内地動員を延期し、既定の「現地解決方針」を促進する。
二、中国側への「過大の要求」はこれを慎《つつし》むべき。

一一日成立の停戦協定にもとづいて事態を収拾すべきだとの趣旨である。一五日、外務省東亜局は、戦争指導課からの申し入れを受け、次のような内容の提案を陸海軍の軍務局長に示し、同意をえた。この提案は、閣議提出を予定していた。

一、一一日成立の現地協定を日本政府において承認する。
二、国民政府に対し軍事行動の即時停止を要求する。
三、軍事行動の停止がなされれば、派兵を中止し、すでに派遣されている増援部隊を帰還させる。

しかし、陸軍の後宮淳軍務局長はまもなく、部内の空気がきわめて強硬なためとして同意を撤回した。こうして、外務省東亜局案は閣議提出に至らなかった。このような動きに対して、一六日、武藤ら作戦課は、次のような主張をまとめた。

一、中国側第二九軍長宋哲元の謝罪、現地第三九師長の罷免など厳しい内容の要求を、回答期限つきで中国側に提示する。
二、その回答期限は七月二〇日までとする。
三、それに誠意ある回答がなければ、留保されていた内地三個師団をただちに動員して「支那軍を膺懲」する。それによって「北支紛糾の根源」を取り除く。

その際、戦場はなるべく「北支に限定」するが、状況によっては「対支全面戦争」に移行することもありうるとしていた。また、参謀本部情報部も笠原幸雄《かさはらゆきお》ロシア課長（部長代理）以下、強硬姿勢で、即時出兵を要請していた。

この頃、石原ら不拡大派は、一一日の現地停戦協定後の交渉の推移を見守るべきだとの意見だった。

だが、武藤ら拡大派は、より強硬な態度をとるべきだとの方針を打ち出したのである。田中軍事課長も、内地師団の動員は、この種の抗日紛争の「根源」を取り除き、「北支政策の遂行推進」のためのものでなければならない、との攻勢的姿勢だった（田中「支那事変記録」）。


「全面戦争は不可」


このような主張に対して、石原は次のように考えていた。

現在の動員可能師団は一五個師団で、そのうち中国方面に振り向けることができるのは一一個師団程度だ。それでは中国との「全面戦争」は不可能である。しかし、内地三個師団を派遣し戦闘状態に入れば、全面戦争となる危険が大きい。「不拡大主義でやっても一度戦争になれば、どうしても全面戦争になる」、と（「石原莞爾中将回想応答録」）。

つまり、内地三個師団を実際に派遣すれば、全面戦争に発展することは不可避で、それは長期持久戦となることを意味する。だが、現状では相当数の精鋭師団を対ソ国境に配備しておかねばならず、十分な兵力を中国に投入できない。そのような状況下で、中国の広大な領土を利用して抵抗されれば、戦争は長期化し収拾の見通しがたたなくなる、というのである。

昭和一二年度作戦計画では、戦時動員師団は三〇個師団とされていた。だが、石原は、当時の軍需工業動員に応じうる工業生産力から判断して、実際に動員可能なのは一五個師団が限界だとみていた。そのうち、対ソ防備のため四個師団は満州に配備しておかなければならず、中国に対して使用できるのは一一個師団にすぎない。それでは中国との全面戦争は不可能だ。したがって事態を拡大すべきでない。それが石原の見解だった。

石原は、今は対ソ戦備の充実のための五ヶ年計画に全力を挙げる時で、中国との軍事紛争となれば、その阻害要因となるため、「極力戦争を避けたい」と考えていた。

だが、内地三個師団派遣は対中国全面戦争の誘因となり、対ソ戦備の充実どころではなくなる。しかも、今の中国はかつての分裂状況から国家統一に向かいつつあり、民衆レベルでの民族意識が覚醒してきている。そのようななかで戦争となれば、一撃では終わらず、「行くところまで行く」。全面戦争突入は、長期の持久戦となる危険が大きく、自らの国防戦略が崩壊する。そうみていたのである。

また、「長期戦となりソ連がやって来る時は目下の日本ではこれに対する準備がない」

として、その面からも本格的な対中軍事発動は避けるべきだと判断していた（同右）。

中国一撃論

それに対して、武藤らはこう考えていた。

中国は国家統一が不可能な分裂状態にあり、日本側が強い態度を示せば蔣介石ら国民政府は屈服する。今は軍事的強硬姿勢を貫《つらぬ》き一撃を与え、彼らを屈服させて華北五省を日本の勢力下に入れるべきだ。現在の事態は、それを実現する絶好の機会で、この好機を逃さず目的の達成をはかるべきだ、と（今岡豊「今岡豊の証言」武藤章『軍務局長武藤章回想録』。今岡は当時、作戦課員）。

つまり、国民政府に一撃を加えて屈服させ、従来からの政策である華北分離を実現させようとするものだった。日本が実質的に華北五省をコントロールし、独占的支配権を獲得することによって、華北の資源と市場を確保しようとしたのである。

したがって武藤は、たとえ事態が沈静化しても、内地三個師団の動員を実行し、一撃を加えて再発を防止すべきだ、との考えだった（田中「支那事変記録」）。

また、それには、軍事的一撃を与えれば容易に屈服するとの、中国の抵抗力に対する低い評価がともなっていた。その頃武藤は、華北に内地三個師団を派遣すれば、「あそこらの有象無象《うぞうむぞう》が双手《もろて》を挙げて来るだろう」、と発言している(河辺「河辺虎四郎少将回想応答録」)。

ただ、このような中国認識は、武藤らの一撃論にとって副次的な理由だった。主要な要因は、石原の欧州大戦絶対不介入論にもとづく、華北分離工作の中止や華北権益放棄の方針を打破することにあった。

当時欧州では、ドイツのラインラント進駐や、イタリアのエチオピア侵攻と連盟の制裁決定、独伊のスペイン内戦介入などで、軍事的緊張が高まっていた。そのようななか、武藤らは次期大戦への対処の観点から、華北掌握に消極的な石原の政策に強い危機感をもち、華北の軍需資源と経済権益をあくまでも確保しようとしたのである。

そのため武藤は「対支膺懲」だけでなく、「北支」を緩衝地帯とするなど、華北そのものを南京国民政府から分離する意向だった(西村「西村敏雄回想録」)。

かねてから武藤は、次のような意見をもっていた。

蔣介石ら「国民党」の外交政策は、国権回復、領土回復をめざす「革命外交」である。それは、けっして満州を「放棄」しようとはしない。むしろ自国に「取り返そう」とし、米英や連盟の力を借りて「日本に抗して」きている。今後も必ずや「日本に刃向《はむ》かってくる」であろう。

これに対して、日本は満州国との提携をはかり、さらにこれを中国本土におよぼしていかなければならない。これを実現するには、国民党（国民政府）の外交政策に対抗して、そのための「覚悟と準備」をもつ必要がある（武藤章「世界現下の情勢と国民の覚悟」『錦旗・新日本建設の最高指標』昭和九年三月号）。

すなわち、それは中国の漸次的勢力圏化を企図したものであり、国家総力戦に向けての軍需資源確保や市場獲得への要請を背景とするものだった。

ただし、この段階では、武藤・田中ら陸軍中央の対中強硬派も、米英などへの考慮から、中国の領土保全や門戸開放《もんこかいほう》を定めた九ヵ国条約（一九二二年）を正面から否定するつもりはなかった。したがって、華北の独立国家化や領土化など中国の主権を否定する方向ではなく、自治的な独立政権などによる華北分離の実現、すなわち華北の勢力圏化を考えていた。

たとえば、武藤は、一撃は加えるけれども、「南京を取ろうということは考えていない」、と述べている（河辺「河辺虎四郎少将回想応答録」）。

また、田中軍事課長も、華北の「権益擁護」のためには強硬な態度を貫かねばならない。不拡大方針は「北支権益」を放棄することにつながる。したがってそれには賛同できない、とのスタンスをとっていた（田中「支那事変記録」）。

「面白《おもしろ》くなったね」

この頃の石原・武藤の様子を、井本熊男《いもとくまお》作戦課員（当時）は、次のように回想している。

「部長［石原作戦部長］は……作戦課の室《へや》にもしばしば来て、今日の支那は昔の支那ではない。今や支那は統一せられて、挙国一致の強い力を発揮することができる。この支那と戦端を開く時は長期持久に陥り、日本は泥沼に足を突っこんだ如《ごと》く身動きができなくなる。戦争は避けなければならぬ。そして国防国策の方針によって、国力、軍事力を拡充しなければ、対ソも対支も国防は不可能である、と説得にこれ努めた。……

武藤課長は渋《しぶ》い顔をして石原論を聞いていた。……満州事変の発頭人《ほっとうにん》が今頃急に何を云《い》うか、という反発があったに違いない。

第一部長［石原］が部屋から出て行くと、武藤大佐はやおら受話器を取り上げて相手を呼び出し、『うん田中か（田中新一軍事課長）。面白くなったね。ウン、大変面白い。大《おお》いにやらにゃいかん。しっかりやろう』と、課員に聞こえよがしに話すのであった。」（井本熊男『作戦日誌で綴る支那事変』）

また、荒尾興功作戦課員（統制派メンバー）も、同様の回想を残している。

「会議の席上でも、石原部長と武藤課長はしばしば激論を交《か》わした。

武藤はいう。

『現状では支那軍は増長するばかりです。この際一撃を加えることが必要です。もしこのまま日本軍が引っ込めば、延《ひ》いては満州の治安にも影響します。』

石原の反論。

『支那は広いぞ。どこまで行っても際限がない。満支国境で兵を止《とど》めるべきだ。万里の長城線は古来からの支那の国境だ。その線で交渉すれば、事変は必ず解決する。』

武藤もその場ではさすがに部長の決断に対して従うが、われわれ部下に対する指導は、どうも自己の意想による積極方針だ。

現にわれわれの面前では田中軍事課長に電話する。『おい田中、こちらの方《ほう》は心配ないぞ。現地軍の意見を入れて、バンバンやろうではないか。だんだん面白くなるぞ』、といったような調子である。」（今岡『石原莞爾の悲劇』）

当時、陸軍中央の幕僚の間では、武藤ら拡大派に同調するものが多数で、石原らの不拡大派は少数だった。部局長・課長では、不拡大派は、石原参謀本部作戦部長のほか、河辺参謀本部戦争指導課長、柴山陸軍省軍務課長などに限られた。

拡大派は、武藤参謀本部作戦課長、田中陸軍省軍事課長、笠原幸雄参謀本部ロシア課長、永津佐比重《ながつさひしげ》参謀本部支那課長など。さらに塚田攻《つかだおさむ》参謀本部運輸通信部長、下村定《しもむらさだむ》参謀本部戦史部長も同様のスタンスだった。

参謀本部情報部は、渡久雄部長（非皇道派一夕会員）が病休中で、笠原ロシア課長が代理を務めており、全体として拡大派の意見が強かった。

かつて石原主導で参謀本部の改組がおこなわれた際、情報部は、自らの重要任務の一つであった情勢判断を作戦部に吸収された。そのことから、石原に好感情をもっていなかった。ことに、華北分離工作を推し進めていた情報部支那課は、それが石原によって中止に追い込まれ、彼の政策に強く反発していた。

一般の課員レベルでは、河辺の指揮下にある戦争指導課員（四名）のほかは、大多数が拡大派であったとみられる。ことに当時、課員数四～五名程度の多くの課にくらべ、作戦課員は二〇名あまりで、それがほとんど武藤課長の影響下にあった。これが、武藤の強い発言力の一つの背景になっていた。しかも当時、作戦課は作戦・用兵のみでなく、編制動員も担当しており、参謀本部内で突出した権限をもっていた。

当時作戦課員だった今岡豊《いまおかゆたか》は、陸軍中央の大勢は「武藤作戦課長と田中軍事課長との強力な連携と指導力」によって「引きずられ」ていた、と述べている（今岡『石原莞爾の悲劇』）。

ちなみに、石射猪太郎外務省東亜局長の回想によれば、七月一三日、石射は石原と会談した。そこで石射は、先の外務省幹部会での石原発言「中国に一兵だにも出さぬ」の決意に変化がないことを確認し、事件局地解決の方針を約束した、とのことである。

ただ、その時石原は、「この会談を秘密にしてくれ。軍内部の連中や右翼が自分の行動を付けまわして困るのだ」と石射に述べている（石射『外交官の一生』）。この頃すでに石原は、陸軍内で必ずしも安定的な状態にないことを自覚していたのである。

なお、陸軍中央枢要ポストにあった後宮淳陸軍省軍務局長は、自身の見解が定まらず、大勢に従う姿勢だった。実務型軍事官僚によくみられる例といえよう。陸軍省軍務局長は参謀本部作戦部長とならぶ実務トップの要職である。

孤立する石原

このような動向からみて、多くの幕僚が、石原による対ソ戦備の充実と軍備拡張は評価していたが、その後の華北分離工作の中止には、むしろ不満をもっていたといえる。先の梅津次官による板垣陸相就任阻止も、そのような幕僚層の不満を読んでのことだった。

たとえば、田中新一軍事課長は、当時の自身のメモ（田中新一「参謀本部第一部長田中新一中将業務日誌」防衛省防衛研究所所蔵）をもとに、戦後次のような記録を残している。

「四月二十三日　軍事課長［田中］所見

世界政策の実行を目的とし、当面の目標をソ連圧服《あつぷく》に置くものとす。

ソ連圧服のため、直接取るべき方策次の如《ごと》し。
イ、軍備の飛躍的充実
ロ、特に航空充実、蒙古作戦準備の徹底
ハ、対ソ謀略の促進
　在欧謀略、対蒙謀略
ニ、北支謀略の促進
　資源の確保、対支軍事占領の準備促進
（註）以上のうち「対支軍事占領準備」は、万一の場合、北支権益防衛の対策としてである。」（田中「支那事変記録」。注記の部分以外は当時のメモとほぼ同じ）

ここには、石原の主張する対ソ戦備の充実と軍備拡張の推進には賛同しつつ、華北の資源確保などのため「北支謀略の促進」「北支権益防衛」の必要が主張されている。
なお、梅津が、陸軍統制を重視していたことはよく知られている。だが、政策的には、かつては石原の華北権益返還方針に賛成していたが、この時には石原の同じ主張に反対している。彼が政策的には独自の見解をもたず、上司（陸相）や部内大勢の意見に従っていたことがわかる。彼が実務型軍事官僚たる所以《ゆえん》である。

近衛の思惑、石原の不安

さて、七月一七日、杉山陸相、梅津次官ら陸軍省首脳は、武藤と連携していた田中軍事課長らの働きかけもあり、武藤らの作戦課案を支持。石原と彼らの間で、厳しい議論が交わされた。

だが石原自身も、交渉の遷延《せんえん》は中国中央軍北上の時間稼《かせ》ぎではないかとの疑念を払拭《ふっしょく》できず、ついに作戦課案に同意した。現地軍と居留民の安全に不安をもっていたからである。

同日、作戦課案をもとに回答期限を七月一九日に変更した陸軍中央案が五相会議に提案され、了承された。ただちに、陸軍中央から支那駐屯軍に陸軍案による期限つき交渉の実施が指示された。そして外務省ルートでは、その夜、在中国日本大使館から王寵恵国民政府外交部長に、

一、あらゆる挑戦的言動の即時停止。

二、現地交渉を妨害しないこと。
三、これにつき、七月一九日までに回答を求める。

との申し入れをおこなった。

この頃（井本『作戦日誌で綴る支那事変』では一九日）、石原は杉山陸相を訪れ、梅津次官、田中軍事課長同席の場で、次のように華北からの撤兵を主張した。

本年度の動員計画師団数は三〇個師団である。そのうち「支那方面」にあてられるのは一一個師団である。このような兵力では広大な中国において、とうてい「全面戦争」は不可能だ。しかし、このままでは全面戦争の危険が大《だい》で、その結果は「底《そこ》なし沼《ぬま》」にはまることになる。この際「思い切って北支にあるわが軍隊全部を一挙に山海関《さんかいかん》まで下げる。そして近衛首相自ら、南京に飛び、蔣介石と膝《ひざ》づめで日支の根本問題を解決すべきである」、と。

これに対して梅津次官は、「それは［近衛］総理に相談し、総理の自信を確かめたのか。北支邦人多数の権益財産を放棄するのか。満州はそれで安定するのか」と反問した（田中新一「日華事変拡大か不拡大か」『別冊知性』第五号）。

この頃石原は、

「支那をして満州国の独立を承認せしむると共に、日本は成《な》るべく速やかに支那本部の政治的権益を撤回する条件の下《もと》に和平交渉に入るべき。」(「石原莞爾中将回想応答録」)

と考えていた。

だが、結局、杉山陸相、梅津次官は、石原の主張を受け入れず、事態は推移していく。

なお、田中軍事課長は、この頃の近衛首相について、こう推測している。

大騒ぎをして「挙国一致を煽《あお》り」ながら、ただ「盧溝橋事件の解決」だけでは、いかにも物足《ものた》りない。この機会に「多年の対支懸案《けんあん》を片付《かたづ》けたい」、という考え方があったのではないか、と(田中「支那事変記録」)。その後の近衛の動きから考えると、興味深い見方である。

日中和平の密使

いっぽう、現地では、回答期限最終日の一九日、日本側の強硬姿勢に、宋哲元ら第二九軍は日本側要求を大部分受け入れ、協定の細目《さいもく》が調印された。

しかし、南京の国民政府は同一九日、いかなる現地協定も「中央政府の許可」をえることを要すとして、現地における協定細目の有効性を事実上拒否。紛争解決のため、国際公法による国際仲裁裁判所への提訴も示唆した（青木得三『太平洋戦争前史 第2巻』）。現地で協定される解決条件が、中国の主権を侵害するようなものならば、容認しえないとの建《たて》前《まえ》からのものだった。

また、蔣介石が二日前（一七日）におこなった「最後の関頭」に至った場合は抗戦するとの「廬山談話」が公表された。それにより、二〇日、石原を含め参謀本部は武力行使を決定。閣議も内地師団の派遣を承認した。

「部長会議後、［石原作戦］部長より課長一同へ

武力解決に決定のこと

第三課［作戦課］は、軍の作戦を掣肘《せいちゅう》せざるよう指導すること

第二課［戦争指導課］は、軍需動員、総動員励行《れいこう》のこと、並《なら》びに外交を全面的に活躍せしむることに務むること。」（参謀本部戦争指導課「北支事変業務日誌」防衛省防衛研究所所蔵）

ところが、二一日、現地視察に派遣されていた中島哲蔵《なかじまてつぞう》参謀本部総務部長、柴山兼四郎陸軍省軍務課長らが帰国。現地中国側責任者の宋哲元は一九日調印の協定細目を次々に実行に移しつつあり、兵力増援の必要はないとの報告をおこなった。また、支那駐屯軍の橋本群参謀長からも、同様の電信が届いた。

これを受け、二二日、陸軍中央は急遽《きゅうきょ》、内地師団派遣を見合わせることを決定した。この時、参謀本部では、内地師団派遣中止を主張する石原と、派遣実施をせまる武藤とが激論。「君が辞《や》めるか僕が辞めるか、どっちかだ」（石原の発言）との言い争いにまで至った。

「七月二二日、筆者［今岡豊作戦課員］はたまたま何かの用事で部長室の前の廊下《ろうか》を通っていると、部長室から大声で怒鳴《どな》りあっているのが聞こえるので、ちょっと立ち止まって聞いていると、声の主《ぬし》は石原部長と武藤大佐であった。
そして「君が辞めるか僕が辞めるか、どっちかだ」というような声が飛び出してい
た。これを聞いて両者の間には、もはや少しの妥協も許さないところまで来ているこ
とを感じとった。私は暗い気持ちでそっとそこを立ち去った。」（今岡「今岡豊の証言」
武藤『軍務局長武藤章回想録』）

この頃、武藤は田中軍事課長に、次のような趣旨を述べている。
石原部長の考えは変転して、まったくつかまえどころがない。部長のように「夢」みた
いなことを考えていては、結局は深みにはいるばかりだ。自分は「現実的に」当面の事態
を処理する、と。

「石原部長の考えは猫の目のように変転して全然摑《つか》まえどころがない。今日も議論の
末《すえ》『君やめたまえ』（職を退けの意）といったから、しばらく部長の顔を凝視《ぎょうし》してか
らアハハハと笑って帰ってきた。部長のように夢みたいなことを考えていては時局は
ますます深みにはいるばかりだ。俺は現実的に当面の事態を処理するのだ。」（田中

「支那事変記録」)

幕僚間では、たとえ部長と課長のような上下関係でも、組織としての決定でない限り、個別的な命令服従関係にはなく、参謀総長への意見具申などが許されていた。だが、部長が指示すれば課長はそれに従うのが通例だった。しかし武藤はそのような通例の態度をとらず、石原の意向と徹底的に争ったのである。

ただ、この時は陸軍中央の決定として、石原らの意見で内地師団派遣は見合わされた。

なお、近衛首相は、七月二二日、牧野伸顕元内大臣に、石原から「前途根本の協定促進」に協力してほしいとの申し入れがあった旨を伝えている。

近衛によれば、石原の進言は、

「すべて従来の行《い》きがかりを放棄して北支政権を断念し、そのかわり［中国側に］満州［国］自体を承認せしめ、もって百八十度の廻転《かいてん》を遂行するのほか策なし。……至急この根本方針につき交渉を進められたし。」(牧野『牧野伸顕日記』)

とするものだった。近衛・牧野ともに、この石原の主張に関心を示している。

かねて蔣介石直系の蔣作賓駐日大使から日中国交調整の申し出を受けていた近衛は、石原の進言もあり、宮崎竜介《みやざきりゆうすけ》と秋山定輔《あきやまていすけ》を日中和平の密使として南京に派遣しようとした（宮崎は元無産党員、秋山は元衆議院議員）。宮崎・秋山は蔣作賓側からの指名だった（近衛文麿『平和への努力』）。

だが、この動きは中国側の暗号を解読した陸軍情報機関が察知し、宮崎は神戸で、秋山は東京で憲兵隊に逮捕された（中牟田研市『情報士官の回想』）。こうして、石原の企図は結局実現しなかった。

日中戦争へ

さて、二二日、陸軍中央では内地師団の増派は中止された。

だが、その後、宋哲元ら中国側現地軍が強硬姿勢となり、二五日に北京郊外の郎坊で、翌日、北京の広安門で、日中の部隊が衝突した（郎坊事件、広安門事件）。中国側現地軍の態度硬化は、南京政府の強硬姿勢と反日世論に刺激されたものだった。

ついに、二六日夜（二七日未明）、石原も、「徹底的に膺懲せらるべし」との指示を日本側現地軍に送った。石原自身「もう内地師団を動員するしかない。遷延は一切の破滅だ」と判断していたのである（田中「支那事変記録」）。

そして、翌日、陸軍中央は内地三個師団の派遣などを決定した。この日の石原の様子を、参謀本部編制動員課編制班員だった服部卓四郎は、こう回想している（服部は石原と同郷の鶴岡出身）。

「この夜石原部長は情勢の重大性を感じていたものとみえ、部長室に寝台を持ち込んで泊まっていた。私が報告［支那駐屯軍から緊急事態連絡］のために室《へや》に入って部長を呼び起こすと寝台の上に腰かけてそれを聞かれた。そして例によって『君はどう思う』と問われた。

これは七月二五日には郎坊事件、二六日には広安門事件と、事態は最悪の段階に入っていた二七日の夜半［午前未明］で、私は『今度はどうしても実力を行使する必要があると思います』と答えた。部長が寝台の上で考え込んでいる間に私は室を出た。……二時頃品川から帰って三宅坂《みやけざか》の参謀本部の玄関に入ると、階段の途中に石原さんが軍刀をつって立っているのでびっくりした。

『どうされましたか』と聞くと、『三ヶ師団の動員について総長、大臣のサインをもらってきたところだ』と答えられ、二度びっくりしたものである。不拡大主義者の石原さんが二時間たらずの間に拡大の決心をされ、下僚《かりよう》の補佐によることなく自分で案文を書き決裁をもらい、夜明けと共に動員下令の処置をとられたのであった。」（服部卓四郎「石原莞爾さんの思出」『流れ』第三巻二・三号）

また、田中新一軍事課長も次のように記している。

「七月二七日は重大な日だった。この日の［午前］深夜、軍事課長室に寝泊まりしていた筆者に石原作戦部長――彼も作戦部長室に泊まっていた――から電話だ。彼は強い口調で戦火が郎坊や広安門にまで発展しては仕方《しかた》がない。居留民保護と現地軍自衛のため既定の三個師団動員を進めたいという。翌日杉山陸相から閣議の承認をえて兵力動員となった。」（田中「石原莞爾の世界観」）

「彼［石原］は……第一部長室（彼は寝台を持ち込んでいた）から軍事課長室に寝泊まりしていた筆者に、咳《せ》き込みながら電話で『もう内地師団を動員する外《ほか》ない。遅延は一切の破滅だ。至急処置してくれ』という。……悲憤の郎坊事件であった。」(田中「日華事変拡大か不拡大か」)

陸軍の決定を受け、近衛内閣は、緊急閣議を開催して動員実施を承認した。

同日、陸軍中央は、支那駐屯軍司令官に、「平津《へいしん》地方〔北京・天津地域〕の支那軍を膺懲して、同地方主要各地の安定に任ずべし」との命令を発した。このことは、具体的には北京(北平)西郊の永定河《えいていが》以東の北京・天津地域全域から中国側第二九軍を一掃することを意味した。

なお、航空攻撃は、保定《ほてい》・独流鎮《どくりゅうちん》の線以北に限られた(図表12)。また、北京・天津地域は列強諸国の利害が錯綜《さくそう》しているため、厳正なる軍紀《ぐんき》を保つとともに、正当なる行動を内外に理解せしむるよう務めること、が指示された(堀場一雄『支那事変戦争指導史』)。

翌二八日、現地の日本軍は、陸軍中央からの軍命令に従って総攻撃を開始。

こうして、日中戦争は始まったのである。

陸軍が日中戦争に踏み切った理由

ところで、当時の中国では、盧溝橋付近での出来事のような小規模な紛争は珍しいことではなかった。それを、なぜこの時点で武藤らは「一撃」を加え、事態を拡大させようとしたのだろうか。

武藤は、永田の指導のもとで自ら起案した華北分離政策を、石原が放棄したことに強く反発していた。武藤による石原の不拡大政策への攻撃は、石原の華北分離工作中止への反撃でもあった。その意味で、日中戦争は、石原の華北分離政策放棄に対する反動であり、激しい揺り戻しとして始まったともいえよう。

ちなみに、柴山兼四郎陸軍省軍務課長は、その回想で、石原らの華北分離工作中止の象徴的方策だった「冀東《きとう》政府」解消案への、当時の陸軍有力者の反応についてふれている。

それによれば、関東軍では、東条英機参謀長や冨永恭次参謀らが頑強に反対し、また中央では、武藤章作戦課長や田中新一軍事課長が反対だったとのことである（柴山兼四郎「日支事変勃発前後の経緯」防衛省防衛研究所所蔵）。東条・冨永・武藤は永田直系の統制派で、田中も武藤と連携していた。彼らはすべて、冀東自治政府の解消に反対、すなわち華北分離政策放棄は認められないとのスタンスだったのである。

図表12 華北総攻撃の関係地図

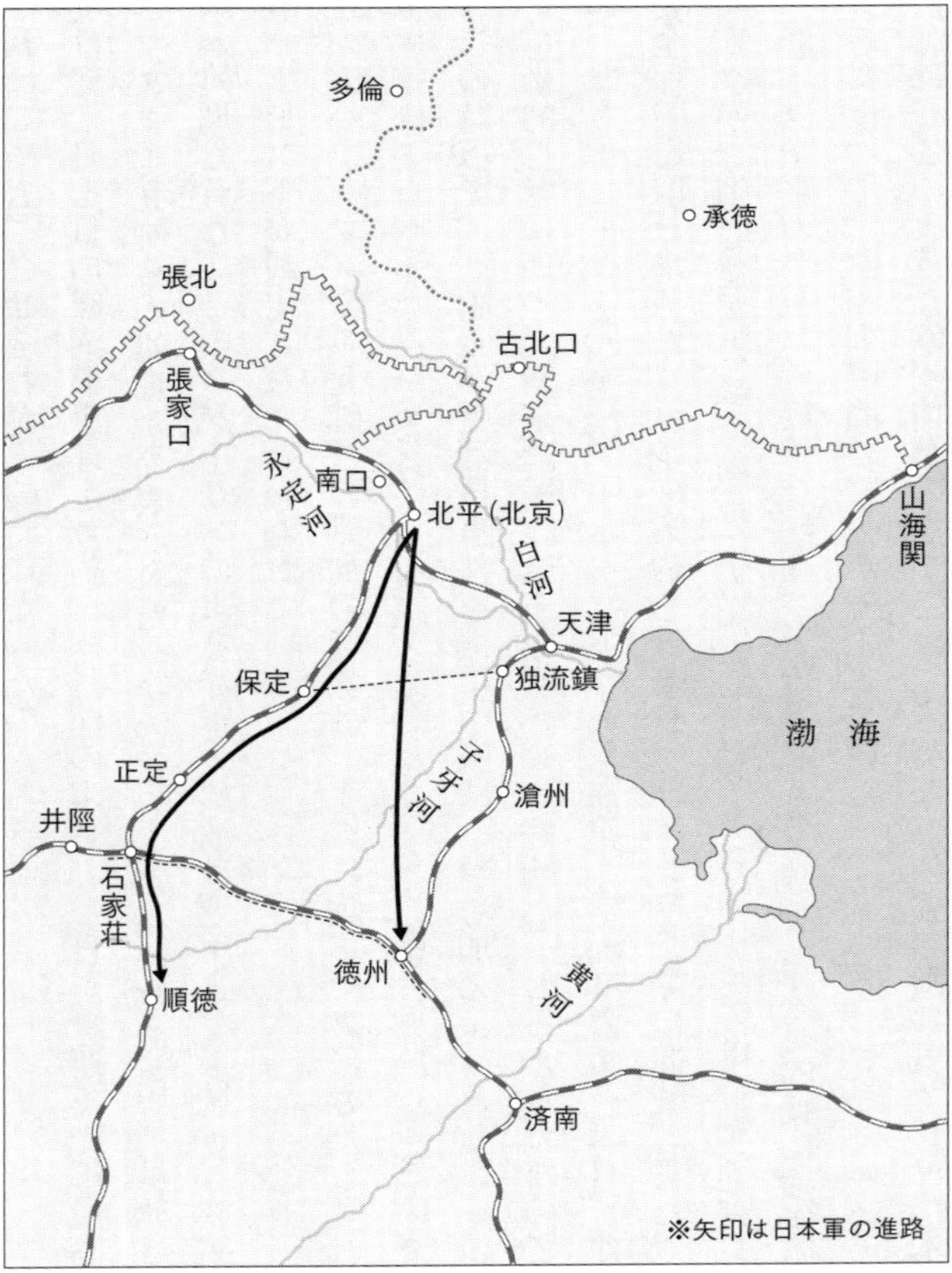

それにしても、なぜそれがこの時点だったのだろうか。

実は、七月七日の盧溝橋事件より約一ヶ月前の六月一二日、ソ連で赤軍最高指導者トハチェフスキー元帥《げんすい》らの処刑が発表された。その後も赤軍指導部の粛清《しゆくせい》は続き、多数の軍首脳が処刑された。このスターリンによる赤軍大粛清は翌年まで継続し、旅団長以上の約四五パーセントが殺害されたといわれている。

このトハチェフスキー元帥らの処刑の情報は、すぐに陸軍中央にもたらされた。この事件で赤軍は大打撃を受けており、ソ連が介入してくる可能性は低いと判断された。それが、この時点で、武藤らが盧溝橋事件を機に中国に一撃を加えようとした一つの要因だった。軍事的打撃によって南京国民政府を屈服させる好機と、とらえられたのである。

いっぽう、ヨーロッパでは、ナチス・ドイツが前年（一九三六年）三月、西ヨーロッパの安全保障を取り決めたロカルノ条約を破棄し、ラインラントに進駐。また、同年五月、イタリアが、国際連盟の経済制裁にもかかわらず、エチオピア併合を強行した。その後も、ドイツ空軍のゲルニカ爆撃（一九三七年四月）など、スペイン内戦に独伊が軍事介入。これらによって、欧州列国間の緊張が激化していた。

武藤は、このような欧州情勢のなかでは、米英など列強諸国は東アジアに本格的には介入できないとみていた。そして、「千載一遇の機会だから、この際［対支軍事作戦を］やった方《ほう》がよい」、と発言している（河辺「河辺虎四郎少将回想応答録」）。

さらに、このような軍事的緊張の先鋭化によって大戦勃発の可能性が強まっていると考えられていた。武藤は、永田と同様の見地から、それに対応するためにも華北の軍需資源と経済力を掌握しておく必要があると判断していたのである。

この約二年後の一九三九年（昭和一四年）九月、第二次世界大戦が始まる。

二、華北総攻撃

長期戦の回避

一九三七年（昭和一二年）七月二八日、日本側現地軍の華北での総攻撃が開始され、二八日中に北京周辺を制圧。翌二九日、天津への中国側の大規模な攻撃を受けたが、同日中に撃退し、北京・天津地域をほぼ制圧した。そして、三〇日には、日本軍は北京西方の永定河東岸に進出した（中国側損害死者約五〇〇〇余、日本側死者百数十など）。

なお、二九日、北京東方近郊の通州《つうしゅう》で、日本軍守備隊・特務機関員・日本人居留民が、冀東政府保安隊《ほあんたい》に襲われ、多数の死傷者が出る事件が起きた（通州事件）。この出来事はすぐに日本国内で大きく報道され、国民感情を強く刺激することになる。

この頃、石原ら参謀本部は、なお不拡大方針を維持すべく、軍事行動を北京・天津地域の制圧に限定し、作戦範囲を北京・天津南西の保定・独流鎮の線以北とするよう指示していた（283ページの図表12）。七月二九日策定の参謀本部「対支作戦計画の大綱」は概略、次のような内容だった。

一、作戦方針

「平津地方」（北平［北京］・天津地域）の中国軍を「撃破」して同地方の安定をはかる。

作戦地域はおおむね「保定、独流鎮以北」に限定する。

二、兵力など

約四個師団を基幹として平津地方の中国軍を撃破する。

ソ連軍の介入があった場合は、一九個師団をこれにあてる。

五個師団を中央直轄とし、情勢の変化に対応する。

基本的に、戦闘を北京・天津地域に限定し、作戦兵力は四個師団でおこなうとするものだった。翌三〇日、石原は、嶋田繁太郎《しまだしげたろう》海軍軍令部次長に、この「対支作戦計画の大綱」を示し、次のように説明した。

対中作戦は、少なくとも対ソ対中二国作戦の決意なくしては深入《ふかい》りすべきでない。それゆえ、全動員兵力配置からして、華北作戦兵力は四個師団を超えることはできない。これに予備兵力五個師団増派を最大限度とする。中国一国に全力を振り向けても容易に屈服させる成算《せいさん》も立たないのに、わずか四個師団では、とうてい中国を屈服させることはできない。

「対支作戦は少なくも対蘇支二国作戦の決意なくして深入りすること能《あた》わず。しかる時は全動員兵力の割当《わりあて》別図〔北支四個師団、上海・青島二個師団、対ソ一九個師団、中央直轄五個師団〕の如《ごと》く、北支作戦兵力は四ヶ師団（対蘇支予備兵力〔中央直轄〕五ヶ師団を情況により一時増派しうるを最大限とす）を超《こ》うること能わず。

対支一国全力作戦をもってするも容易に支那を屈服せしむる成算立たざるに、僅《きん》少《しよう》なる四ヶ師団（ほかに上海、青島各一ヶ師団）をもっては到底《とうてい》支那を屈服せしむること能わず。」（嶋田繁太郎「嶋田繁太郎大将備忘録」防衛省防衛研究所所蔵）

屈服させる目途《めど》がない以上、「適当の機会」をとらえて「事態を収める」ほかはない。その機会としては、北京・天津を占領した今が最良である。これを逃せば、最後の機会は保定占領の時となる。それ以後は、適当な機会を予測できない。

事態収拾の条件は、中国における日本の「一切の政治的権益」（北支特殊権益、陸海軍の駐兵権《ちゆうへいけん》、租界など）を返還する。そして中国側に満州国を承認させる。これが日中関係改善の唯一の策である、と（同右）。

ここで石原が、華北作戦兵力を四個師団としているのは、当時の戦時作戦計画にもとづいていた。その作戦計画では、全動員兵力三〇個師団のうち、対ソ戦に一九個師団を要すると見込んでいた。残りの一一師団のうち、五個師団は中央直轄の予備戦力とされ、上海・青島に二個師団、華北に四個師団が想定されていたのである。

また当面の動員可能兵力一五個師団からしても、対ソ防備に四個師団が必要で、その面からも対中作戦兵力は最大一一個師団と考えられていた。
この時石原は、中国を屈服させる目途のない今回の出兵に要する多額の費用は、むしろ財政的に「産業五ヶ年計画」などの遂行に用いるべきだとの趣旨の発言をしている。

「支那を屈服せしむる目処《めど》なき今次《こんじ》出兵のために要する多額の軍費を、仮に満州に用うえば産業五ヶ年計画等は問題にあらず。」（嶋田「嶋田繁太郎大将備忘録」）

中国との戦争は、軍備増強を支える工業生産力強化のための産業五ヶ年計画を阻害し、彼の戦略構想を根底から危《あや》うくすると考えていたのである。
同日（三〇日）、石原は、福留繁《ふくとめしげる》海軍軍令部作戦課長にも、次のように述べている。北京・天津の平定時が和平の最良時期だ。だが参謀本部内の意見をまとめることができない。ついては、これを海軍大臣より提起してもらいたい、と。

「北平、天津ともに、三、四日後には平定すべきにつき、その時が和平解決の最良時機《じき》なり。ついては参謀本部第二部［情報部］と交渉するもなかなか同意せず。次長

［今井参謀次長］は病気にて纏《まと》めて行《い》かざれば同意を与えられず困却《こんきゃく》す。海軍大臣より切り出されたし。」（同右）

石原の考えている和平条件（満州国の承認と引き換えに北支特殊権益や駐兵権などを返還）は、武藤ら作戦課のみならず情報部にも、とうてい受け入れられるものではなかった。それゆえ、参謀本部内の意見も対立していたのである。

翌三一日、石原は、参謀次長代理として天皇への進講《しんこう》を受け持った。その時石原は、「作戦上四個師団以上は差《さ》し当《あ》たり用い難《がた》く」、この兵力では「保定の線」に進出するのが精一杯であること、したがって、その線に進むまでになるべくすみやかに「外交折衝」により兵を収めることが「刻下の急務」である旨を説明している（同右）。

石原の日中戦争の予想

このように石原は、北京・天津地域占領後すみやかに外交交渉によって事態を収束させることを考えていた。局地的な戦闘で終わらせようとしていたのである。

だが、武藤作戦課長と田中軍事課長は、八月二日に懇談し、今や対中全面戦争は避けられないとの判断で一致していた。したがって、二人は、動員可能な一五個師団をすべて対中戦線正面に使用する場合を想定して準備を進めようとしていた。彼らはソ連の介入は、その国内事情から一一月頃まではありえないと考えており、対ソ戦用の作戦資材の中国戦線への投入も考慮していた。

田中の記録によれば、二人はこうみていた。

現有作戦資材、ことに貯蔵弾薬量については、一五個師団に対して八ヶ月（一《いち》会戦を四ヶ月として、二回の会戦分）の補給力がある。小銃《しょうじゅう》については一五個師団分の補給は軍需動員四ヶ月半で可能。小銃以外の重機《じゅうき》（重機関銃）・火砲一五個師団分は、軍需動員七ヶ月で補給可能となる。戦時飛行隊五〇中隊（約一三〇〇機）に対しては、年間補給必要量は二〇〇〇機で現在の軍需動員能力（生産力）では一五〇〇機だが、何とか対処できる、と（田中「支那事変記録」）。

一応計算上は、長期戦となる場合も考慮に入れていたのである。

なお、田中軍事課長は、一五個師団を半年間動員した場合、その費用として、総計一九億円（現在の約四兆円）が必要になると判断していた。内訳《うちわけ》は、動員費五億円、維持費六億円、補給資材関係費八億円とされている（同右）。ただ、中国軍は「装備劣悪《れつあく》」で、それとの戦闘では、このような想定よりも必要作戦資材はもっと少ないレベルになるとの見方もしていた。

これに対して石原の意見はこうだった。

対中全面戦争となれば、容易に国民政府を屈服させることはできず、非常に長い「持久戦」となるだろう。しかも対中国戦線に使用できる兵力は、「一一個師団」が最大である。このような小兵力で広大な中国を処理することはできない。長期の持久戦となれば、軍だけでは対処できなくなる。

したがって、戦面の拡大を抑え、外交により「政治的処理」をはかる。それによって、できるかぎりすみやかに兵を撤《てっ》して「国防本来の姿勢」（対ソ戦備の充実）に戻すべきである。

「石原第一部長［作戦部長］の意見では、今や日支全面戦争となり、泥沼的長期戦争にはまりこむ危険はきわめて濃厚になってきたが、対ソ関係からみて、現状では十一個師団しか対支正面に投入しえず……。かくの如《ごと》き小兵力をもって支那戦線の広大なる領域において、彼の民族戦争、遊撃戦略に立ち向かうことは至難中の至難事であり、あるいはスペイン戦争におけるナポレオンの轍《てつ》を踏む恐れもあり、厳《げん》に戒心《かいしん》を要す。……よろしく早期に支那大陸より兵を撤して国防本来の姿勢に返すべきである。」（田中「支那事変記録」）

しかも、現状では「生産力拡充、国防産業」の関係からみても、長期戦争に耐えうべき条件は「皆無」だと、石原はみていた。

なお、ここで石原がスペイン戦争に言及しているのは、ナポレオンが対スペイン戦争で泥沼状態に陥ったことが、その後の対ロシア戦敗北の重要な原因だと考えていたからである（「欧州古戦史講義」角田『石原莞爾資料　戦争史論』）。

したがって、彼の具体的方策は、現在の「平津作戦第一段階」の機会に、事変を「日本側のイニシアチーブ」で収束させることにあった。

すなわち、中国側第二十九軍を北京南西部の永定河以南、北京北西部の南口《なんこう》以遠に駆逐する（283ページの図表12）。しかるのち、北京・天津地域の日本軍をすべて山海関の国境地帯に後退させる。そして近衛首相自ら南京に乗り込み、蔣介石との首脳間直接交渉によって政治的に事変の即決をはかる。そう石原は考えていた。

非正規の和平交渉

当時梅津陸軍次官は、このような石原案は、邦人の権利財産などを含めた華北権益の全面的放棄を意味し、ひいては満州国の存立を危うくする、として批判的だった。また、近衛首相が、このような重大な会談に「身《み》を挺《てい》して行く」ことはありえないとみていた（田中「支那事変記録」）。

田中軍事課長もまた、石原のような不拡大方針を貫くには、「一切の動員派兵を中止し、あらゆる犠牲を甘受《かんじゅ》して抗戦を放棄する」しかなくなると判断していた。

すなわち、一切の動員派兵を拒否すれば、日本軍は山海関に撤退するほかなく、そうすれば「石原流の不拡大主義」は徹底する。だが、当初陸軍省・参謀本部（省部）の協議で不拡大方針が了承されたのは、不拡大主義で「北支の現状は維持される」という前提に立つものだ。しかし、石原の方針では、実際には「無抵抗主義同様」とならざるをえず、それは「対支国策の根幹」をゆるがす結果となる。そうみていた。

「陸軍省部の協議で不拡大方針が確立され、各位《かくい》もこれを承認したが、それは不拡大主義で大体《だいたい》北支の現状は維持されるという前提に立つものであった。ところが実際は、不拡大主義は殆《ほとん》ど無抵抗主義同様とならざるをえず、それは必然に日本の対支国策の根幹をゆさぶる問題となり始めた。」（田中「支那事変記録」）

それでは陸軍省部の当初の前提と異なるものとなり、自身もとうてい受け入れられない。そう田中は考えていた。

また、石原の主張する華北からの撤兵は、政治的権益のみならず経済的権益を含めた華北の「総権益」の放棄につながり、容認できない。それが梅津や田中の判断だった。

「今や不拡大に徹《てつ》して日本の総権益を棄《す》てるか、権益擁護のために不拡大を放棄するか、日本は二者択一の関頭に立たされたのである。」（同右）

このように、参謀本部作戦中枢において、石原作戦部長の方針に武藤作戦課長が強硬に反対し、陸軍省中枢ラインでも、梅津次官や田中軍事課長が石原案に強い批判をもっていた。

ちなみに、この頃田中は、梅津についてこう観察していた。梅津は石原に対して、満州事変時の「軍秩［序］破壊の責任」を自覚せず「軍の指導権掌握に野心がある」、として「痛烈なる個人的反感」をもっている、と。

そのような状況のなかで、なお石原は、戦線を北京・天津地域に限定し、南京国民政府との外交交渉によって事態を収拾しようとしていた。

たとえば、七月末から柴山軍務課長とともに外務省や海軍に働きかけ、国民政府側との停戦交渉の可能性を追求しようとした。

八月一日には、福留海軍軍令部作戦課長に、米内光政《よないみつまさ》海軍大臣への働きかけを依頼している。米内は閣議でこの問題を話題にし、杉山陸相も裏面からの工作とすることを条件に容認した（嶋田「嶋田繁太郎大将備忘録」）。

外務省・海軍とも石原らの意向に応じ、首相・陸相・海相・外相の了解のもと、在華日《ざいかに》本紡績同業会《ほんぼうせきどうぎようかい》総務理事の船津辰一郎《ふなつたついちろう》に中国側との接触を依頼した（船津工作）。正規の外交交渉ではなく、民間人による裏面工作のかたちによろうとしたのである。

その和平条件には、次のような内容が含まれていた。冀東《きとう》・冀察《きさつ》政権を解消し、冀東特殊貿易を廃止する。梅津・何王欣協定、土肥原・秦徳純協定を解消する。それと交換に中国側に満州国を事実上認めさせ、一定の非武装地帯を設定する。これは石原の考えをべースにしたものだった。

八月上旬、船津は上海で国民政府高官と接触するが、上海での情勢が悪化し、それ以上は進展しなかった。

第八章

日中戦争と石原莞爾(2)

——全面戦争と石原の失脚

第二次上海事変で出動した日本軍の装甲車

一、上海《シャンハイ》への戦火拡大

上海へ派兵

一九三七年（昭和一二年）八月九日、上海で、日本海軍の大山勇夫《おおやまいさお》中尉ら特別陸戦隊員《とくべつりくせんたいいん》二名が中国保安隊に射殺される事件が起き（大山事件）、当地でも緊張が高まった。上海の日本人居留民は約三万で、それを保護する海軍陸戦隊の兵力は約四〇〇〇にすぎなかった。

翌一〇日、海軍は巡洋艦四隻、駆逐艦一六隻、陸戦隊三〇〇〇名を上海に急行させた。同日、近衛内閣は、米内光政海相の提議で上海居留民の現地保護（武力による保護）の方針を確認し、そのための陸軍部隊の派遣準備を決定した。杉山元陸相も陸軍派兵を了承していた。

石原作戦部長は、杉山陸相の要請に対して、派兵は華北だけにとどめなければ全面戦争となる恐れがあるとして、陸軍部隊の派遣に反対した。青島・上海方面は海軍が担当すべきだ、との意見だった。陸軍派兵を必要とする現地保護ではなく、居留民の引き揚げを考えていたものと思われる（青島方面の日本人居留民は約二万）。

なお、日本政府は、華北での日本軍総攻撃開始の七月二八日、揚子江沿岸の在留邦人（約三万）に対し引き揚げを勧告し、上海では共同租界への退避を指示した。彼らは八月一九日までに逐次帰国し、上海には約一万人がとどまることとなる。

いっぽう、武藤作戦課長は、陸海軍が一致して中国軍に徹底的打撃を与えなければならないとして、派兵に積極的だった。「暴虐《ぼうぎやく》」な中国を「膺懲《ようちよう》」するには、「生ぬるい」ことでは効果がない。「あらゆる手段を尽くしてやる」、との姿勢だった（嶋田「嶋田繁太郎大将備忘録」）。

石原は、上海方面の中国軍の防御態勢が強化されているとして、その面からも派兵に難色を示した。ことに陸軍が上陸地点としてもっとも重視していた上海黄浦江《こうほこう》河口の呉淞《ごしよう》鎮《ちん》方面では、中国側の戦備が進捗し、作戦が著《いちじる》しく困難になっていると判断していた。

また、かねてから石原は出兵は「北支のみ」に限定し、青島や上海に派兵すべきでないとしていた。これに対して武藤は、「多数の居留民を擁《よう》する青島、上海を、全然保護せぬことが出来るかどうか疑問」だ、と考えていた（武藤章『比島から巣鴨へ』）。

しかし、中国側が上海方面に兵力を増強するなか、海軍からの強い要請に石原も折れ、やむなく派兵を了承した。これは、盧溝橋事件直後に、青島・上海付近で居留民保護の必要が生じた場合、陸海軍が協力する旨の協定がなされていたからでもあった（「北支作戦に関する陸海軍協定」七月一一日）。

そして八月一三日の閣議で、陸軍三個師団の派兵が決定された。

中ソ不可侵条約

同日夜、上海の日中両軍は交戦状態に入った（第二次上海事変）。翌一四日朝、中国空軍が上海の日本艦隊および陸戦隊を爆撃。日本側も、一四日、一五日の二日間、南京、杭《こう》州《しゅう》、南昌《なんしょう》などの中国空軍基地に渡洋爆撃をおこなった。

八月一五日、近衛内閣は、「支那軍の暴戻《ぼうれい》を膺懲《ようちょう》」し、もって南京政府の反省をうながすため、「断固たる措置」をとるとの声明（暴支膺懲《ぼうしようちょう》声明）を発表。事変処理の目的を、それまでの局地的な事件処理から、「排外抗日運動」を根絶し、「日満支三国間の融和提携」を実現することに拡大した。

また、一三日に派兵が決定された三個師団のうちの二個師団（第三師団［名古屋《なごや》］、第一一師団［善通寺《ぜんつうじ》］）で上海派遣軍を編制。残る一個師団（第一四師団［宇都宮《うつのみや》］）は青島に派遣されることになった。

二日後の一七日には、米内海相主導で「不拡大方針を放棄する」との閣議決定がなされた。その際、米内は南京を目標とすべきとも主張している。

米内ら海軍は、陸軍の担当区域である華北での日中間の軍事衝突については、一貫して不拡大を主張していた。だが、海軍の担当区域である上海で、大山事件を契機に緊張が高まると、居留民保護のため陸軍に派兵を要請した。

この頃から海軍内部で対中国強硬論（対支膺懲論）が急速に台頭《たいとう》してきたが、米内ら海軍省首脳は、なお不拡大方針を維持していた。だが、一四日、中国空軍による上海日本艦隊への空爆によって米内の姿勢は一変する。対中強硬論に転換し、南京攻略をも口にするようになったのである。

この海軍の対中強硬論への転換は、その後、南進の前進基地としての海南島《かいなんとう》占領（一九三九年）へと展開していく。海軍は一九三〇年代はじめ頃から、南洋方面への発展を強く志向するようになり、南進論への傾斜を強めていた。

いっぽう、中国側は、七月二八日の日本軍の華北での総攻撃によって、全面抗戦に踏み切った。

七月二九日、蒋介石は「最後の関頭」に至ったとして、対日抗戦を決意。三一日には、「抗戦中の全軍兵士に捧《ささ》げる書」を発表して中国国民に抗戦を呼びかけた。

大山事件後の八月一二日、蒋介石の陸海軍三軍の総司令官就任が決定され、彼をトップとする軍事委員会が抗戦の最高統帥部とされた。一四日、国民政府は抗日自衛を宣言。一五日には全国総動員令が下され、二〇日、日中間の国交が断絶した。

蒋介石は、世界が注目する国際都市上海での対日抗戦を重視し、精鋭部隊を中心に上海周辺への兵力の増強をはかった。八月二〇日頃には、上海方面の中国中央軍は一五個師団(三〇万前後)に達していた。その後も中国軍の兵力投入は続き、最大七〇万に達したとされている。

他方、八月二一日、国民政府はソ連との提携を意図して中ソ不可侵条約を締結。一〇月、ソ連の対中武器援助が開始され、翌年からソ連による対中借款供与、本格的武器・軍需物資援助、軍事顧問団派遣が始まる。

なお、中ソ不可侵条約には、中国と日本が正常な関係を公式に回復するまでは、日本とは不可侵条約を結ばない、との秘密協定が含まれていた。これが、のちに日本がソ連に対し不可侵条約の締結を申し入れた際、ソ連側が難色を示し、日ソ中立条約（一九四一年四月）となった重要な要因だった（ボリス・スラヴィンスキー『考証日ソ中立条約』）。

また、国民党と共産党との連携交渉も進められ、九月二三日には、第二次国共合作（第一次は北伐《ほくばつ》前の一九二四年）が正式に成立する。

苦戦する日本軍

さて、上海では、海軍陸戦隊が優勢な中国軍によって苦戦するなか、八月二三日、上海派遣軍約六万が、上海北部近郊に上陸した（二個師団基幹、松井石根《まついいわね》軍司令官）。

だが、中国軍は、重火機装備のトーチカを多数配置した強力な防御陣地を重層的に築《きず》き、縦横《じゅうおう》に走るクリーク（水濠《すいごう》）を利用して頑強に抗戦。日本軍は苦戦に陥った。上海近郊に張り巡らされたトーチカ陣地は、ファルケンハウゼン指揮のドイツ軍事顧問団の援助によって周到に築かれたものだった。

第一次上海事変によって非武装地帯とされた地域にも、中国軍はすでに兵力配備・要塞建設などをおこなっていた。日本側は、この非武装地帯（上海市北側から揚子江沿岸に広がる地域）への上陸を予定していた。

中国側は、上海近郊を首都防衛の重点地域として、中央直系の精鋭部隊を中核として兵力を集中していたのである。

上海派遣軍は激烈な反撃を受け、損害が続出した。戦場は、双方の機械化兵器による殺《さつ》戮《りく》と白兵戦《はくへいせん》が入り乱れ、きわめて凄惨《せいさん》な状況となった。日本側も戦車隊を投入したが、クリークの多い地形に阻《はば》まれて、ほとんど威力を発揮できなかった。

中国の情勢分析を担当する情報部支那課では、かねてから華北分離工作を進めていた関係から、政治・経済・外交関連の情報収集に主力を注いでいた。それゆえ中国の軍事上の情報収集・分析が手薄になっていたのである。石原も、上海方面の中国軍が増強され、戦闘はきわめて困難な状況に陥ると予測していたが、現実には予想をはるかに上回る事態となっていた。

この頃の参謀本部の様子を、井本熊男作戦課員は、次のように記している。

「上海戦の二ヶ月半は、参謀本部の空気も実に暗く、重苦《おもくる》しいものであった。

石原少将が［作戦室で］目をつむって、指先でコツコツ図上をたたきながら、移動させ、何か霊感的《れいかんてき》に感じたところに指を止め、『今日はここが引っかかって進捗しない』と真面目《まじめ》な顔をして云《い》うのを、武藤大佐は苦虫《にがむし》をかみ潰《つぶ》した顔をして見ていた。部長が出て行くと、『バーカな。あんなまじないをしたところで現場の戦況が判《わか》るものか』と、吐《は》き捨てるように云っていたのを思い出す。」（井本『作戦日誌で綴る支那事変』）

石原が戦術的には増援が必要だが、戦争指導の見地からは戦局拡大抑止のため増兵は避けたいとのディレンマに陥っており、その作戦指導が混迷を深めている様子がわかる。

梅津陸軍次官は、石原ら参謀本部の不決断によって、戦力の逐次投入に陥り、戦局打開が困難になっている点を強く批判していた。その間に日本軍にとって戦況は困難をきわめ、損害は急激に増大していた。

ちなみに、日本軍死傷者数は、戦闘が始まった八月中旬から、上海付近での戦闘が一応終息する一一月上旬までで、約四万人（うち戦死約一万人）を超えることとなる。

近衛内閣は、このような上海での戦闘の激化によって、八月二四日、青島では居留民の現地保護をおこなわない方針（現地から引き揚げ）に転換した。

航空攻撃の効果

石原は、二個師団の上海派遣を容認した際、海軍の艦砲射撃と空爆によって上陸地点から上海共同租界に至る線の中国軍を排除し、陸軍が同地を確保・占領、ただちに講和に進む方向で事態収拾を考えていた。対ソ防備を考慮し、上海での戦闘を早期に収拾しようとしていたからである。

たとえば、八月一五日頃、石原は、「対蘇《ソ》関係」のため「上海派遣軍」の兵力編制は「最小限」のものとせざるをえない、との考えを漏《も》らしている。

上陸予定地点の中国側戦力は海軍機二〇〇機による空爆で対処する。そして時機をみて上海方面には一個師団のみを残し、他の部隊は「北方に転用」する。それによって華北において徹底的に目的達成のための手段を講じ、かつ「対蘇開戦の急に応じうるごとく兵力を配置」したい、と（飯沼守「飯沼守中将日記」防衛省防衛研究所所蔵　飯沼は上海派遣軍参謀長）。

また九月はじめには、海軍からのさらなる上海増派要請に対して、次のような趣旨を答えている。
対ソ戦に備えておく必要があり、上海方面の作戦には適当な兵力を割《さ》けない。現在の派遣軍（二個師団）の全兵力が上陸すれば、上陸地点の呉淞鎮から共同租界（閘北《こうほく》）に至る線は確保し維持することはできるだろう（図表13）。そこで専守態勢を固め、すみやかに講和したい。もしソ連が介入してくればまったくの守勢となり、満州国の存立が危うくなる、と。

「上海方面にては駄馬《だば》師団を可とするが……［対ソ戦備などのため］適当の兵力なし。現用の三Ｄ［第三師団］、一一Ｄ［第一一師団］の全部上陸せば七万―六万人にて、呉淞鎮―江湾鎮《こうわんちん》―閘北の線に守勢を採るを得べし。なるべく速やかに講和したし。……蘇国立たば守勢の外《ほか》なし。満州国は危うし。」（嶋田「嶋田繁太郎大将備忘録」）

このように石原は、上海への陸軍派遣後も、対ソ考慮を理由に、上海方面での戦局の早期収拾意図を示していた。ただ石原の早期講和論は、ソ連介入への危惧からだけではなく、産業五ヶ年計画の実行を重視する観点からのものでもあった。だが、中国側の激しい抗戦によって、それが事実上不可能となっていく。

また、石原が意図した、海軍機による空爆も十分な効果を上げられなかった。この時、海軍は約二一〇機の航空機を投入したが、中国側も上海での戦闘に空軍を投入。このため海軍航空隊は、陸軍部隊支援のための空爆よりは、上海周辺の制空権確保に向けられ、中国側陣地を効果的に破壊できなかったのである。

そのため陸軍も航空隊を上海方面に派遣し、一〇月中旬から、上海派遣軍による地上作戦支援にあたらせることとなる。ただ中国側航空隊は、英仏租界への誤爆をおこなうなど練度《れんど》が低く、この上海航空戦でほぼ壊滅した。

二、石原作戦部長の辞任

全面戦争へ

一九三七年（昭和一二年）九月七日、苦境に陥った上海戦線の状況を打開するため、武藤ら作戦課は、さらに三個師団の動員派兵を提案。九月九日、参謀本部は、三個師団（第

図表13 第二次上海事変の関係地図

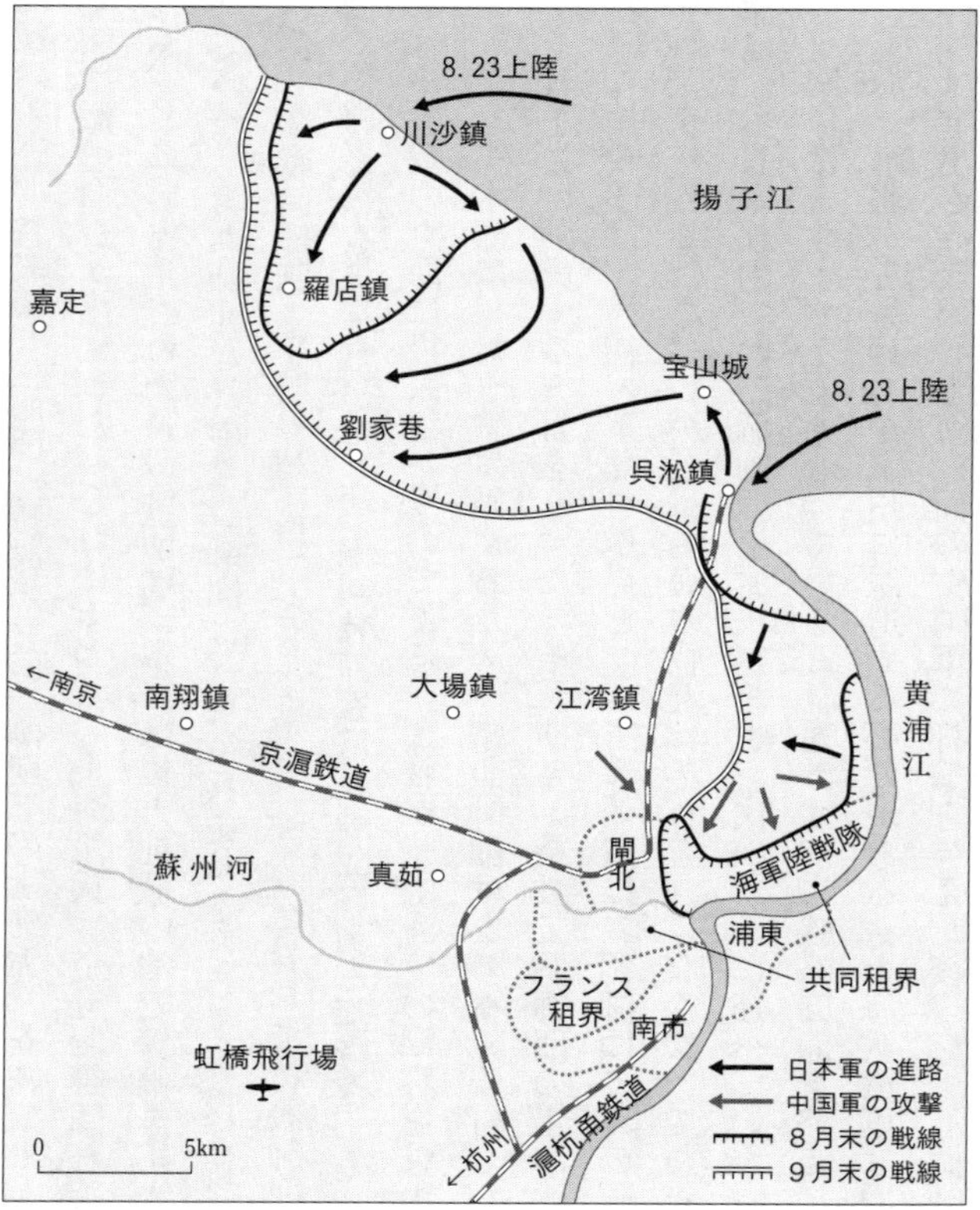

九師団［金沢《かなざわ》］、特設第一三師団、特設第一〇一師団）の上海派兵を決定し、九月一一日、当該師団に派遣命令が出された。これによって、上海派兵は全五個師団となった。

なお、この時派遣された特設師団は、本来は後方地域の治安警備を担当するものと考えられていた。第九師団などの常設師団は、現役兵を基本とし予備役（現役終了後約四年）を召集して戦時編制（平時の約二倍）としていた。これに対して特設師団は、予備役や後備役（予備役終了後五年）が多く、編制装備も常設師団に劣《おと》る部隊だった。

それが激戦の上海に投入されたのである。これが、上海での犠牲を拡大させる一要因となった。参謀本部は、対ソ戦に備えるため、常設師団はなるべく温存し、特設師団を編制してそれを先に動員する方針をとった。それゆえ、特設二個師団の上海派遣となった。

石原ら作戦部は、当初、華北を重点とし、上海派遣は二個師団のみの限定的兵力使用にとどめようとしていた。しかし、上海の戦況はそれを許さなくなっていたのである。ただ石原は、参謀本部内での三個師団増派決定後も、次のように述べていた。

対ソ関係はますます不安となっている。ソ連はすでに戦略展開を終えている。したがって、上海・華北からも兵力を満州に派遣する必要がある。上海派遣軍は増兵されても南京方面へは進出させない。上海方面の中国軍に打撃を与えた後、二～三個師団で上海周辺を占拠させ、それ以外の兵力は満州に転用する。また華北の兵力も適当な時期に一部を満州に移転させる、と。

「上海方面［は］……羅店鎮《らてんちん》―大場鎮《だいじょうちん》―真茹《しんじょ》―南市《なんし》の線を確保し、専守の態勢とし、一部を満州に派遣せんとす。対蘇の関係ますます不安なるに、蘇はすでに戦略展開を終わりあればなり。北支にては、保定の線を確保（十月上旬）すれば、一部を残して満州に派兵せんとす。」（石原の発言。嶋田「嶋田繁太郎大将備忘録」）

「一、上海は増兵さるるも任務は変化せず。南京には攻略戦をやらず。

二、上海に一撃を加えたる後は、二―三師団をもって上海周辺を占拠せしめ、爾後《じご》は満州に転用せしむ。

三、北支那方面軍は可能の時期に至らば最大限六師団を残し、他は内地帰還または満州への移転を行《おこな》う。」（石原の指示。参謀本部戦争指導課「北支事変業務日誌」）

この時点でもなお、中国戦線の早期収拾によって対ソ防備の充実をはかろうとしていたのである。

ここで石原は、戦局を上海周辺に抑え、南京へは進出しないとしているが、これは、当時有力者の間でみられた南京進攻論を念頭に置いたものだった。先にみたように、米内海相は閣議で南京を目標にすべきだと発言しており、松井石根上海派遣軍司令官も同様の考えをもっていた。

なお、近衛内閣は、九月二日、華北・上海での対中戦闘の本格化を受けて、それまでの「北支事変」を改め、「支那事変」と呼称することを閣議決定した。政府レベルでも、対中全面戦争へ突入したと判断されたのである。

また、翌日から開会された議会で、二〇億円（現在の約四兆円）を超える臨時軍事費の支出が認められ、かつ事変の終息までを一《いち》会計年度とする臨時軍事費特別会計が設置された。この臨時軍事費特別会計はその後、膨大な額にふくれあがっていく。

さらに、議会閉会後の一〇月、内閣資源局と企画庁が統合され、戦時統制と物資動員計画を立案する機関として、企画院《きかくいん》が設置された。

こうして日中全面戦争となり、武藤の一撃案のみならず石原の早期解決案も、その可能性は消滅した。当時作戦課員だった堀場一雄（統制派メンバー。石原の影響も受ける）は、次のように書き残している。

「一撃解決案としては、北支を平津掃討後の態勢に止《とど》め、上海は海軍を自重せしめて八月交渉に入るか、あるいは北支をその推移に委し、上海出兵の初動兵力を強大にして明快なる一撃の機会を改めて捉《とら》うるか、の何《いず》れかなりしも、ついにこれらの機会は構成しえずして止《や》みたり。」(堀場『支那事変戦争指導史』)

いっぽう、満州の関東軍は、盧溝橋事件が起こると、まもなく内蒙古察哈爾省《チャハルしょう》などにおける兵力行使を軍中央に強く要請した。石原ら参謀本部はそれを認めなかったが、関東軍部隊の一部は制止を押し切って、八月五日から察哈爾省内の多倫《ドロン》・張北《ちょうほく》に進出。九日、参謀本部はやむなく察哈爾作戦の実施を関東軍に命じた。

この間、石原は不拡大の立場から作戦に反対していたが、武藤は関東軍の要請を強く支持した。

関東軍は、東条英機参謀長の直接指揮のもと、本格的に察哈爾省に侵入。八月二七日、察哈爾省都の張家口《ちょうかこう》を占領した。その後も関東軍は、綏遠省《すいえんしょう》・山西省方面に進撃を続け、華北での作戦を北京・天津地域に限定しようとした石原らの当初の意図は、この方面から崩れた。ちなみに、東条と武藤は、ともに永田直系の統制派グループに属していた。

アメリカへの配慮と中立法

華北では、八月三一日に、従来の四個師団に、青島派遣予定の一個師団、内地から追加派遣された三個師団を合わせて、北支那方面軍が編制された（八個師団基幹、寺内寿一軍司令官）。青島派兵は、八月二四日に近衛内閣が青島居留民の引き揚げ方針を決め、取りやめられていた。青島派遣予定師団は第一四師団、内地からの追加派遣は第一六師団［京都］、特設第一〇八師団、特設第一〇九師団だった。

なお、八月二五日、近衛内閣の五相会議で宣戦布告はおこなわないことが決定された（五相会議メンバーは、近衛文麿首相・杉山元陸相・米内光政海相・広田弘毅外相・賀屋興宣《かやおきのり》蔵相）。おもにアメリカの中立法の発動を回避するためだった。

日本は戦争遂行に必要な機械類や戦略物資の多くをアメリカからの輸入に依存していた。中立法は交戦国へのそれらの輸出を禁じていたからである。中国側もアメリカの援助を期待しており、中立法への配慮から宣戦布告をおこなわなかった。

北支那方面軍は、戦争の早期終結のため、河北省中部の保定《ほてい》付近で中国軍に大打撃を与えることを作戦目的として編制された。

そのため、相当数の戦車・航空機が華北の戦場に投入された。戦車・装甲車は、当時陸軍が保有する大部分にあたる約三〇〇両が投入された。内地から、中戦車約八〇両、軽装甲車四〇両、関東軍から戦車・装甲車約一八〇両が派遣された。また航空機は、当時陸軍の総航空兵力は、戦闘機・爆撃機・偵察機など五四中隊（第一線配備約五五〇機）からなっていたが、その三分の一が派遣された。

ちなみに、ドイツは、第二次世界大戦開戦時（一九三九年九月）、戦車約三〇〇〇両、航空機約四〇〇〇機を投入している。日独陸軍の機械化レベルの相違がわかる。

この保定作戦は、九月中旬から本格化する。だが、中国軍は主力決戦を回避して退避《たいひ》戦術をとったため、戦車・航空機の集中的な投入にもかかわらず、中国軍に決定的な打撃を与えることはできなかった。

石原ら作戦部は保定作戦においても、作戦地域を保定・滄州《そうしゅう》の線付近に限定し（283ページの図表12）、なお不拡大のスタンスを維持しようとしていた。早急な政治的解決が困難な場合でも、必要最小限の要地の占領にとどめ、当地の治安を維持しながら、外交交渉による講和をはかるべきだと考えていたからである。

だが、北支那方面軍は作戦地域を、さらに南の石家荘《せっかそう》・徳州《とくしゅう》の線に拡大した。石原作戦部長や河辺戦争指導課長らは、保定付近に限界を定め、占領地域の安定的確保をはかることを主張した。しかし、武藤作戦課長や田中軍事課長らは、国民政府を短期間に敗北させ、持久戦に持ち込ませないためにも、作戦地域の拡大が必要であると主張。石原に抗した。

このように、陸軍中央に意見の対立があり、統一した戦争指導がなしえない状態では、現地の北支那方面軍などをコントロールすることは困難だった。これが現地軍の独走（戦線拡大）を許すことになっていく。しかも、陸軍中央内では武藤ら戦線拡大派が有力だったのである。こうして日中戦争は、宣戦布告のないまま事実上全面戦争となっていった。

石原の失脚

そのようななか、九月九日の上海への三個師団増派決定後、石原は作戦部長辞任の意向を固め、九月二七日、参謀本部作戦部長を離職。関東軍参謀副長として満州に転出する（写真16）。

写真16　関東軍参謀副長時の石原

1937年、多田駿参謀次長（前列中央）の満州訪問時。その右に石原、左に東条英機関東軍参謀長

「九月二七日

第一部長［石原作戦部長］転出の噂あり。

……

九月二八日

午前八時半より、第一部長石原少将閣下、関東軍参謀副長に転出のため御挨拶《あいさつ》あり。」（参謀本部戦争指導課「北支事変業務日誌」）

石原は参謀本部を去る時、かつて課長を務めた戦争指導課で、「とうとう追い出されたよ」と述べたとされている（今岡『石原莞爾の悲劇』）。

だが転任は、自らの不拡大方針を貫徹《かんてつ》できなかった本人の希望でもあった。

多田駿《ただはやお》参謀次長が石原本人の要望を受け、阿南惟幾《あなみこれちか》人事局長に申し入れたものだった。多田は当初石原を引き留めたが、本人の強い希望により、やむなく人事局長に取り次いだとのことである。

なお、作戦部長辞職前の九月一五日付《づけ》で、石原は概略次のような内容の戦争指導に関する草稿を残している（「戦争計画要綱」）。

一、日本の武力行使に対しては、中国の「挙国的戦意」は強固である。したがって、戦局は即決を許さず、必ずや「持久戦」に陥る。

二、たとえ華北から漢口に侵攻しても、「蔣《しょう》政権の覆滅」は望みがたく、仮に蔣政権が倒壊しても、「全土《ぜんど》抗日の気運」は断じて解消することはない。国民党を中心に長期にわたり抵抗するだろう。

三、したがって、中国との戦争は必ずや長期化し、武力だけでなく政治・経済の「総合的持久戦」となる。

四、このようなことは、「無名《むめい》の師《し》」に国力を蕩尽《とうじん》し、「国家百年の計」を誤《あやま》ることとなる。したがって、国策の大転換をおこない、真の日中提携を実現すべきだ。

五、日本は当面の敵として、中国のみならずソ連も考慮しなければならない。
六、ソ連の向背《こうはい》を考えるならば、今は「国防産業生産力」自体の拡充に全力を傾注すべき時である。

この頃の石原の考えがよくわかる。だが、石原のこうした方策も、すでに実現される余地はなかった。

このように石原は、武藤・田中ら拡大派との抗争に敗れ、陸軍中央を去った。その後石原は、陸軍中央に復帰することはなかった。のみならず、転出した関東軍で東条英機参謀長との確執が生じる。そして東条陸相期の一九四一年（昭和一六年）三月、予備役に編入され、陸軍から去る。

だが、石原の構想そのものは、日米戦争開戦前、参謀本部作戦部長となった田中新一の戦略構想のなかに、かたちを変えて現れ、軽視しえない影響をもつこととなる（拙著『昭和陸軍全史3』）。

武藤章・田中新一の時代

石原作戦部長の失脚によって、統制派の武藤章参謀本部作戦課長と、それにつながる統制派系の田中新一陸軍省軍事課長が、陸軍中央で強い影響力をもつこととなった。

なお、田中軍事課長は、統制派の冨永恭次前作戦課長とも、陸士・陸大と同期で、また同時期にヨーロッパ駐在となり渡欧をともにするなど、かなり近い関係にあった。また、冨永は、同じ統制派の東条英機関東軍参謀長と強いつながりをもっていた。武藤・田中・冨永・東条は、のちに太平洋戦争開戦時の陸軍首脳部中枢を構成することになる。

ちなみに、田中は、石原と同じ仙台幼年学校出身（石原が四歳年上）で、かつ石原が田中の陸大時代の教官だった。そして、田中は満州事変前から石原に関東軍に誘われ、満州事変期（一九三二年四月）に、石原関東軍作戦課長の下で作戦主任となっている。このような関係から、田中は石原から強い影響を受けていた。

しかし、日中戦争をめぐって、拡大・不拡大で二人は対立し、田中は石原から離反する。ことに石原の在華権益放棄、欧州大戦絶対不介入の主張は、田中には受け入れることはできなかった。この面では、永田の華北分離方針、次期大戦不可避論の立場に立っていたといえよう。以後、田中と石原の個人的関係は切れる。田中にとって、石原のような

「中立政策」(欧州大戦絶対不介入)は、「空想」といわざるをえないものだった。

ただ、石原の影響は、なお河辺戦争指導課長、多田参謀次長など、参謀本部に残っていた。

多田は、今井清参謀次長の病状悪化により、その後任として、上海戦前の八月一四日より参謀次長となっていた。石原とは仙台幼年学校の先輩後輩の間柄で(石原が六期下)、満州事変直前に満州駐留の第一六師団参謀長として石原と親交をもった。また、石原の関東軍参謀末期に満州国軍政部最高顧問となるなど、二人は近い関係にあった。

しかも多田は、それまで陸軍中央のこれといった要職には就いておらず、したがって、その参謀次長就任には石原の働きかけがあったとみられている。なお、石原後任の作戦部長には、拡大派の下村定戦史部長が就いた。

ちなみに、日中戦争開始時、永田直系の統制派主要メンバーのうち、武藤章作戦課長のほか、東条英機関東軍参謀長、冨永恭次関東軍参謀、今村均関東軍参謀副長、片倉衷関東軍参謀、服部卓四郎参謀本部作戦課員、辻政信関東軍参謀部付《づき》など、多くが拡大派に属していた。

これに対し、統制派メンバーのなかで不拡大のスタンスをとったのは、池田純久支那駐屯軍参謀、堀場一雄戦争指導課員ら少数だった。彼らはいずれも、多かれ少なかれ当時の石原の影響を受けていた。
そして、これ以後、東条・武藤・冨永ら拡大派が、統制派主流となる。

ソ連の参戦はいつか

石原辞任直前の九月二〇日、武藤ら作戦課は、新たな作戦計画を策定し、参謀本部で次のような「作戦計画の大綱」が決定された。対ソ危機（ソ連の軍事介入）の時期を一一月頃と想定し、それに備えるためのものだった。

一、対支作戦方針
①一〇月上旬を期し、北支那および上海方面において攻撃をおこない、大《だい》なる打撃を与えて敵を屈服させる動機を作る。
②右作戦で目的を達せざる時は、積極作戦を中止し、各種手段をもって敵の持久作戦意志を挫折せしむる。これにより対支作戦の兵力を節約し、対ソ作戦の準備を整える。

二、兵力の使用区分・任務

①対支決戦時機

i 北支方面　北支那方面軍（八～九個師団）をもって中部河北省の敵を撃破する。

ii 上海方面　上海派遣軍（五個師団）をもって上海周辺の敵を撃破する。

②対支持久作戦時機

i 北支方面　一軍（四個師団）をもって平津地方および東部察哈爾省《チヤハルしよう》を確保し、その安定をはかる。

ii 上海方面　一軍（三個師団）をもって上海周辺の要線を確保して上海・南京間を遮断《しやだん》し、占領地の安定をはかる。

③対支持久作戦時期

対ソ戦充当《じゆうとう》兵力は一九個師団とし、別に大本営直轄四個師団を予定する。

これは一〇月上旬に、華北・上海両面において、動員限界に近い一三～一四個師団でほぼ同時に中国側に大きな打撃を与え、その屈服をはかろうとするものだった。そして、この両面攻撃により国民政府を屈服させえなかった場合は、深入りを避け対中戦兵力を七個師団に削減し、対ソ戦に備えるとの計画であった（当時の華北派遣兵力は約三七万、上海派遣兵力は約一九万）。

もし一〇月上旬の攻撃で目的を達しえなければ、それ以後の作戦が迅速に進捗する見込みは薄い。また、ソ連軍にとり季節上北満方面に作戦を開始する絶好の時機となる、との判断からだった。

また、対中持久作戦においては、華北・上海方面とも当該師団数で守勢をとり、戦略目標への空爆、経済封鎖などにより、中国の持久作戦意志を挫折せしむる、としていた。

なお、石原はこの時期すでに辞意を固めており、この作戦計画は武藤ら作戦課主導で作成された。したがって、武藤らの主張する動員限界での対中決戦がまずおこなわれ、その目的が達せられない場合に、石原の主張する対中持久戦（兵力縮小）へ移行する作戦計画となっている。両者の主張の折衷《せっちゅう》案だが、武藤らの決戦論が前面に出たものだった。

石原の持久戦論は、戦面の拡大を抑え、必要最小限度の要地を占領し、治安を維持しながら戦線を持久し、外交により講和に持ち込む、とするものだった。だが実際には、戦線は拡大し、戦争は泥沼状態となっていく。

そして石原は陸軍中央から去り、武藤ら拡大派が主導権を握ることとなった。

三、日中戦争をめぐる石原と武藤《むとう》との対立

「僕が追い出した」

石原と武藤は、かつては良好な関係にあった。

たとえば、二・二六事件の際には、自宅で事件の一報を受けた石原は、すぐに武藤に電話で連絡している。事件収拾後に石原が辞職願い（進退伺い）を出した日にも、帰宅後すぐ武藤から電話があり、辞職を引き留めようとした（石原六埌「兄の憶ひ出」）。

この時、石原は参謀本部、武藤は陸軍省に所属しており、このようなコンタクトは職務上の関係からというよりは、個人的な関係によるものといえる。

また、その後の粛軍《しゆくぐん》人事や軍部大臣現役武官制の復活、宇垣一成内閣の成立阻止などでも、石原と武藤は協力して動いている。参謀本部作戦課長だった石原の軍備増強計画についても、武藤は、軍事課高級課員として陸軍省側から予算編成上、その実現に尽力して

いた。

「[石原らが計画していた]満鮮八ヵ師団整備に大体《だいたい》の基礎を置きまして……当時軍事課の高級課員でありました武藤章中佐は、軍事予算を……最高十二、三億円と致しました。これは当時としては飛躍的なものでありました。……

陸軍は内閣に対して武藤中佐の研究された数によって軍事予算を要求しました。」

(「石原莞爾中将回想応答録」)

それが、この時期には両者は厳しい対立関係となり、ついに武藤らが石原を陸軍中央から追放するかたちとなったのである。のちに武藤は自ら「僕は上官である石原部長を追い出した」と語っている(佐藤賢了『東條英機と太平洋戦争』)。

二人の違い① 投入する兵力量

では、この石原・武藤の対立は、なぜ起こったのだろうか。その点を改めて検討しておこう。

武藤（写真17）は一八九二年（明治二五年）熊本生まれで、石原より三歳年下（陸軍士官学校は四期下）。日中戦争開始時は四四歳だった。陸大卒で、石原と同じくドイツに駐在経験あり、前述したように、その時期が重なり当地で交流もあった。

写真17 武藤章

北支那方面軍参謀副長時の武藤（右）と杉山元司令官

陸軍では、人物評価に軍内学校成績が重視されていたので、その順位をみると、石原は、仙台幼年学校首席、中央幼年学校一三位、陸軍士官学校一三位、陸軍大学二位。武藤は、熊本幼年学校一三位、中央幼年学校不明、陸軍士官学校五七位、陸軍大学五位である。

もっとも重要視される陸

大成績は、ともに優等卒業者（「恩賜の軍刀」組）だった。

その両者の考えの異同《いどう》はどのようなものだったのだろうか。まず、現実の事態認識からみていくと、日中軍事衝突中におけるソ連の軍事介入を警戒する点については、両者は共通していた。

武藤は赤軍幹部粛清など国内の混乱によって、一一月までは、介入はないだろうとみていた。また、石原の回想によれば、参謀本部情報部ロシア課は、ソ連は当面は介入してこないが、戦争が長引《ながび》けば介入するだろう、と判断していた。それは石原自身の意見でもあったようである。おそらくロシア課の判断が、石原・武藤に共有されていたものと思われる。

ちなみに、井本熊男作戦課員は、当時の参謀本部におけるソ連の動向判断について、次のように述べている。少し長くなるが興味深い内容なので、そのまま引用する。


「第二部［情報部］は、『差《さ》し当《あ》たり（あるいは当分《とうぶん》）ソ連が対日参戦する可能性は少ない』という判断であったと記憶する。

その理由は、当時ソ連は要人粛清の渦中《かちゆう》にあり、国内不安を露呈《ろてい》し、また急速に勃興《ぼっこう》してきたドイツによる脅威の影響が少なくないと考えられたからである。差し当たりというのは、あまり長期にわたる判断ではなく、強《し》いて言えば、今年中というくらいのものであろう。

この判断は第一部［作戦部］も同様であるが、その感じ方の内容は、省部を問わず一般に人によって相当の差があった。

［武藤ら］対支膺懲論者の対ソ対支判断は楽観的であって、支那は一撃を与えれば屈服するであろう。それまでにソ連が参戦することはあるまいと考えていた（支那は二ヵ月くらいあれば屈服すると考えていたのではないか）。

対ソ関係を……地道に考えていた者（石原第一部長、河辺第二課長［戦争指導課長］……［ら］少数派）は、ソ連の動向に対する関心が大きかった。……ソ連は今出て来ないといっても戦争が長引けばどうなるか分《わ》からない。きわめて危険な綱渡《つなわた》りであるという感じを強く抱《いだ》いていた。」（井本熊男「支那事変回想録」防衛省防衛研究所所蔵）

石原・武藤は、反応を異《こと》にしながらも、ともに情報部の判断を基礎にしていたことがわかる。

だが、当面中国に投入しうる兵力量については、石原が一一個師団、武藤が一五個師団と、想定が分かれていた。両者は、動員可能師団数（戦時編制）を一五個師団とすることでは共通していた。

これは陸軍省戦備課（長谷川基《はせがわもとい》課長）の判断によっていた。戦備課は、軍需動員による補給態勢について、次のように参謀本部・陸軍省に説明している（今岡『石原莞爾の悲劇』）。

一、総兵力三〇個師団の半分一五個師団に応じる補給は可能である。ただし、飛行隊は全五〇個中隊に補給可能。

二、弾薬は、一五個師団第一会戦（約四ヶ月分）は現在の備蓄《びちく》で対応可能。同師団数第二会戦分はその間に製造可能。

三、七ヶ月後頃より、常時補給（一五個師団分）に支障なし。

四、所要費用は約八億円（現在の約二兆円）、さしあたり三億円を必要とする。

この戦備課の判断をもとに、石原は、対中国戦には一一個師団をあて、対ソ防備に四個師団動員の可能性を残しておこうとした。

だが、武藤は動員可能全師団（一五師団）の中国戦線動員を考慮に入れていた。もちろん武藤も、対ソ国境から全師団を引き揚げることを考えていたわけではない。一一月までは平時編制のままで四師団を国境線に残し、動員可能限界の一五個師団を戦時編制として中国戦線に投入することを想定していたのである（戦時編制は平時編制の約二倍の兵員・装備）。

両者の中国戦線への投入可能師団数の相違はそこから来ている。しかし、その相違は必ずしもソ連介入の蓋然性《がいぜんせい》についての判断の違いによるものでないことは、すでにみた通りである。それでは、両者の投入可能師団数の相違は何によるものだろうか。

その相違は両者の対中戦争に対する姿勢の違いによっていた。つまり、石原は対中戦争に消極的な姿勢で、武藤は積極的。それが一一個と一五個という師団数の相違に表れていた。

両者の師団数の相違は、日中武力衝突の拡大、不拡大のスタンスそのものからきているのである。石原は、不拡大の観点から対ソ防備を強調して、そのための四個師団を動員数に入れ、中国戦線への動員可能師団数を引き下げて事態の拡大を抑えようとした。そして武藤は、その逆を主張したといえる。

このように、対中投入可能師団数の相違は、両者の対中姿勢の相違そのものによっていた。

二人の違い② 短期戦か、長期戦か

では次に、石原と武藤の中国側抵抗力の評価についてはどうだろうか。

武藤は、「一撃」で事態を処理できる旨の発言を残している。だが、数個師団による攻撃で、華北の中国軍を打破することはできても、抗日姿勢の南京国民政府そのものを屈服させることができるとは確信していなかったであろう。

それゆえ、数個師団による一撃のみではなく、動員可能兵力一五個師団すべてを中国戦線に投入することも考慮に入れていたのである。

当初武藤は、一撃によって南京政府に華北五省の自治（華北分離）を認めさせることは可能だとみていた。そして必要があれば、動員可能な一五個師団すべてを投入してでも、国民政府を屈服させることを想定していた。

だが、それが、一撃で目的を達しえなかったのみならず、中国側の予想外の持続的抵抗を受け、日中全面戦争に突入した。そして、先の「作戦計画の大綱」では、華北・上海両戦線のみで動員可能限界に近い一三～一四個師団を投入する決戦を想定することになった。

しかも、後述するように、実際には上海戦段階で動員限界を超える一六個師団を投入。さらに南京攻略をめざす本格的全面戦争となっていく。しかも、南京陥落後も蔣介石は屈服せず、日中戦争はさらに大量の日本側兵力を飲み込んで長期化する。

いっぽう石原は、事変当初からこう考えていた。中国領土の広大さと民族主義の昂揚《こうよう》から、一撃ではもちろん、全面戦争となっても、容易には中国側を屈服させることはできない。しかも、長期的に対中全面戦争を続けることは、ソ連の介入を招きかねず、その場合はなす術《すべ》がなく危険だ。したがって、満州国の承認を条件に、華北の政治的権益の放棄など、かなり思い切った譲歩によって講和を実現するしかない、と。

石原のみるところ、全面戦争によっても中国側を屈服させ、問題を一挙に解決する可能性はない。そのための事前の準備がなく、また、そもそも全面戦争の計画それ自体ありえない。なぜなら、対ソ戦計画だけでも戦力が不足しており、それに対中全面戦争を想定した戦争計画は成り立ちえないと判断していたからである。

したがって、中国と一度戦争になれば全面戦争となって長引き、決戦によって中国側を屈服させることは不可能だと考えていた。ただ石原は、塘沽《タンクー》停戦協定成立（一九三三年）の頃であれば、国民政府を力で屈服させる可能性はありえたとみていた。まだ極東ソ連軍の戦備がそれほど増強されていなかったからである。

石原によれば、その頃には対中国政策として「二つの道」があった。

第一は、蔣介石との外交折衝によって、中国における日本の政治的権益を返還するのと引き換えに、満州国の独立を承認させる。そのうえで日中間で東亜連盟の形成をはかり、日中和解を実現する。

「一つは蔣介石と力強《ちからづよ》き外交折衝を行い、蔣介石をして満州国の独立を承認せしめ、支那における［日本の］政治的権益を引き上げ、東亜連盟の線にそって進めば、私は蔣介石との間に了解できたと思います。」（「石原莞爾中将回想応答録」）

第二は、北京・南京を占領して蔣介石を屈服させ、満州国の承認を受け入れさせる。そのうえで中国本土より撤兵し、東亜連盟を作る。

「第二案は、停戦協定の線に止《とど》まらずに、北京、南京を攻略して蔣介石を屈伏せしめ、満州国を承認させて支那本部より撤兵し、その後、東亜連盟を作るというのであります。」（同右）

この第二の道が、実力によって中国側を屈服させることを想定したものだった。

しかし、極東ソ連軍の戦備が大幅に増強された盧溝橋事件時（一九三七年）では、ソ連軍介入の可能性が高まり、それが困難になったと石原は判断していた。対中戦争は対中ソ両面作戦となる蓋然性が強く、日本の戦力や軍需工業のレベルではそれに対処しえないと考えていたからである。

なお、ここで言及されている「東亜連盟」とは、先にもふれたように、石原によれば、「王道主義」により日本を「先達」として、日本・満州・中国の提携による連合体である。その基礎原理は、「思想の一元、国防の共同、経済の共通、政治の独立」とされているが、ここではこれ以上立ち入らない。

いずれにせよ石原は、日中戦争期の段階では、戦争によって中国を屈服させる可能性はないと判断していた。

それゆえ石原は、盧溝橋事件当初のみならず、日本軍の華北での総攻撃開始後も、そして上海での戦闘中も、常に国民政府との講和を主張していた。しかも講和条件は、中国側による満州国の承認と、日本の華北政治権益の放棄で一貫していた。それ以外の条件では蔣介石との妥協の道はないと考えていたからである。

この条件や、東亜連盟論を蔣介石ら国民政府が受け入れたかどうかはともかくとして、それが石原の対中姿勢だった。

永田・武藤の構想

このように、石原と武藤の対中姿勢にはかなりの相違があった。

武藤は当初は一撃による華北分離の実現を、のちには全面戦争による国民政府自体の屈服をめざし、それが可能だと判断していた。石原は、当初から全面戦争によっても中国は屈服しないし、現実に対ソ防備のため全兵力を対中戦争に投入することはできない。したがって、事態を収束するには、大幅な妥協による講和しか道はない。そう考えていた。

だがなぜ武藤は、当初の予想と異なり、中国側が華北での一撃では屈せず、かつ上海での頑強な抵抗に直面した時に、自らの認識を改め方針の修正（戦線の縮小や日中妥協など）をはからなかったのだろうか。武藤は、そのような事態に対しても自らの方針を貫いた。

このことは、石原・武藤の拡大・不拡大の対立が、中国認識そのものによるというよりは、別の要因に規定されていることを示している。両者の中国認識の相違は、その対立の二次的な要因だったといえる。

では、両者の対立の根本的な要因は何だったのだろうか。

それは両者の長期的な戦略構想の相違にあった。この点は先に簡単にふれたが、重要な問題なので改めて詳述しておこう。

武藤は、一夕会員で永田直系の統制派に属し、永田が参謀本部情報部長時、部長直属の総合班長だった。永田が陸軍省軍務局長時にも、軍務局軍事課高級課員として彼のもとで勤務した。その間、永田の強い影響を受け、永田の後継者として自他ともに許す存在となった（なお、両者はともに医師の家系）。

したがって、武藤は永田の戦略構想を直接に受け継いでいた。

永田は、早くから次期世界大戦は不可避であり、日本もそれに何らかのかたちで巻き込まれると判断していた。

国家総力戦になると想定される次期大戦に対処するためには、国家総動員の準備と計画が必須である。それには、国家総力戦を支える経済力の強化とともに、資源の自給自足が不可欠だ。だが、日本には自給自足のための資源が不足しており、不足資源は近隣の中国に求めざるをえない。また必要な軍需資源は、中国（とりわけ満州・華北・華中）のそれを含めればほぼ自給しうる。そして中国市場の確保は、日本の経済力の増強にとって必要なものだ。そう考えていた。

また永田は、次期世界大戦はドイツ周辺から起こる可能性が高いとみており、ヨーロッパ情勢の動向に注意を払っていた。永田が軍務局長時代に推進した華北分離工作は、このような考えにもとづき、ナチス・ドイツの再軍備宣言後のヨーロッパでの戦争勃発可能性の現実化を受け、実施に移された。

武藤はこのような永田の構想を継承し、華北分離を実現しようとしていた。

永田のもとで、華北分離方針を現地に指示した「対北支那政策」（一九三五年）を起案したのは、武藤だった（当時軍事課高級課員）。ヨーロッパで戦争の危機が現実化してくるなか、まず華北の資源と市場の確保を実現しようとしたのである。

武藤は情報部総合班長時、東アジアをはじめ国際情勢の分析に力を注ぎ、いくつかの論述も発表している。そこではヨーロッパでの戦争の可能性について常に注意を払っていた。

たとえば、一九三三年（昭和八年）の論考では、第一次世界大戦以来の国際連盟や英米独仏伊ソ中など各国の動向を、かなりのスペースを割《さ》いて検討している。そこでは、近年各国が「国家主義」の方向に動いており、ことに欧州情勢について、「将来において必ず仏独戦争は起こる」との指摘をしている。

「ドイツも……軍備平等権を振り回してきた。……ベルサイユ条約の改定を要求しております。ドイツが起こってくるとイタリーが必ず支持をする。……フランスはポーランド・チェッコスロバキアなどと手を握るという次第で欧州は危機線上をさまよっているのであります。……両国［ドイツ・フランス］の間の緊張というのは想像以上のものがあります。将来において必ず独仏戦争は起こるのでありましょう。」（武藤章「国際情勢と日本」『信濃教育』第五六二号）

この直前ドイツでは、ヴェルサイユ条約の破棄と再軍備を主張するナチスが政権を掌握していた。また翌年の論考でも、同様に欧州情勢の動向を重視している（武藤「世界現下の情勢と国民の覚悟」）。

また、のちに（一九三九年）ヨーロッパで実際に大戦が始まると、日本もそれに対処する必要があるとして、「国防国家」の建設とそのための自給自足態勢の確立を強く主張するようになる。

石原の構想

それに対して石原は、参謀本部戦争指導課長となるや、強い指導力を発揮して、永田・武藤らがすすめてきた華北分離工作を中止させた。それは、次のような理由によっていた。

石原のみるところ、現在日本にとっての最優先課題は、対ソ防備を充実させることである。近年、極東ソ連軍が大幅に増強され、満州・朝鮮の日本軍に対して極東ソ連軍の戦力が圧倒的に優位な状況となっている。したがって、対ソ軍備を充実し、極東での日ソ間の軍事バランスを回復させなければならない。

そのうえで、できればソ連と不可侵条約を結び、沿海州の長距離爆撃機を撤収させるなどして、北方の安全を確保する必要がある。それが不可能なら一撃を加えてソ連の極東攻勢を断念させ、北方の不安を取り除く。

これが実現すれば、日本・満州・中国で東亜連盟を形成するとともに、アジアからイギリスはじめ欧州勢力を一掃して、日本がアジアの指導権を掌握する。そして来《きた》るべき日米世界最終戦争に備える。石原はそう考えていた。

この対ソ防備の充実のためには、それを支える急速な工業力の発展、国力の充実が必要であり、そのための日満産業五ヶ年計画を何としても完成させなければならない。またこの間は、財政的な観点からしても絶対平和を維持することが要請される。それゆえ、対ソ関係のみならず、対中関係においても慎重自制の態度を固く守らなければならない。

この頃の石原の関心の中心は、この点にあった。それが、石原が盧溝橋事件の拡大を防ごうとした一つの要因だった。

ちなみに、石原は昭和初期には、もし日本が一〇〇万の軍隊を動かすような戦争を強《し》いられれば、国家破産となるとの認識だった（「戦争史大観」一九二九年）。つまり国家総動員を必要とするような国家総力戦には、日本は耐えられないとみていた。だが、この時期には、日満産業五ヶ年計画を完成させ、さらにそれを発展させることができれば、国家総力戦も可能となると判断していた。

石原はのちに、こう回想している。

「この宮崎〔正義〕氏の研究〔日満産業五ヶ年計画〕の要領を聴《き》き、私も数年前……に、『百万の軍を動かさざるべからずとせば、日本は破産の外《ほか》なく……』と日本の戦争力を消極的に見ていた見地を心から清算した。……国家が真《しん》に自覚すれば、その〔東亜防衛のための実力〕達成は必ず可能なるを確信するに至ったのである。」（「戦争史大観の序説」『戦争史大観』一九四〇年一二月）

したがって、その段階では、ソ連に対しても極東攻勢を断念させるよう軍事的圧力をかけることもでき、北方の安全を確保できる。そう考えていた。

このような観点からすれば、中国との緊張関係を増大させる華北分離工作は中止しなければならない。中国では近年「民族運動」が昂揚してきており、華北分離の推進は日中間の対立を激化させ、日中軍事紛争の要因となりかねない。

また、もし対ソ戦備が整う前に、ソ連の侵攻などにより対ソ戦となった場合、戦争遂行のためには米英からの軍需品の供給に頼らざるをえない。したがって、米英が強い利害関心をもつ中国華北への勢力圏の拡大をはかる華北分離工作はきわめて危険なものといわざるをえない。また、日中間の紛争はソ連侵攻の誘因となる。それゆえ、今はむしろ積極的に日中関係の安定をはからなければならない。

したがって、華北分離工作を中止するだけでなく、日中関係を安定させるため、さらに華北での日本の政治的権益を放棄することを考慮する必要がある。たとえば、南京国民政府がその存在を強く非難している冀東《きとう》自治政府を解消する。さらに河北省・察哈爾《チャハル》省《しょう》の冀察《きさつ》政務委員会への日本側からの政治指導を停止すべきである。石原はこう考えていた。

石原も、永田・武藤と同様、ヨーロッパで戦争の危機が近づいていると判断していた。だが永田・武藤と異なり、先の大戦は、世界大戦とはいえず欧州大戦にすぎないとみていた。また、近い将来ヨーロッパで戦争が起こるとしても、それは欧州大戦にとどまり世界大戦とはならない。日本が欧州大戦に対して不介入のスタンスをとり、それを維持することは十分可能である。

したがって、日本は欧州大戦に絶対に介入すべきでない。その間、対中、対ソ静謐《せいひつ》を確保し、日満産業五ヶ年計画、さらにその先の五ヶ年計画を完成させる。それによって蓄《たくわ》えた国力と戦備により、ソ連の極東攻勢を断念させるとともに、東亜連盟を形成し、さらに欧州勢力をアジアから駆逐して東洋の指導権を掌握する。それが石原の考えだった。

このような石原の華北分離中止の方針は、武藤にはとうてい受け入れられないものだった。いわんや華北権益の放棄などは、武藤からみれば、近づく世界大戦を前に日本の存立を危機にさらすものといえた。

対立の根底にあるもの

だが、石原の華北分離中止の方針は、陸軍中央に受け入れられ、政府（林銑十郎内閣）も華北分離政策の中止を決定した。

したがって、武藤にとって、石原の華北分離中止政策を打破することが最優先の課題となった。そこで武藤は、盧溝橋事件を契機に、対中関係の安定を重視し不拡大方針をとる石原に対して、その対中戦略構想を破砕《はさい》するため、事態拡大の方針をとったのである。石原の華北既得権益をも放棄しようとする姿勢に批判的となっていた、田中軍事課長をはじめ陸軍中央の幕僚たちも、それに同調した。

かつては対ソ戦備充実のため軍備増強を強力に推し進める石原を支持していた幕僚層

も、多くは石原の不拡大方針には賛同せず、武藤・田中のリードする拡大派となっていく。

ちなみに、井本熊男（当時作戦課員）は、この時期の拡大派と不拡大派の対立を、次のように回想している。

「不拡大の意味は、盧溝橋で起きた日支間の小《こ》ぜり合いが、両国の戦争状態に発展しないように交渉によって解決することであった。

この方針を一つのまとまった国策構想に立脚《りつきやく》して強調し、その実現のために努力したのが参謀本部の第一（作戦）部長石原莞爾少将であった。……

とにかく今支那に対して戦争するようなことをしてはならない。戦争すれば、必ず泥沼にはまって身動きできない状態に陥り、そのため国家的消耗を来《き》たし、国防国家の実現はできなくなる。その懸念《けねん》から［石原は］昭和十一年後半には、対支政策上の要求を緩和し、北支分治［華北分離］政策を止めることを提唱し、それは林［銑十郎］内閣の政策に織り込まれていた。……

さて『拡大』であるが、［武藤らは］この時点においては、支那に一撃を与えて屈服せしめ、我が従来の要求である北支分治を主とする対支政策を実現することを狙《ねら》ったものであって、それは百パーセント可能であると考えていたのである。……

この意味の拡大は、殆《ほとん》ど陸軍全体の考え方であって、その背景をなしていた対支観は……支那は弱国で、蔣介石の中央政府は武力の脅《おど》しだけで屈服する。それが実現しない場合でも、我《わ》が若干師団をもって一撃を加えれば、必ず屈服すると信念的に思いこんでいたのである。満州事変後、連続不断に進めてきた北支分治工作は、あくまで進めなければならない。

その考えから見ると、石原不拡大思想の如《ごと》きは、この国家的、少なくとも陸軍の総意的国策思想に対し、あえて異論を唱える偏向異端《へんこういたん》と見るものが多かったのである。」

（井本『作戦日誌で綴る支那事変』）

華北分離工作問題が、両派の対立の重要な背景にあったことがわかる。

日中戦争が泥沼化した理由

華北での総攻撃開始後も、石原はなおそれ以上の拡大を抑制し、中国側との講和によって事態の収拾をはかろうとした。だが石原が和平の条件として考えていた華北の政治的権益の放棄は、武藤や田中など幕僚層のみならず陸軍首脳部にも受け入れられず、戦争は拡大していく。

局地的な戦闘で終わらせようとしていた石原に対して、武藤は華北での全面戦争もやむなしとの態度だった。ただ、武藤も当初は戦争が上海・南京など華中にまで拡大することは必ずしも望んでおらず、華北での中国軍主力を壊滅させることで中国側を屈服させたいと考えていた。

だが、戦火は上海にも拡大する。石原は、不拡大の方針から上海への陸軍の派兵には反対した。これに対抗して武藤は、陸海軍一致による打撃を中国軍に与える必要があるとして、上海派兵に積極的となった。石原も、海軍からの強い要請に、やむなく派兵を了承する。

その後も石原は、上海での戦闘を早期に収束させ、講和に進みたいと考えていた。だが中国側の全面的な抗戦によって日本軍は苦境に陥り、武藤らはさらなる陸軍増派を主張。石原も上海戦線の状況悪化によって、ついに増派を認めざるをえなくなる。

こうして、華北での戦線の拡大と、上海での中国側の強力な抵抗によって、石原の不拡大方針は事実上破綻していった。

その間、石原は一貫して華北の特殊権益放棄による中国側との政治的妥協を主張するが、もはや軍上層部にもまったく受け入れられず、ついに石原は失脚する。

このように、石原の対中政策を破砕し石原追放に成功した武藤は、華中への戦線の拡大とともに、華北分離のみならず、蔣介石政権そのものの全面的屈服へと進んでいく。それによって中国側の反日姿勢を転換させ、華北にとどまらず中国全域の資源・市場（経済力）掌握への足がかりを確保しようと考えるようになるのである。

武藤も、華北分離政策策定当初は、必ずしも武力による華北分離の実行を望んでおらず、政治・謀略工作によって政策意図を実現しようとしていた。国際関係への考慮や、対中戦争となった場合、ソ連による軍事介入を警戒していたからである。

だが、中国側の抵抗などによって華北分離工作は容易に進捗せず、さらに石原によって華北分離政策は中止された。

そこで武藤は、ソ連国内の混乱と盧溝橋事件を契機に、石原の対中政策を打破し、華北分離を実現しようとして、石原の反対する対中軍事行動に踏み切ったのである。したがって事変当初の武藤の意図は、一撃によって華北分離（華北の自治化）を南京国民政府に認めさせ、華北の資源や経済力を確保することにあった。そして、それを足がかりにして、さらに国民政府自体の反日姿勢を転換させ、華中の資源や経済力の掌握に進んでいこうとしていたのである。

だが、予想以上の中国側の抵抗を受け、武藤自身も当初想定していなかった上海・南京での戦闘となっていく。この段階では、武藤も国民政府を全面的に屈服させ、一挙に華北・華中を日本の勢力圏下に置こうとするようになる。だが国民政府の執拗《しつよう》な抗戦意志によって、戦線はさらに拡大し、戦争は長期の持久戦となり泥沼化していく。

このように日中戦争は、その発端においては、陸軍内の政策対立に起因するもので、武藤らが石原の政策的指導権を破砕しようとしたことが重要な動因になっていた。武藤ら拡大派も、事変当初は、中国の植民地化や領土分割を企図したというより、華北分離(華北の勢力圏化)を実現し、それを国民政府に認めさせようとするものだった。

だが、中国側抵抗力への過小評価と、石原に対抗しその対中政策を打破しようとして、当初の華北分離の意図を超えて事態を拡大させ、戦争目的を広げていったといえる。

上海作戦の成功と失敗

さて、九月二〇日策定の「作戦計画の大綱」で示された、一〇月の華北・上海同時攻勢作戦は結局、予定通りには実施されなかった。

北支那方面軍は、保定・滄州の攻略後、一〇月攻勢によって中国軍主力を一挙に殲滅しようとした。だが、河北省南部の石家荘攻略と、山西省北部の太原《たいげん》攻略に兵力を分散することとなり、華北の中国軍主力を捕捉《ほそく》殲滅することはできなかった。

上海でも、上海派遣軍五個師団では国民政府軍精鋭部隊の頑強な抵抗を破砕できず、むしろ苦戦に陥っていた。

武藤作戦課長は、上海での戦闘激化以前、山東方面に新たな部隊を上陸させ、北支那方面軍とともに、華北の中国軍主力を南北から挟撃することを主張していた。しかし下村作戦部長は、上海方面の戦闘を重視し、その後、武藤も上海の状況をこのままにはできないと考えるようになる。

そこで、武藤は、上海南西の杭州湾への上陸作戦によって中国軍の背後を突くことを上申《じょうしん》。さらに自ら華北に出向き、北支那方面軍と交渉し、方面軍から二個師団（第六師団、第一六師団）を上海作戦に投入することを実現させた。また、国内から二個師団（特設第一八師団、特設第一一四師団）を上海派遣のために動員した。

武藤は石原作戦部長失脚後、作戦課長として比較的自由に采配《さいはい》を振るえるようになったのである。

そして一〇月末、上海派遣軍と杭州湾上陸軍などで中支那方面軍（松井石根軍司令官、九個師団基幹）が編制された。その任務は、北支那方面軍と同様、中国軍に打撃を与えて抗戦意志を挫《くじ》き、戦争終結の機会をつかむことにあった。これにより、中国での主戦場は華北から上海へと転換された。

この時武藤は、自ら希望して中支那方面軍参謀副長となり陸軍中央から転出する。後任の作戦課長には、河辺戦争指導課長が就いた。同時に、石原が新設した戦争指導課は廃止され、作戦課に戦争指導班として吸収された。

この参謀本部の組織改編は、武藤が作戦課編制班に検討を指示していたもので、武藤ら作戦課の起案によるものだった。

一一月五日から始まった杭州湾上陸作戦は成功し、背後に脅威を受けることとなった上海付近の中国軍は、ついに総退却を余儀なくされた。最重要視していた防御線を突破された南京政府は、一一月一六日、内陸深部にある四川省重慶《じゅうけい》への遷都《せんと》を決定し、なお抗戦継続の意志を示した。

上海作戦は戦術的には成功したが、南京国民政府の戦争意志を挫折させるという、当初の戦略目標の達成には失敗したのである。

この時点で、日本軍は、華北方面に七個師団、華中方面に九個師団を派遣しており、本土に残る常設師団は、近衛師団と第七師団（旭川《あさひかわ》）のみとなっていた。

また、対ソ防備の考慮から、精鋭の常設師団（四個師団）は満州に配置され、上海方面の作戦には、臨時編制の特設師団が一部投入された。前にもふれたように、特設師団は、現役兵率の低い編制装備の劣る部隊であり、戦闘では多数の死傷者を出し凄惨な状況に陥る場合が少なくなかった。また、ソ連の出方《でかた》を警戒し兵力の逐次投入となったことも、上海現地軍の損害が拡大する要因となった。

華北では、石原系の河辺作戦課長・多田参謀次長主導で、参謀本部が軍事作戦地域を河北省に限定する方針を指示していた。にもかかわらず、北支那方面軍は河北省のみならず、山西省・山東省へも侵攻。関東軍も、察哈爾省・綏遠省・山西省へと進み、参謀本部の意図に反して、戦線は拡大していった。

参謀本部が現地軍に対して強硬な手段をとりえなかったのは、陸軍中央に戦争指導方針

図表14　上海作戦の関係地図

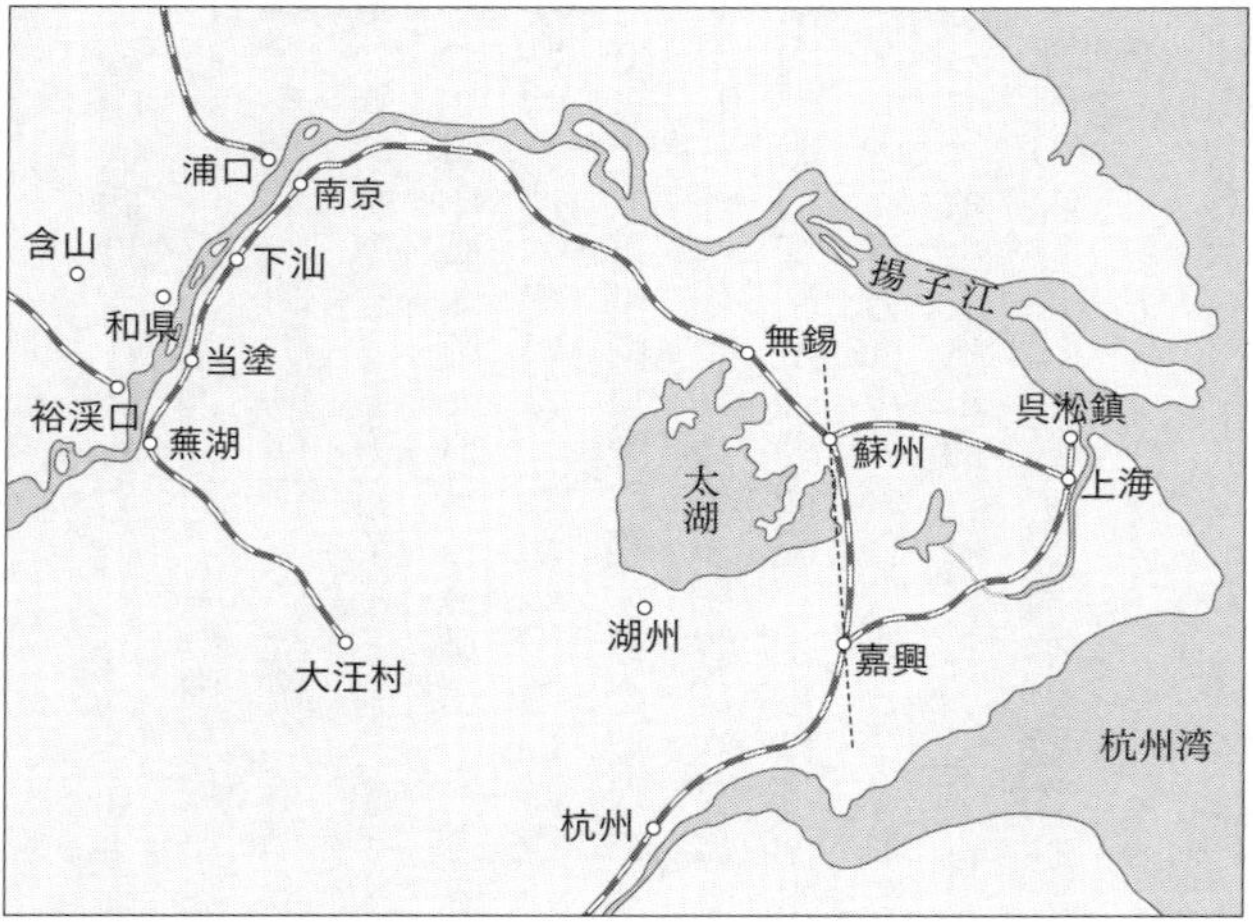

をめぐって対立があったからである。石原辞職後も、河辺作戦課長や多田参謀次長は、戦線の拡大には慎重なスタンスを維持していた。だが、田中軍事課長や下村作戦部長ら幕僚の多くは、中国軍に決定的な打撃を与えるまでは戦線の拡大もやむをえないとの強硬な姿勢だった。

華中では、上海付近を制圧後、中支那方面軍は中国軍の退路を遮断するため追撃を求めた。だが参謀本部は石原系の河辺ら作戦課主導で、作戦地域を蘇州《そしゅう》・嘉興《かこう》の線以東に制限した（図表14）。

しかし、武藤参謀副長ら中支那方面軍首脳は南京への追撃を主張。参謀本部でも、下村作戦部長が南京攻略の必要を認めていた。

この頃武藤は、作戦打ち合わせのため上海に来た河辺作戦課長に対して、「南京を取ったら蔣介石は手を挙げる」と、南京攻略を主張している（河辺『市ヶ谷台から市ヶ谷台へ』）。また上海制圧直前にも、福留海軍軍令部作戦課長に、中支那方面軍としては「南京進撃の態勢を整え」る方針である旨を語っている（嶋田「嶋田繁太郎大将備忘録」）。

かつて日中戦争開始直後、武藤は、一撃を加えるが「南京を取ろうということは考えていない」と述べていた。しかし、この時点では、一撃ではとうてい中国側を屈服させることはできず、首都南京を攻略する必要があると考えるようになっていたのである。

しかし、河辺作戦課長や多田参謀次長は、作戦地域の拡大、南京攻略には反対で、参謀本部内において制限線の撤廃、さらには南京攻略をめぐって激論となった。

だが、中支那方面軍の強い要求と、それに呼応《こおう》する田中軍事課長ら中央幕僚多数の意見によって、参謀本部も押し切られ、一一月二八日、南京攻略を容認した。作戦地域を蘇州・嘉興の線以東に制限する指示が廃されたのである。

四、和平工作の失敗と戦争の長期化

トラウトマン工作

一九三七年（昭和一二年）一二月三日から、中支那方面軍の各部隊は南京への進撃を開始した。日本軍は、南京近郊の中国軍防衛線を空爆と激しい戦闘のすえ突破し、一三日、南京を占領した（国民政府は重慶に遷都。政府主要機関は漢口・長沙《ちようさ》に移転）。

だが、内陸侵攻の事前準備がほとんどなされていなかったため、兵站《へいたん》補給が不十分で、現地での食料・物資の略奪が多発。また、その過程で、戦闘で抗戦した中国兵のみならず、敗残兵・捕虜《ほりよ》・民間人が多数殺害された（南京事件）。

堀場一雄作戦課員は、のちに次のように記している。

「攻略兵団は各々《おのおの》一部を［南京］城内に推進したるものなるも、上海の苦戦、訓練不十分なる応召兵《おうしようへい》の介在等により、一部不軍紀《ふぐんき》の状況を現出し、支那軍敗残兵および不良民等の乱暴も加わり、南京攻略の結果は十年の恨《うら》みを買い、日本軍の威信を傷つけたり。」（堀場『支那事変戦争指導史』）

この時、石原系の多田参謀次長や河辺作戦課長らは南京占領に反対したが、それには政治的な背景があった。

当時、駐華ドイツ大使トラウトマンを仲介とする、南京政府との和平工作（トラウトマン工作）がおこなわれていた。河辺や多田は、首都攻略前の和平成立が望ましいとの考えから、トラウトマン工作に期待を寄せていた。

上海での戦闘が困難をきわめていた頃の一〇月一日、近衛内閣は、首相・外相・陸相・海相による四相会議で、一定の講和条件を定め、戦争の早期解決をはかることを申し合わせた。その条件は、華北・上海における非武装地帯の設定、満州国承認、日中防共協定、華北での鉄道・鉱業その他の日中合弁事業の承認（資源確保）などだった。

これにもとづき、広田弘毅外務大臣は、諸外国による日中間の和平斡旋《あっせん》を受け入れる旨を明らかにし、ドイツがこれに応じた。

ドイツは、いっぽうで日本と防共協定を結んでいた。だが他方、中国に軍事顧問団を派遣し、対中貿易高は米・日に次いで第三位を占めていた。したがって、日中間の早期和平を望んでいたのである。

ドイツによる和平斡旋は、石原が作戦部長在任中から着手しており、石原の了解のもと、参謀本部情報部員がドイツ大使館と接触していた経緯があった。また、大島浩駐独武官ルートでもドイツ軍首脳部に働きかけていた（ゲルハルト・クレープス「参謀本部の和平工作」『日本歴史』四一一号）。

一一月初旬、広田はドイツ側に、四相会議での申し合わせを基本とする和平条件を示し、トラウトマン駐華大使が直接、それを蔣介石に伝えた。

しかし、蔣介石は提示された条件を拒否した。当時、ベルギーのブリュッセルで九ヵ国条約会議が開催されており、蔣介石は、その結果（対日制裁）に期待していたのである。しかし会議では、日本への非難決議は採択されたが、対日制裁を回避することとなり、一一月下旬には、無期限休会となった。

このようななか、一二月初旬、トラウトマンと会談した蔣介石は、領土・主権の保全を前提に、日本側の和平条件を話し合いの基礎として受け入れることを示唆した。日本軍が上海付近の最重要防御線を突破して南京にせまる、という苦境のなかでの反応だった。

このことは、南京占領直前に日本政府に伝えられたが、南京占領後の一二月二一日、近衛内閣は、和平条件をより厳しいものに変更することを閣議決定した。それは、先の条件のほか、華北・内蒙古における自治政権の樹立、華中占領地域の非武装地帯化、華北・内蒙古・華中への保障駐兵、賠償金要求などを加えたものだった。

これは南京国民政府としては、とうてい容認しえないもので、翌年(一九三八年)一月一三日、日本側に改めて要求細目の確認を求めた。

講和条件をめぐり、国内で対立

この間、参謀本部の河辺作戦課長や多田参謀次長らは、南京が陥落しても蔣介石政権が崩壊することはないと判断していた。彼らは、対ソ戦備への考慮から戦争の長期化を回避すべきだとして、当初の比較的寛大な条件での講和を主張した。だが、近衛内閣や陸軍省は、南京陥落後における蔣介石政権の弱体化を予想し、講和条件の拡大や交渉自体の打ち切りを主張していた。

一二月下旬から翌年(一九三八年)一月中旬にかけて、大本営政府連絡会議で、和戦をめぐって議論が重ねられた。

杭州湾上陸後の一一月下旬、近衛首相の提案によって、戦時・事変の統帥機関である大本営が設置され、同時に、大本営と内閣による大本営政府連絡会議が設けられていた。これが、国家レベルでの事実上の最高指導機関だった。なお、統一的戦争指導機関としての大本営設置そのものは石原も早くから考えており、陸軍部内で議論されていた（参謀本部戦争指導課「北支事変業務日誌」）。

その大本営政府連絡会議で、参謀本部の代表者多田参謀次長は、河辺作戦課長らのサポートを受けながら、和平の必要を繰り返し説いた（参謀総長は皇族の閑院宮で、慣行として政策決定には関与せず）。だが、杉山陸相のみならず、近衛首相・広田外相らも強硬論で、多田は孤立に近い状態にあった。

ちなみに、当時陸軍省中枢ラインは、杉山陸相・梅津次官・町尻軍務局長・田中軍事課長で構成されていた。町尻・田中はともに一夕会員で、石原転出後に軍務局長となった町尻は、実務の中核である田中軍事課長の意見を、基本的に尊重するスタンスをとっていた（町尻はかつては石原に同調していた）。

したがって、石原系で不拡大派の柴山軍務課長の存在は影が薄く、陸軍省内では対中強硬論の田中軍事課長が強い影響力をもっていた。こうした背景から、杉山陸相は連絡会議で強硬論を主張していた。

日本側が設定した最終回答の期限である一月一五日、大本営政府連絡会議が開かれた。近衛首相・杉山陸相・広田外相ら内閣は、中国側からの一三日の和平条件細目の照会を、事実上の拒否回答だとして、交渉打ち切りを主張した。前日の閣議でも、交渉打ち切りで意見が一致していた。

大勢が交渉打ち切りに傾くなか、多田参謀次長は、強硬に打ち切り反対の意見陳述をおこなった。だが、米内海相が近衛らを支援するかたちで内閣総辞職の可能性に言及し、やむなく多田も打ち切りを黙認することとした。

こうして、交渉打ち切りが事実上決定された。この時、高嶋辰彦《たかしまたつひこ》戦争指導班長（石原系）は、次のような感懐《かんかい》を残している。

「日支和平妥結に関するわれら半年間の努力は遂《つい》に無駄となり、大勢《たいせい》はわれらの念願と反《はん》したる方向に決定せられたり。」（高嶋辰彦「高嶋辰彦陸軍少将日記」防衛省防衛研究所所蔵）

出口のない戦争

この頃、近衛らは、参謀本部が対ソ戦を意図して、日中戦争を早期に収拾しようとしているのではないかと疑っていた。だが、多田や河辺らは、日中戦争を収束させ、対ソ戦備充実に精力を注ぐことを欲《ほっ》していたが、積極的な対ソ侵攻を考えていたわけではなかった。

ちなみに、この頃石原は、父親の葬儀のため一時満州から東京に帰っており、元老西園寺公望の秘書原田熊雄はこのことを念頭に、次のように記している。

「先月来……連絡会議［政府大本営連絡会議］で、参謀次長をはじめ参謀本部の連中がしゃにむに和平工作を主張したのは、やはり当時石原少将あたりが大《おお》いに説いたので、そんなことになったのではないかと推察される向きがある。」（原田『西園寺公と政局』）

石原自身は東京滞在中、旧知の池田成彬元日銀総裁に、次のように述べている。

「近衛さんはどうも思ったより駄目だ。一時《いっとき》も早くソ連に対して満州の防備をしなければ、それはとても危険きわまる話である。もう北支なんてどうでもいいから、満州を固めてソ連に対する準備をするより仕方がない。」（同右）

交渉打ち切り決定翌日の一月一六日、近衛首相は、「帝国政府は爾後《じご》国民政府を対手《あいて》とせず」、真に提携するに足る「新興支那政権」の成立発展を期待する、との声明を発表した。南京国民政府を公式に否認し、それとは異なる親日政権樹立の意思を示唆したものだった。トラウトマン工作は打ち切られ、これ以後、日本軍は出口のない長期戦の泥沼に入っていくことになる。

この近衛声明は、中国のみならず国際社会に対する姿勢においても、軽視しえない意味をもっていた。当時の東アジア国際秩序をなすワシントン体制において、中国の領土保全・門戸開放に関する九ヵ国条約が重要な位置を占めていた。そして、国際社会の承認をえている中国の正統な政権として、一九二〇年代末以降、南京国民政府が前提にされていた。

その国民政府を、日本は事実上否定し、新たな中央政府成立を求めることを表明したのである。このことは、従来の東アジア国際秩序のあり方とは異なるスタンスに立つことを示唆していた。それが、のちの東亜新秩序声明（近衛内閣）へとつながっていく。

そして、四月には、国家総動員法、電力管理法などが制定され、本格的な戦争長期化と将来の国家総力戦をにらんだ態勢整備が進められる。この時の議会で、国家予算（一般会計）は、三三五億円となり、臨時軍事費の追加予算として、一年分の国家予算額を上回る四八億円が承認された。それらの財政負担は公債発行と増税でまかなわれた。

また、五月には、国家総動員法の最初の発動として、工場事業場管理令が公布・施行された。これ以後、軍需物資の生産・流通への統制のみならず、国民生活への国家統制が実施されていく。当時すでに軍需工業生産力を超える兵力動員となっており、軍需生産のため民需が切り詰められ、翌年（一九四一年）四月から生活必需品の配給が始まる。太平洋戦争開戦以前から早くも、軍需物資不足の影響が生活必需品にまでおよんできていたのである。

一九三八年（昭和一三年）三月、石原系の河辺作戦課長が更迭され、統制派系で拡大派の稲田正純《いなだまさずみ》が後任の作戦課長となる（その後作戦課員には、荒尾興功・島村矩康《しまむらのりやす》など永田生前からの統制派メンバーが送り込まれた）。

この稲田作戦課長のもとで、日本軍は戦線を拡大し、徐州《じょしゅう》・漢口・広州《こうしゅう》などを占領する。だが、すでに内陸奥地の重慶に拠点を移していた蔣介石ら国民政府の抗戦意志は固く、軍事力によって国民政府を屈服させる見通しはほとんどなくなった。

同年一二月、多田参謀次長（石原系）も陸軍中央から去る。こうして陸軍中央要職から石原系が一掃された（ただし、作戦課戦争指導班には一部その影響が残る）。それとともに、日中戦争は長期戦となり泥沼化していく。

そして、一九三九年（昭和一四年）九月、ヨーロッパで第二次世界大戦が始まり、翌々年（一九四一年）一二月、日本は太平洋戦争へと突入することとなる。

エピローグ

太平洋戦争

——失脚後の石原莞爾

ハワイ真珠湾攻撃での日本軍機

閑職、そして予備役へ

一九三七年(昭和一二年)九月、参謀本部作戦部長を失脚した石原は、関東軍参謀副長に転出することとなり、一〇月、満州に赴任する。これ以後、陸軍中央に再び帰ることはなかった。しかも、関東軍では、統制派の東条英機参謀長との深刻な確執が生じ、東条が陸軍次官に転出後は、後任の磯谷廉介参謀長とも意見が合わず激しく対立する。

翌年八月、石原は予備役編入願いを出して、病気療養を理由に帰国。これは一応、植田《うえだ》謙吉《けんきち》関東軍司令官の許可をえたものだったが、一部で無断で任地を離れたとして問題にされた。このことから、一二月、関東軍参謀副長を罷免され、閑職の舞鶴《まいづる》要塞司令官となる(写真18)。

その間、一九三八年(昭和一三年)六月、近衛首相は内閣改造をおこない、石原に近い板垣征四郎が陸相となった。その経緯について、近衛はこう述べている。

「余《よ》は組閣そうそう盧溝橋事件が勃発し、不拡大方針にもかかわらず、戦禍は遂《つい》に全北支から更《さら》に中支にまで拡大して、その間陸軍の動向が全《まつた》く当てにならず、[杉山]陸相の言《げん》も次々に表裏《ひょうり》するということで、甚《はなは》だしく困惑を感じつつあった際《さい》とて、

写真18　馬上の石原

舞鶴要塞司令官官舎から司令部に向かう。陸軍少将の肩章が見える

対支政策の転換のため、参謀本部の石原中将の不拡大方針を実行しうる者を陸相にする必要があった。

それゆえ特に余自身陸軍に対し、石原と思想的に連絡のある板垣征四郎大将を陸相として入閣せしむることを［陸軍に］強硬に申し入れた。

ところがその交換条件として梅津［陸軍次官］は板垣を陸相にするが、東条を次官とすることを要求し、とりあえず陸相の更迭を行いえたのである。」（近衛文麿『失はれし政治』）

石原の不拡大方針を実行しうるものとして、板垣を陸相としたというのである。板垣は石原の起用を考えていたようであるが、杉山陸相・梅津次官は、板垣の陸相就任前に石原を嫌悪《けんお》する東条を次官に任命した。これにより、石原の起用は実現しなかった。

その頃、本庄繁元関東軍司令官は、磯谷廉介関東軍参謀長への書簡で、

「石原は各方面の反対多く、板垣の予期の如《ごと》く運ばず、ついに静養という意味を含ましめて舞鶴に送ることと相成《あいな》り候《そうろう》。」（小林一博『「支那通」一軍人の光と影』）

と伝えている。

これらのこともあり、板垣陸相は東条ほか統制派系幕僚に掣肘《せいちゅう》され、近衛の期待したような働きはなしえなかった。

その後、一九三九年（昭和一四年）八月、石原は第一六師団（京都）の師団長に任命される。板垣陸相の意向によるものだった。この頃、ノモンハンでは日ソ両軍が激突しており（ノモンハン事件）、第一六師団はやがて満州に派遣されるとみられていた。したがって石原は、対ソ作戦の準備に余念がなかったが、結局、師団の満州派遣は実現しなかった。

板垣陸相辞任後の一九四一年（昭和一六年）三月、石原は待命《たいめい》（任務を解かれ命令を待つ

状態）となり予備役に編入される。この時、石原五二歳。これにより、陸軍現役を去ることとなった。この措置は、対立関係にあった東条陸相の意向によるものとされている。また、後述する東亜連盟での政治活動や、持病治療のため任地が制限されることなども人事関係部局で問題とされた。

その間、石原自身は発言を続けるが、もはや陸軍中央レベル、国政レベルでの軍事的政治的影響力はほとんどなかった。

いっぽう、石原は帰国後、職務外の在野の活動として、東亜連盟運動を主導し、一九三九年（昭和一四年）一〇月、東亜連盟協会を結成。協会は機関誌『東亜連盟』（写真19）を発行し、東亜連盟運動の普及に努めた。東亜連盟協会は、最盛期には会員数一〇万人を擁したとされている。

写真19『東亜連盟』

東亜連盟協会の機関誌『東亜連盟』創刊号表紙。題字は板垣征四郎、石原も寄稿している

また、軍在職中に、『昭和維新論』『満州建国と支那事変』『世界最終戦論』などの著作も発表している。

退役後の石原は、乞《こ》われて立命館大

学講師となり、立命館大学国防学研究所所長に任命される。それとともに、『国防論大綱』『戦争史大観』『国防政治論』などの著作を出版する。

この間、一九三九年(昭和一四年)九月、ポーランドに侵攻したドイツに対しフランス・イギリスが宣戦布告し、第二次世界大戦が始まる。

ドイツ苦戦を予想

石原は、このヨーロッパでの戦争を「第二次欧州大戦」とし、戦略論にかかわる興味深い発言をしているので、ここでそれを紹介しておこう。

石原はいう。

先の欧州大戦(第一次世界大戦)後、世界は「国家主義の時代から国家連合の時代へ」と進んでいる。その趨勢《すうせい》は、第二次欧州大戦により、ほぼ四つの集団となっていくだろう。一つは、アメリカを中心とする南北アメリカ大陸の諸国連合。第二は、ドイツを中心とする「欧州連盟」。第三は、ソヴィエト連邦。第四が、日本を含む「東亜連盟」である。

今次《こんじ》大戦で大英帝国は、英国本土がドイツに侵攻され、カナダなど南北アメリカの英領はアメリカのものとなる。東南アジアの英領やオーストラリアは日本に、インドはソ連か日本に吸収される。このように大英帝国は解体するだろう（『最終戦争論』一九四〇年、「戦争史大観の説明」『戦争史大観』一九四一年。いずれも独ソ戦以前の論考）。

「今次欧州大戦では、驚異的に復興したドイツのために、その本幹《ほんかん》に電撃を与えられ、大英帝国もいよいよ歴史的存在となりつつあります。」（『最終戦争論』）

この間、ドイツは「天才ヒトラー」の指導のもと、戦争のなか、着々と「欧州連盟の結成」を推し進め、「輝かしい成果」を挙げている。ドイツ軍は「飛行機と機械化兵団の巧妙な協同作戦」によって「世界戦史上未曾有《みぞう》の大戦果」を自らのものとした。

ことに独仏国境では、セダン付近においてマース川を渡河し、マジノの延長線を突破した。ドイツ軍主力はアンデルヌの錯雑地《さくざつち》をへて一挙、北フランスに突入。これにより英仏軍の主力部隊は撃滅され、その一部はイギリスに逃げ帰った。

ドイツの作戦は「まるで神業《かみわざ》のよう」で、持久戦時代は過ぎ去り、「決戦戦争の時代」が到来したかの感がある。だが、この点については「充分慎重な観察が必要である」。

対空「戦闘展開を終《お》わり」、準備を整えている軍隊に対しては、飛行機の攻撃はさして大きな威力を発揮しうるものではない。戦車も、備えのない部隊に対しては、その威力はすこぶる大きい。だが、地形の制限を受けるところが多く、また「沈着かつよく準備せられた軍隊」に対しては、それほど猛威を振るえるものではない。

フランドル方面で正面突破をはかったドイツ軍が苦戦に陥ったように、「空軍の大進歩、戦車の発達も、充分準備し決心して戦う敵線の突破は至難」である。

ドイツは、飛行機、戦車の巧妙な協同により、敵陣地突破に成功して大陸諸国に対して「決戦戦争」を遂行し、成功した。しかし、これは相手国がドイツに対する真剣な準備を欠いたためで、「地上兵力による強国間の決戦戦争」は、依然として至難と考えられる。

また、「海を隔《へだ》てた英国に対しては、殲滅戦略の続行」はきわめて困難で、「持久戦争」になる公算が大きい。「空軍」をもって敵国中心の攻撃による「決戦戦争」は、英独間における「実験」(バトル・オブ・ブリテン)によって、なおほとんど不可能であることを実証した。

石原はこう指摘したうえで、次のように付け加えている。

「しかし空軍主力の時代が来れば、はじめて海も持久戦争の原因とはならない。空軍の徹底的発達がこの決戦戦争［最終戦争］を予約し、それも地上戦でなく、敵国中心の空中襲撃によることは疑いを入れない。
地球半周の距離にある敵に対し決戦戦争を強制しうる時は、世界最終戦争到来の時である。」（「戦争史大観の説明」『戦争史大観』）

来《きた》るべき世界最終戦争は、空軍による戦争になるというのである。この頃石原は、その最終戦争を約三〇年後と想定していた。

石原は、第二次欧州大戦で大英帝国は崩壊すると予想していた。その結果世界は、アメリカ、ソ連、ドイツ、日本を、それぞれの核とした四つの国家連合によって構成されるようになると考えていた（独ソ戦以前）。この点では、武藤章軍務局長を中心とする陸軍中央の見通しとそれほど大きな相違はなかった（当時の武藤については、拙著『昭和陸軍全史3』参照）。

だがその実現は、短期の決戦戦争では不可能で、長い持久戦を必要とするだろうと判断していたのである。その意味で、ドイツといえども苦しい戦いを強《し》いられるとみていたといえよう。航空機発達の現段階では、なお「決戦戦争」による決着は不可能だと考えていたからである。この点が、武藤ら陸軍中央の、イギリスの崩壊は近いとの判断（独ソ開戦前）と大きく相違するところだった。

国家連合の時代

そのほか、石原は一九三八年（昭和一三年）頃、世界最終戦争の主体について、その考えを変化させている。

> 「昭和一三年、大同学院《だいどうがくいん》から国防に関する講演を依託されて、『戦争史大観』をテキストとすることになり、若干の修正を加えた。『将来戦争の予想』については、旧稿は日米戦争としてあったのを、『東亜』と、西洋文明の代表たる『米国』たるべきことを明らかにした」（「戦争史大観の序説」『戦争史大観』一九四〇年一二月）

つまり、世界最終戦争の主体を、日本とアメリカから、「東亜」とアメリカに修正したというのである。

一九二九年（昭和四年）版の「戦争史大観」では、「将来戦争の予想」において、その時機として、「日本が完全に東洋文明の中心たる位置を占むること」と記されている。だが、一九四〇年（昭和一五年）版では、それが、「東亜諸民族の団結、すなわち東亜連盟の結成」とされている。

これが、世界最終戦争が日米間によるものから、「東亜」と「米国」に変化したことを意味するのである。

ただ、来るべき（決戦）戦争は、「日米を中心とするもの」との表現は、両版に共通している。つまり、東亜は日本を中心とするものと考えられているが、最終戦争の主体はあくまでも日本ではなく、東亜連盟なのである。

一九三五年（昭和一〇年）頃には、東亜連盟は、日本（朝鮮を含む）・満州・中国の範域からなり、天皇のもとに「防衛」「経済」を共同で営《いとな》む。行政は各国ごとにおこなわれる。そう考えられていた（「為花谷君」）。

これが、一九三八年（昭和一三年）頃の表現では、防衛の共同が「国防の共同」、経済の共同が「経済の共通」、行政の独立が「政治の独立」の表現となる（「昭和維新方略」石原莞爾全集刊行会編『石原莞爾全集 第七巻』）。さらに翌年には、経済の共同が「経済の一体化」となる（石原莞爾述・杉浦春男「東亜連盟建設綱領」玉井禮一郎編『石原莞爾選集6』）。つまり軍事や経済は共同化・一体化されるが、独立国家による連合体と考えられているのである。

石原は、第一次欧州大戦以降を「国家連合の時代」と考えており、東亜連盟を三個の独立国による国家連合と措定《そてい》していた。

「東亜連盟は超国家的思想である。……一国だけで世界の大勢に伍《ご》して進みうる時代は過ぎ去った。如何《いか》にして多くの国家、多くの民族を統制してその実力を発揮するかが問題である。」（「戦争史大観の説明」『戦争史大観』）

だが、この東亜連盟も、「天皇を中心と仰《あお》ぐ」ものとされる（「戦争史大観」『戦争史大観』）。石原はこう述べている。

「天皇が東亜諸民族から盟主と仰がれる日こそ、すなわち東亜連盟が真に完成した日であります。」（『最終戦争論』一九四〇年）

つまり、独立国家の集合体である東亜連盟も、日本の天皇を盟主とするものなのである。また、最終戦争によって東亜連盟が世界を統一すれば、日本の天皇が「世界の天皇」となる。さらに石原はいう。「八紘一宇の御精神を拝《はい》すれば、天皇が東亜連盟の盟主、世界の天皇と仰がれるに至っても、日本国は盟主ではありません。」(同右)、と。

「この大事業［世界の統一］を貫くものは建国の精神、日本国体の精神による信仰の統一であります。政治的に世界が一つになり、思想信仰が統一され……そこで真の世界の統一、すなわち八紘一宇がはじめて実現するであろう」(「『最終戦争論』に関する質疑回答」『最終戦争論』一九四一年)

では、なぜ日本の天皇は、アジアの諸民族、世界の諸民族にとっても世界の天皇と仰がれうるのだろうか。日本国体の精神による信仰の統一は、なぜなされうるのだろうか。

この問いに対して、石原は次のように答えている。

「宇宙間には霊妙の力があり、人間もその一部分をうけている。……人もし宇宙の霊妙の力を否定するならば、それは天御中主神《あめのみなかぬしのかみ》の否定であり、日本国体の神聖は、その重大意義を失う結果となる。

天照大神《あまてらすおおみかみ》、神武《じんむ》天皇、釈尊《しやくそん》の如《ごと》き聖者は、よく数千年の後を予言しうる強い霊力を有《ゆう》したのである。

予言を批難しようとする科学万能の現代人は、『天壌無窮《てんじようむきゆう》』『八紘一宇』の大予言を、いかに拝しているのか。皇祖皇宗《こうそこうそう》のこの大予言は実にわれらが安心の根底である。」（同右）

石原の国体論への強い傾斜は、昭和初期から一貫していたといえよう。

また、石原の仏教的国体論（国柱会）への傾斜は、このアジアの天皇、世界の天皇についての議論と何らかの関連があったと思われる（国体論の仏教による普遍化）。

石原の太平洋戦争の予想

では、石原は太平洋戦争をどうみていたのだろうか。石原は、開戦約四ヶ月前（独ソ開戦後）の講演で、欧州大戦と日中戦争の関係について、次のような趣旨を述べている。

日中戦争の解決は、「南方問題」の解決（対米英蘭戦争）なしには不可能だとの考え方があるが、それには同意できない。

日本は「三国同盟」を結んでいる。だが、アメリカの対独参戦の場合、日本は「直《ただ》ちに参戦すべし」との意見に対しては、「慎重なる考察」を要す。大戦の中心地は、依然として「欧州方面」にある。戦争が「持久戦」となれば、参戦しても「戦争の運命」を決することはできない。日本は「戦争の渦中から離れていて」も、アメリカやソ連を牽制する役割を、同盟国に対して十分果たしている。

したがって、当面は、「日本は実力をもって［対中］単独講和を実現しなければならない」のであり、それは可能だ、と（「欧州大戦の進展と支那事変」）。

すなわち、たとえアメリカが対独参戦しても、日本は欧州での戦争には参戦せず、日中戦争の解決そのものに全力を尽くすべきだというのである。欧州での大戦には介入せず、アジアの指導権確保に専念すべきとの従来の立場を、この時期も維持していたことがわかる。したがって、日米開戦にも慎重だった。

また、田中隆吉の回想によれば、開戦二ヶ月前（アメリカの対日全面禁輸後）に石原は、

「石油が欲しいからといって、戦争する馬鹿があるか。南方を占領したって日本の現在の船舶量では、石油はおろか……ゴムも米も絶対に内地へ持って来ることはできぬ。……

ドイツの戦争ぶりを冷静に観察すると、地形の異なるバルカンでも、西部戦場と同一の戦法を採っている。……現在ロシアでやっている戦法でも何ら変化の跡《あと》を見ない。これではドイツはロシアに勝てぬ。……

もし勝算もないくせにドイツに頼って、米英相手に戦うというなら、こんな危険なことはない。」

と語ったとのことである（田中隆吉『敗因を衝く』）。

開戦翌日（一九四一年一二月九日）執筆の「戦争指導方針」では、「速やかに中国およびソ連を枢軸《すうじく》陣営に収容し、英米勢力を完全に欧亜両州より駆逐」すべきとしている。そのためには、「強力な外交により、速やかに独ソの和平を実現せしむ」として、独ソ間の講和を推進すべきことを主張する。

対米開戦となった以上、独ソ戦を和平によって早期に収拾し、日独伊ソ四国の提携を実現させるしかない。その四国提携の力で、米英をユーラシア大陸から駆逐し、南北アメリカを孤立化させるとの方針を示しているのである。その鍵となるのが独ソ和平だった。

石原による独ソ和平工作

実際に、石原は開戦翌月の一九四二年（昭和一七年）一月前後、寺村銓太郎《てらむらせんたろう》ハルビン国際ホテル社長を通じて、ドイツ側に独ソ和平工作を働きかけている。

寺村は石原の影響下にあり、石原と同郷の服部卓四郎作戦課長に依頼して、ゴットフリート・カウマン独ライヒ航空産業連盟日本代表に接触。カウマンに独ソ和平工作を目的とした特使派遣を提案した。カウマンは、日本へのドイツ航空機の売り込みのため軍部と接触していた。

ちなみに、石原は、同時期に執筆した「戦争指導方針」でも、

「強力なる外交により速やかに独ソの和平を実現せしむ。これがため独乙《ドイツ》のソ連に対する要求は最小限たらしむべきものとす。」（一九四一年一二月）

「独蘇の和平を成立せしめ、進んで蘇連を対英戦争に参加せしむべし。これ大東亜戦争の目的を達するため外交に課せらるべき最大任務なり。」（一九四二年二月）

としている。

寺村の提案を受け、カウマンはコルト駐日ドイツ公使に日本からの独ソ和平のための特使派遣を日本側の意向として伝えた。大使館側はこの提案を歓迎した。陸軍の一部も、この動きに同調していた。

だが、このような動きを知ったリッベントロップ独外相は、大島浩駐独大使に、ドイツに対ソ和平の意思はない旨を告げた。リッベントロップは、かねてから日本の対ソ参戦を求めており、この時点では対ソ和平などはまったく考えていなかった。独ソ戦はドイツ側にとって、従来の戦争とは異なる、人種・イデオロギー的な「絶滅戦争」となっていたからである。

こうして、石原からの働きかけによる独ソ和平工作は実《み》を結ばなかった。

「世界最終戦争論」と太平洋戦争

なお、石原の直接の意図とは離れるが、太平洋戦争直前に日米開戦を強く主張した、田中新一作戦部長は、石原の世界最終戦争論などから少なからぬ影響を受けていた。

すでにみたように、石原の戦略構想の最終目的はあくまでも世界最終戦争に勝ち残ることだった。そして、当面の欧州大戦はその世界史的プロセスと位置づけられていた。

田中は、石原の在華権益放棄論や欧州大戦絶対不介入論には批判的だったが、石原の世界最終戦争論には強く執着《しゅうちゃく》していた。田中は敗戦後においてもなお、石原の世界最終戦争論を「雄渾《ゆうこん》で説得力に富《と》んだ未来像」だとし、「多くの魅力を感ぜざるをえない」と述べている（田中「石原莞爾の世界観」）。

田中からすれば、世界最終戦争に生き残るには大東亜共栄圏、日独伊三国同盟は絶対に必要なものだった。

将来の世界最終戦争に対処するためには、大東亜共栄圏は不可欠である。大東亜共栄圏の放棄は、石原のいう「東洋の指導権」掌握をあきらめることであり、世界最終戦争への道を断念することを意味する。その大東亜共栄圏建設は東南アジアに植民地をもつイギリスとの戦争を必須とし、英米不可分の関係から、対英戦は自動的に対米戦となる。ゆえに、対米戦は不可避だ。

だが、日本は「米国に押し渡って、彼を屈服させる決定的な手段は持たない」(田中新一『大戦突入の真相』)。したがって、アメリカを軍事的に屈服させることは不可能であり、アメリカとの持久戦を戦いながら、イギリスを屈服させ、アメリカの継戦意志を失わせる。それ以外に方法はない。そのためには、ドイツとの同盟が絶対に必要となる。それが、田中の三国同盟に固執《こしゅう》した理由だった。

田中においては、世界最終戦争への執着が、大東亜共栄圏建設と三国同盟堅持に強く固執させたといえる。これが田中の主張する対米開戦論、対米戦不可避論の一つの要因だった。また、その対米戦不可避論が三国同盟を不可欠とさせたのである。

また、石原は、先にみたように、世界最終戦争の前提として、長期の日米持久戦争を想定していた。田中は、その対米持久戦論から、自らの対米戦略構想についての示唆をえていた。

石原は日米による世界最終戦争の前段階として、アメリカが西洋の覇権を握り、日本が東洋の指導権を掌握する準決勝戦がおこなわれると考えていた。そして、昭和初期には、日本が東洋で指導権を確立する過程でアメリカが介入し、日米持久戦争となる可能性が高いと考え、日米持久戦計画（「対米戦争計画大綱」）を立てた。

その計画は、日本が中国を勢力下に置き、その資源と収入で、アメリカとの長期持久戦を遂行しようとするものだった。

中国からの税収・鉄道収入などで、必要な物資や資源を調達し、さらにその収入や資源によって日本本土の工業化・産業発展をはかる。そのサイクルによって蓄積される国力と軍事力で、アメリカとの戦争を持続させる。また、現地の収入・物資によって、軍の自活自給をはかる。

この日米持久戦争は、日本のアジアでの指導権を認めさせるためのものであり、西太平洋の制海権を確保し、米領フィリピン・グアムなども占領する。したがって、対米戦の主力は海軍であり、陸軍は中国や米領植民地の占領・統治をおこなう。また、日米持久戦争は最終戦争ではないので、ある時点での戦争終結を想定しておかなければならない。それゆえ、あらかじめ限定的な戦争目的を確定しておく必要がある。

石原はそう考えていた。

この石原の対米持久戦論からも、田中は少なからぬ示唆をえたとみられる。田中は、石原の対米持久戦論について、こう述べている。

「彼〔石原〕は……支那問題解決の鍵は、アメリカの軍事干渉の排除に必要な軍事力の建設と、対米戦略の創造にある、という結論をえた。また対米戦略は……政治や経済が大きな比重をもつ持久戦争で……あると彼は確信した。」（田中「石原莞爾の世界観」）

そのうえで、田中は次のように述べている。

「彼のいう最終戦争は大東亜戦争とは違う。今日の段階は［二十世紀末の］世界最終戦争への道程《どうてい》における準決勝戦時代」だ、と（田中新一「石原莞爾と東条英機」『文藝春秋』昭和四一年新年特別号）。

つまり、「大東亜戦争」すなわち太平洋戦争は世界最終戦争への準決勝戦にあたり、最終戦に生き残るには、太平洋戦争を乗り越えなければならない。それによって、アジアの指導権を掌握しなければならない。

対米持久戦となる太平洋戦争では、中国や東南アジアを占領下に置き、その資源や物資によって自給自足体制を確立し、アメリカとの長期持久戦を戦い抜く。対米戦の主力は海軍となり、陸軍は占領地の統治や資源開発・物資調達にあたる。それが海軍戦力の物的基礎ともなる。その際、軍政下での税収その他の現地収入を財源にあてると同時に、占領軍の現地自活をはかる。

また、太平洋戦争だけではアメリカを完全に打倒することはできず、世界最終戦争とはなりえない。したがって、限定的に、継戦意志を喪失させることを戦争目的として、戦争終結を想定しておかなければならない。

田中はそう考えていた。

石原とは異なり、中国のみならず東南アジアも含めた領域が、資源や物資の供給地とされているが、明らかに石原の対米持久戦論の影響を受けている。しかし、この田中の戦略も、ミッドウェー海戦での大敗によって崩壊し、日本は破滅へと進んでいく（日米開戦前の田中については、拙著『昭和陸軍全史3』参照）。

戦後の石原

さて、太平洋戦争中の、一九四二年（昭和一七年）九月、石原は立命館大学を辞し、郷里の鶴岡に帰って隠棲《いんせい》した。

終戦後は、一九四七年（昭和二二年）五月、極東国際軍事裁判の証人として、酒田《さかた》での特別法廷に召喚《しょうかん》され（写真20）、証言をおこなっている。そして満州事変について、「暴戻《れい》なる支那軍隊が満鉄線を爆破し、守備隊兵を襲い、我が守備隊と衝突せり」との知らせを受け、対処した旨を述べている。

関東軍司令部幕僚は、「支那軍の暴挙に基《もと》づき事態がここに到《いた》った以上……断乎《だんこ》として軍全力の行動を起こし、短切《たんせつ》に敵中枢の死命《しめい》を制すべきである」、との結論に達した。したがって、「自分は作戦主任として［そのような］意見を本庄将軍［関東軍司令官］に開陳《かいちん》しました」、と（新田満夫編『極東国際軍事裁判速記録 第五巻』）。

酒田法廷で、石原が、自分が満州事変の首謀者であり戦犯として訴追《そつい》されないのは腑《ふ》に落ちない、との趣旨の発言をしたことはよく知られている。

だが、満州事変の発端について、関東軍の謀略との見方を認めず、中国側の攻撃に対して応戦したものとの立場をとっている。また、その後の関東軍の行動についても、日本人の生命財産などの保護のための自衛権の発動だったとして、当時の軍発表の線を崩していない。

満州事変が石原らの謀略によって始まったこと、また、その後の行動も事前に綿密に計

写真20 晩年の石原

酒田商工会議所に設けられた極東国際軍事裁判特別法廷に向かう石原。健康を害していたため、リヤカーで運ばれた

画されていたことは認めなかったのである。

その二年後の一九四九年（昭和二四年）八月、石原は肺水腫《はいすいしゅ》などのために死去した。享年六〇。その生涯は、波乱に富んだものだったといえよう。

あとがき

石原莞爾は、満州事変の首謀者として、よく知られている。のみならず、その後も、二・二六事件前から日中戦争初期まで参謀本部の要職にあり、軍事的・政治的に軽視しえない役割をはたした。

その意味で、太平洋戦争に至る昭和戦前期の歴史は、石原を抜きには考えられえないものである。それだけ、石原の存在は当時重要な意味をもっていた。

ちなみに、映画『戦争と人間』（山本薩夫《やまもとさつお》監督）では、石原を山内明《やまのうちあきら》（劇団民藝《みんげい》）が演じ、同時代の人々に鮮烈な印象を残した。

したがって、一般にも石原への関心は高く、これまで石原について多数の著作や論考が発表されている。

ところが意外なことに、石原の戦略構想を全体として詳細に分析・検討したものは、ほとんど見当たらない。

世界最終戦争論を核とする戦略構想こそが、石原を特徴づけるものであり、一般にももっとも関心をもたれている。にもかかわらず、なぜかそれが現状である。

そこで、本書では、石原の戦略構想を、時代状況や陸軍の動向と関連づけながら詳しく検討し、その全体像を明らかにすることに重点を置いた。そして、その構想に支えられた彼の行動も、歴史的背景とともに比較的詳細に紹介した。

石原が強い影響力をもったのは、満州事変前後と日中戦争開始前後の二つの時期である。満州事変期には関東軍作戦参謀であり、日中戦争開始時には参謀本部作戦部長の職にあった。ことに日中戦争前には、参謀本部の中核的存在として、政治的にも大きな影響力を発揮した（ポストは参謀本部作戦課長、戦争指導課長）。

その影響力の重要な一つの源泉となったのが、彼の「雄渾《ゆうこん》な」（田中新一）戦略構想だった。

石原の戦略構想の原型は昭和初期に形成され、満州事変の原動力となる。

またその構想は、二・二六事件から日中戦争開始前の時期にさらに展開をみせ、新たな石原の戦略構想は国策にも反映される。

石原の影響力のもう一つの源泉が、彼の軍事的指導力と陸軍中央での地位だった。石原の満州事変時の作戦参謀としての軍事的指導力は世界的にも注目され、訪欧時には各地の軍事関係者から歓迎を受けた。この時期石原は、まさに栄光に包まれていた。

その後、陸軍中央に栄転し、参謀本部作戦課長、戦争指導課長、作戦部長など枢要ポストに就く。陸軍中央における彼の声望は高く、その影響力は陸軍のみならず政財界にもおよんでいた。

だが、日中戦争初期に、石原の不拡大方針は拡大派との抗争に敗れ、破綻。石原自身も失脚する。そして、まもなく陸軍を去る。

しかし、彼の世界戦略構想は太平洋戦争開戦期、田中新一作戦部長の構想のなかに、かたちを変えて受け継がれる。

その意味でも、石原の戦略構想は重要な役割をはたしたのである。

昨年、太平洋戦争終戦から七〇年目を迎えた。

国内外に膨大な犠牲と破壊をもたらした、あの戦争への歴史的経過を徹底的に分析・検討することは、今なお重要な意味をもっている。

そのためには、様々な角度からその過程に光をあてる必要がある。

石原は昭和期陸軍の最重要人物の一人であり、その思想と行動の検討は欠かすことができない。本書の問題意識もそこにある。

なお、本書執筆にあたって、これまでの石原に関する多くのすぐれた研究を参考にさせていただいた。そのすべてを挙げることはとうていできないので、この場を借りて感謝の意を表したい。

最後に、本書の企画・編集を担当していただいた飯島英雄さんから、思いがけず本書執筆のすすめを受け、その後もさまざまなご助力をいただいた。使用した写真や図表の多くは、飯島さんのご尽力によっている。心からお礼を申し上げたい。

二〇一六年春

川田《かわだ》　稔《みのる》

参考文献（単行本および主要なものに限る）

石原莞爾の著作

石原莞爾『戦争史大観』中公文庫　一九九三年（原本一九四一年）
石原莞爾『世界最終戦論』中公文庫　二〇〇一年（原本一九四二年）
石原莞爾全集刊行会編『石原莞爾全集　第一～八巻』石原莞爾全集刊行会　一九七六―七七年
玉井禮一郎編『石原莞爾選集1～10』たまいらぼ　一九八五―八六年
角田順編『石原莞爾資料　戦争史論』原書房　一九六七年
角田順編『石原莞爾資料　国防論策篇』原書房　一九六八年

「石原莞爾」論

青江舜二郎『石原莞爾』読売新聞社　一九七三年
阿部博行『石原莞爾　上・下』法政大学出版局　二〇〇五年
伊勢弘志『石原莞爾の変節と満州事変の錯誤』芙蓉書房出版　二〇一五年
伊藤嘉啓『石原莞爾のヨーロッパ体験』芙蓉書房出版　二〇〇九年
今岡豊『石原莞爾の悲劇』芙蓉書房　一九八一年

入江辰雄『石原莞爾』たまいらぼ　一九八五年
小松茂明『陸軍の異端児 石原莞爾』光人社　一九九一年
佐治芳彦『石原莞爾 上・下』日本文芸社　一九八八年
佐高信『黄沙の楽土』朝日新聞社　二〇〇〇年
杉森久英『夕陽将軍』河出書房新社　一九七七年
高木清寿『東亜の父 石原莞爾』錦文書院　一九五四年
田中秀雄『石原莞爾の時代』芙蓉書房出版　二〇〇八年
中村晃『哲人参謀 石原莞爾』叢文社　二〇〇三年
成沢米三『人間石原莞爾』経済往来社　一九七七年
野村乙二郎『石原莞爾』同成社　一九九二年
野村乙二郎『毅然たる孤独』同成社　二〇一二年
花輪莞爾『石原莞爾独走す』新潮社　二〇〇〇年
早瀬利之『石原莞爾 満州備忘ノート』光人社　二〇〇四年
早瀬利之『参謀本部作戦部長石原莞爾』潮書房光人社　二〇一五年
福井雄三『板垣征四郎と石原莞爾』ＰＨＰ研究所　二〇〇九年
福田和也『地ひらく』文藝春秋　二〇〇一年

藤本治毅『石原莞爾』時事通信社　一九六四年
マーク・R・ピーティ著、大塚健洋・大塚優子・関静雄・デイヴィッド・アスキュー共訳『「日米対決」と石原莞爾』たまいらぼ　一九九三年
山口重次『悲劇の将軍 石原莞爾』世界社　一九五二年
横山臣平『秘録 石原莞爾』芙蓉書房　一九七一年
渡辺望『石原莞爾』言視舎　二〇一五年

関連図書

『現代史資料(7)〜(13)』みすず書房　一九六三―六六年
青木得三『太平洋戦争前史 第1〜3巻』学術文献普及会　一九五六年
家近亮子『蔣介石の外交戦略と日中戦争』岩波書店　二〇一二年
石射猪太郎『外交官の一生』読売新聞社　一九五〇年
石井寛治『帝国主義日本の対外戦略』名古屋大学出版会　二〇一二年
伊藤隆・佐々木隆・季武嘉也・照沼康孝編『真崎甚三郎日記1〜6』山川出版社　一九八一―八七年
伊藤隆『昭和史をさぐる 上・下』光村図書　一九八四年
伊藤之雄『昭和天皇と立憲君主制の崩壊』名古屋大学出版会　二〇〇五年

伊藤之雄『昭和天皇伝』文藝春秋　二〇一一年
井上寿一『危機のなかの協調外交』山川出版社　一九九四年
今井武夫『昭和の謀略』朝日ソノラマ　一九八五年
今村均『今村均回顧録』芙蓉書房　一九九三年
井本熊男『作戦日誌で綴る支那事変』芙蓉書房　一九七八年
上原勇作関係文書研究会編『上原勇作関係文書』東京大学出版会　一九七六年
上村伸一『日華事変』鹿島研究所出版会　一九七一年
宇垣一成著、角田順校訂『宇垣一成日記1～3』みすず書房　一九六八―七一年
宇垣一成文書研究会編『宇垣一成関係文書』芙蓉書房　一九九五年
臼井勝美『満州事変』中公新書　一九七四年
臼井勝美『満州国と国際連盟』吉川弘文館　一九九五年
臼井勝美『日中戦争』中公新書　二〇〇〇年
内田尚孝『華北事変の研究』汲古書院　二〇〇六年
江口圭一『十五年戦争の開幕』小学館ライブラリー　一九九四年
遠藤三郎『日中十五年戦争と私』日中書林　一九七四年
遠藤二雄編『公民教育概論　社会教育講習会講義録　第2巻』義済会　一九二八年

緒方貞子『満州事変と政策の形成過程』原書房　一九六六年
風見章『近衛内閣』中公文庫　一九八二年
鹿島平和研究所編『日本外交史18』鹿島研究所出版会　一九七三年
片倉衷『片倉衷氏談話速記録 上・下』日本近代史料研究会　一九八二―八三年
片倉衷『戦陣随録』経済往来社　一九七二年
片倉衷『回想の満洲国』経済往来社　一九七八年
片倉衷『片倉参謀の証言 叛乱と鎮圧』芙蓉書房　一九八一年
加藤陽子『模索する一九三〇年代』山川出版社　一九九三年
加藤陽子『満州事変から日中戦争へ』岩波新書　二〇〇七年
川田稔『浜口雄幸と永田鉄山』講談社選書メチエ　二〇〇九年
川田稔『昭和陸軍全史1～3』講談社現代新書　二〇一四―一五年
河辺虎四郎『市ヶ谷台から市ヶ谷台へ』時事通信社　一九六二年
刈田徹『昭和初期政治・外交史研究』人間の科学社　一九七八年
北岡伸一『官僚制としての日本陸軍』筑摩書房　二〇一二年
北河賢三・望月雅士・鬼嶋淳編『風見章日記・関係資料』みすず書房　二〇〇八年
木戸幸一著、木戸日記研究会校訂『木戸幸一日記 上・下巻』東京大学出版会　一九六六年

近代日本研究会編『昭和期の軍部』山川出版社　一九七九年
クラウス・ヒルデブラント著、中井晶夫・義井博訳『ヒトラーと第三帝国』南窓社　一九八七年
クリストファー・ソーン著、市川洋一訳『満州事変とは何だったのか 上・下』草思社　一九九四年
黒沢文貴『大戦間期の日本陸軍』みすず書房　二〇〇〇年
黒野耐『帝国国防方針の研究』総和社　二〇〇〇年
小池聖一『満州事変と対中国政策』吉川弘文館　二〇〇三年
黄自進『蒋介石と日本』武田ランダムハウスジャパン　二〇一一年
河野収編『近代日本戦争史 第三編』同台経済懇話会　一九九五年
近衛文麿『平和への努力』日本電報通信社　一九四六年
近衛文麿『失はれし政治』朝日新聞社　一九四六年
小林一博『「支那通」一軍人の光と影』柏書房　二〇〇〇年
小林道彦『政党内閣の崩壊と満州事変』ミネルヴァ書房　二〇一〇年
小林道彦・黒沢文貴編『日本政治史のなかの陸海軍』ミネルヴァ書房　二〇一三年
酒井哲哉『大正デモクラシー体制の崩壊』東京大学出版会　一九九二年
阪谷芳直『三代の系譜』みすず書房　一九七九年
佐藤賢了『東條英機と太平洋戦争』文藝春秋社　一九六〇年

参謀本部編『滿洲事變作戦経過ノ概要』偕行社　一九三五年
幣原喜重郎『外交五十年』読売新聞社　一九五一年
鈴木貞一『鈴木貞一氏談話速記録 上・下』日本近代史料研究会　一九七一―七四年
高橋正衛『昭和の軍閥』中公新書　一九六九年
高橋正衛『二・二六事件』中公新書　一九九四年
高宮多平『順逆の昭和史』原書房　一九七一年
竹山護夫『昭和陸軍の将校運動と政治抗争』名著刊行会　二〇〇八年
田嶋信雄『ナチズム外交と「満州国」』千倉書房　一九九二年
田嶋信雄『ナチズム極東戦略』講談社選書メチエ　一九九七年
田嶋信雄『ナチス・ドイツと中国国民政府』東京大学出版会　二〇一三年
田中新一『大戦突入の真相』元々社　一九五五年
田中新一著、松下芳男編『田中作戦部長の証言』芙蓉書房　一九七八年
田中隆吉『敗因を衝く』中公文庫　一九八八年（原本一九四六年）
筒井清忠『昭和期日本の構造』有斐閣　一九八四年
筒井清忠『昭和十年代の陸軍と政治』岩波書店　二〇〇七年
筒井清忠『近衛文麿』岩波書店　二〇〇九年

戸部良一『ピース・フィーラー』論創社　一九九一年
戸部良一『日本陸軍と中国』講談社選書メチエ　一九九九年
富田武『戦間期の日ソ関係1917-1937』岩波書店　二〇一〇年
永井和『近代日本の軍部と政治』思文閣出版　一九九三年
永井和『青年君主昭和天皇と元老西園寺』京都大学学術出版会　二〇〇三年
永田鉄山刊行会編『秘録永田鉄山』芙蓉書房　一九七二年
永田鉄山講述『国家総動員』大阪毎日新聞社　一九二八年
中野雅夫『橋本大佐の手記』みすず書房　一九六三年
中牟田研市『情報士官の回想』朝日ソノラマ　一九八五年
中村勝範編『満州事変の衝撃』勁草書房　一九九六年
中村菊男編『昭和陸軍秘史』番町書房　一九六八年
西浦進『昭和戦争史の証言』原書房　一九八〇年
西村成雄・石島紀之・田嶋信雄編『国際関係のなかの日中戦争』慶應義塾大学出版会　二〇一一年
新田満夫編『極東国際軍事裁判速記録　第五巻』雄松堂　一九六八年
日本国際政治学会太平洋戦争原因究明部編『太平洋戦争への道1〜7・別巻』朝日新聞社　一九六二-六三年
秦郁彦『日中戦争史』河出書房新社　一九六一年

秦郁彦『軍ファシズム運動史』河出書房新社　一九六二年
秦郁彦『盧溝橋事件の研究』東京大学出版会　一九九六年
波多野澄雄・黒沢文貴編『侍従武官長奈良武次日記・回顧録 第1～4巻』柏書房　二〇〇〇年
波多野澄雄・戸部良一編『日中戦争の軍事的展開』慶應義塾大学出版会　二〇〇六年
樋口秀実『日本海軍から見た日中関係史研究』芙蓉書房　二〇〇二年
土方成美『事件は遠くなりにけり』経済往来社　一九六五年
広田弘毅伝記刊行会編『広田弘毅』広田弘毅伝記刊行会　一九六六年
藤原彰『日中全面戦争』小学館ライブラリー　一九九四年
古川隆久『近衛文麿』吉川弘文館　二〇一五年
古屋哲夫『日中戦争』岩波新書　一九八五年
原田熊雄述『西園寺公と政局 第一～八・別巻』岩波書店　一九五〇－五六年
舩木繁『岡村寧次大将』河出書房新社　一九八四年
防衛庁防衛研修所戦史室『大本營陸軍部1～2』朝雲新聞社　一九六七－六八年
防衛庁防衛研修所戦史室『関東軍1～2』朝雲新聞社　一九六九－七四年
防衛庁防衛研修所戦史室『支那事変陸軍作戦1～3』朝雲新聞社　一九七五年
保阪正康『昭和陸軍の研究 上・下』朝日新聞社　一九九九年

堀真清編『宇垣一成とその時代』新評論　一九九九年
ボリス・スラヴィンスキー著、高橋実・江沢和弘訳『考証日ソ中立条約』岩波書店　一九九六年
堀場一雄『支那事変戦争指導史』時事通信社　一九六二年
本庄繁『本庄日記』原書房　一九六七年
牧野伸顕著、伊藤隆・広瀬順晧編『牧野伸顕日記』中央公論社　一九九〇年
松浦正孝『日中戦争期における経済と政治』東京大学出版会　一九九五年
松村秀逸『三宅坂』東光書房　一九五二年
三宅正樹・秦郁彦・藤村道生・義井博編『昭和史の軍部と政治1～5』第一法規出版　一九八三年
宮村三郎『林銑十郎 上』原書房　一九七二年
武藤章『比島から巣鴨へ』実業之日本社　一九五二年
武藤章著、上法快男編『軍務局長武藤章回想録』芙蓉書房　一九八一年
森克己『満州事変の裏面史』国書刊行会　一九七六年
森靖夫『日本陸軍と日中戦争への道』ミネルヴァ書房　二〇一〇年
森靖夫『永田鉄山』ミネルヴァ書房　二〇一一年
森島守人『陰謀・暗殺・軍刀』岩波新書　一九九一年
守島康彦編『昭和の動乱と守島伍郎の生涯』葦書房　一九八五年

安井三吉『柳条湖事件から盧溝橋事件へ』研文出版　二〇〇三年
矢次一夫『昭和人物秘録』新紀元社　一九五四年
矢次一夫『昭和動乱私史 上・中・下』経済往来社　一九七一―七三年
矢部貞治『近衛文麿』読売新聞社　一九七六年
山浦貫一『森恪』原書房　一九八二年
山口重次『満洲建国』行政通信社　一九七五年
立命館大学編『西園寺公望伝　第一～四巻、別巻一～二』岩波書店　一九九〇―九七年
若槻礼次郎『明治・大正・昭和政界秘史』講談社文庫　一九八三年
渡邊行男『宇垣一成』中公新書　一九九三年

川田 稔　かわだ・みのる

歴史学者。名古屋大学名誉教授、日本福祉大学名誉教授、博士(法学)。1947年、高知県生まれ。1978年、名古屋大学大学院法学研究科博士課程修了。日本福祉大学教授、名古屋大学大学院教授などを歴任。専門は政治外交史、政治思想史。著書に『原敬と山県有朋』、『満州事変と政党政治』、『昭和陸軍の軌跡』(山本七平賞受賞)、『昭和陸軍全史1〜3』、『武藤章』など。

石原莞爾《いしはらかんじ》の世界戦略構想《せかいせんりゃくこうそう》

川田《かわだ》 稔《みのる》

2016年 4 月10日　初版第 1 刷発行
2025年 5 月25日　　　第 3 刷発行

発行者……………辻 浩明
発行所……………祥伝社しょうでんしゃ
〒101-8701　東京都千代田区神田神保町3-3
電話　03(3265)2081(販売)
電話　03(3265)2310(編集)
電話　03(3265)3622(製作)
ホームページ　www.shodensha.co.jp

装丁者……………盛川和洋
印刷所……………萩原印刷
製本所……………ナショナル製本

Printed in Japan　ISBN978-4-396-11460-2　C0221